혐오표현은
왜
재일조선인을
겨냥하는가

| 한국어판 일러두기 |

1. 이 책은 량영성(梁英聖)의 『일본형 혐오표현이란 무엇인가: 사회를 파괴하는 인종주의의 등장(日本型ヘイトスピーチとは何か: 社會を破壞するレイシズムの登場)』(影書房, 2016)을 완역한 것이다.
2. 일본의 인·지명은 모두 외래어표기법에 따라 표기했으며 해당 고유명사가 처음 나올 때는 한자를 병기했다.
3. 그 밖의 외래어 인·지명 및 고유명사는 모두 외래어표기법에 맞추어 표기했다.
4. 본문에 설명이 필요한 부분에는 괄호 처리하여 옮긴이 주를 달았다.

혐오표현은 왜 재일조선인을 겨냥하는가

사회를 파괴하는 혐오표현의 등장과 현상

량영성 지음 — 김선미 옮김

산처럼

| 일러두기 |

1. 이 책에서는 차별 실태를 가급적 있는 그대로 소개하기 위해 차별적 표현을 인용하거나 사용한다. 인용문 중 오식, 오기, 탈락은 정정했다. 원래의 문헌과 서술이 일치하지 않은 경우도 확인된 것은 정정했다. 자료 속에 나오는 실명에 대해서는 일부 밝히지 않은 것이 있다.
2. 이 책에서는 조선 민족의 총칭으로 '조선'을 사용한다. 그러나 민족의 총칭으로서 '한국' 또는 '한민족'을 사용하기도 한다.
3. 이 책에서는 일본에 거주하며 한반도에 뿌리를 둔 사람들을 가리키는 말로 '재일조선인'을 사용한다. 재일조선인에는 한민족이 식민지 시대와 냉전 시대에 이산을 강요받은 여러 나라와 지역(일본, 중국, 미국, 러시아 등)의 국적과 법적 지위를 가진 사람들이 포함된다. 또 복수의 뿌리를 가진 사람(이른바 '혼혈')도 포함된다. 그 대부분은 식민지 시대에 일본으로 이주한 조선인과 그 자손(이른바 올드커머)을 말하지만, 1980년대 이후 대한민국에서 일본으로 이주한 사람들(이른바 뉴커머)도 당연히 포함한다.
4. 이 책에서는 남북으로 분단된 한반도 국가 및 정부를 가리키는 말로, '대한민국'/'조선민주주의인민공화국'을, '한국'/'북한'으로 사용한다.
5. 이 책은 최근의 재일조선인에 대한 혐오표현이 가지는 특수한 형태와, 그것이 증가하는 원인을 분석하는 것이 목적이므로, 인종주의 현상을 분석(정의는 제2부 참조)하는 데 초점을 맞춘다. 따라서 젠더, 장애, 계급 등의 논점에 대해서는 거의 언급하지 않고 있음을 이해해주길 바란다. 이 책에서는 근대 이후 차별, 폭력, 학대 등의 행위로 나타나는 인종주의를 다룬다.

차 례

혐오표현은 왜 재일조선인을 겨냥하는가
사회를 파괴하는 혐오표현의 등장과 현상

한국어판 머리말

조선적朝鮮籍 재일조선인인 나에게 한국 정부는 지금도 자유로운 도항의 권리를 보장하지 않고 있다. 그런 한국에 내 책이 번역되어, 저자보다도 먼저 자유롭게 국경을 넘는다. 복받쳐 오르는 특별한 기쁨과 함께, 말로 표현할 수 없는 분통함과 슬픔, 분노를 느낀다.

나보다 먼저 여러분과 만나는 한국어판 머리말에서는 저자가 자유롭게 한국에 갈 수 없는 사정을 말하는 것이 허용되리라. 한국 독자가 이 책을 이해하는 데도 도움이 될 것이다.

내 조부모님은 식민지 시절 제주도에서 태어나, 생활 때문에 어릴 때 일본 오사카로 일하러 나왔다. 해방과 함께 미소 대립과 한반도 분단이 찾아왔다. 1948년 제주도에서는 4·3사건이라 불리는 제노사이드가 발생했고, 조부모님은 고향으로 돌아갈 수 있는 상황이 되지 못했다. 나의 아버지는 오사카에서, 어머니는 아오모리青森에서 태어난 재일조선인 2세다. 나는 부모님이 만난 도쿄에서 1982년에 태어났다. 식민지 지배와 분단이라는 현대사가 우리 같은 재일조선인을 낳은 것이다.

일본에서 우리 가족의 법적 지위는 모두 조선적이었다. 조선적을 북한 국적이라고 오해하는 사람이 많다(자세한 설명은 이 책 제3부 제2장과 제3장 참조). 조선적은 한반도의 남북 정부와 그 외 조선인들의 의사를 모두 무시하고, 일본 정부가 1947년 5월 2일 외국인등록령에 따라 멋대로 만든 임시 국적이다. 당시에는 남북 정부 모두 수립되지 않은 상태였으며, 조선적은 식민지 시대의 조선호적 등록자를 가리켰다.

일본 정부는 외국인등록령으로 재일조선인을 강제퇴거 및 송환과 탄압의 대상으로 삼는 한편, 1952년에 샌프란시스코 강화조약이 발효한 날에 재일조선인의 일본 국적을 박탈했다. 60만 명의 재일조선인을 하룻밤 사이에 무권리 상태로 만들고, 일본 국적으로 귀화하든지, 그렇지 않으면 한반도로 귀국하든지, 둘 중에 하나를 선택하라고 강요했다. 많은 조선인이 귀화를 거부한 이유가 여기에 있다. 원칙적으로 이런 차별은 오늘날에도 변함이 없다.

그리고 한일조약 이후 일본 정부는 한국적韓國籍에게만 협정영주 자격을 인정하고 조선적을 배제했다. 권리를 원하면 한국적으로 바꾸라는 일본 정부의 노골적인 분리 공작은 일본 사회에 심각한 남북 분단 상황을 가져왔다. 남을 지지하는 민단, 북을 지지하는 조총련이 심한 대립관계에 있는 것은 그 때문이다. 실은 외국인등록(2012년 제도 변경 이후의 특별영주자 증명서를 포함)상의 한국적 또는 조선적이라는 분리 표기도 역시 일본제다. 당시 동서로 분단된 독일의 경우, 일본 정부는 외국인등록증에 '독일'로 통일해서 표기했다. 한국적/조선적이라는 분리 표기는 일본 정부에 의한, 말하자면 '일본제

38선'이라고 부를 만한 악랄한 분리책이었다. 문제는 뒤에 서술하겠지만, 한국 정부도 재일조선인에 대한 차별정책을 시행할 때 '일본제 38선'을 계속 악용해왔다는 것이다. 조선적을 가진 재일조선인의 상당수가 한국적으로의 변경을 거부해온 것은 이 때문이다. 우리 가족도 그랬다.

아버지가 우리 가족에게 조선적에서 한국적으로 바꾸자는 말을 꺼낸 것이 언제였는지는 정확히 기억나지 않는다. 다만, 2002년 9월 17일 평양선언 때 당시 김정일 총서기가 일본인 납치를 공식적으로 인정한 직후부터 일본에서 잇달아 일어난 언론의 '북한 맹비난'과 재일조선인에 대한 인종주의 폭력의 급증(이 책 제3부의 제4장 참조), 그리고 북한의 숨길 수 없는 심각한 기아와 인권침해 문제 등으로 우리 가족이 매우 불안해했던 기억은 뚜렷하다. 저녁에 텔레비전을 보며 반주를 하실 때면 어김없이 흘러나오는 '북한 맹비난'을 보시며 아버지의 얼굴은 언짢은 듯 일그러졌다. 조고생 습격사건이 자주 발생했던 조선고등학교 시절에 친구가 북한으로 귀국한 일이 떠올랐다고 한다. 그 후 그 친구의 소식이 끊긴 것을 슬퍼하며, 쥐어짜듯 북한이 "재일조선인을 속였다", "김정일을 용서할 수 없다"라고 중얼거리며 주정하던 아버지의 얼굴을 잊을 수 없다.

결국 조선적에서 한국적으로의 변경에 도저히 찬성할 수 없었던 나를 제외하고, 가족 모두가 일본의 외국인등록에서 한국적으로 바꾸고, 2006년에는 한국의 가족관계등록을 마쳐 한국 여권을 취득했다. 한국 여권을 취득한 부모님과 여동생이 한국으로 여행을 떠나고, 여동생이 단기유학까지 간 것이 나는 진심으로 기뻤다. 그렇지만 슬픔도 씻을 수 없었다.

우리 가족이 한국적으로 바꾼 가장 큰 이유는 여동생의 장래를 위해서였다. 그러기 위해서는 한국과 외국 여행이 가능한 한국 여권을 취득해야 했다. 다른 사정도 있었다. 친하게 지낸 조선적이었던 친구와 지인이 모두 한국적으로 바꿔 한국과 외국 여행을 가고 있었다. 또 재일조선인이 한국을 바라보는 시선도 군사독재 정권을 타도한 민주화 이후 크게 개선됐다. 그렇지만 일본과 한국 정부로부터의 차별이 등을 떠민 것도 부정할 수 없다. 일본의 재일조선인에 대한 인종주의는 (남북을 불문한) 민족차별인 데다가, (한국과 비교하여) 북한 혹은 '조선'을 특히 차별한다. 그렇기 때문에 일본에서는 출신, 언어, 국적 등에 대해 '한국'이라고 말하는 것보다 '조선'이라고 말하는 것이 훨씬 더 힘들다.[1] 2017년 6월의 법무성 통계에 따르면, 조선적인 사람은 일본에서 약 3만 명 정도로, 한국적의 약 10분의 1까지 격감했다(특별영주 자격 비교). 일본의 인종주의 정책과 한국의 분단 정책은 지금도 재일조선인을 위협하고 있다.

나는 왜 조선적을 바꾸려고 하지 않았나? 그 이유를 정확하게 쓸 수 있을 만큼 이 머리말에 허용된 지면이 많지는 않다. 다만 두 가지만 말해두고 싶다. 국적을 가지지 않으면 인권을 허용할 수 없다는 국민국가의 논리에 나는 저항하고 싶다. 또 조선적은 식민지 지배와 해방/분단이라는 일본과 한반도의 현대사 속에서, 일본과 한반도 각국이 재일조선인을 기민棄民(국민을 버림)한 '증거'이기도 하다.

지금도 한국 정부는 한국 방문을 바라는 조선적을 가진 사람들에게 한국적으로 바꿀 것을 요구한다. 한국 국민으로서 한국 여권 취득을 요구함과 동시에, 그 전제로 일본의 외국인등록도 한국적으로 변경하도록 요구하고 있다. 몇 가지 문제가 있지만, 가장 정당성이 빈약한 것은 '일본제 38선'이라 할 수 있는 일본에서의 외국인등록을 한국적으로 교체하라는 것이다. 한국 정부는 한국 여권 발급을 위한 조건으로 이를 요구하고 있다. 여권법·국적법 어디에도 일본에서 한국적으로 교체하라고 요구하는 규정이 없다. 초법적이고 자의적인 운용이 재일본 한국 영사에서 행해지고 있을 가능성이 높은 것이다.

한국 여권을 취득할 수 없는 조선적 소유자가 한국 입국을 원할 때 한국 정부는 여행증명서를 발급해왔다. 여행증명서는 도항 목적이 있을 때마다 신청해야 하며 유효기간도 최장 1년이다(여권법 제14조). 그 발급도 권리 보장됐다고는 할 수 없다. 한국 정부의 자의적인 재량에 달려 있다. 예를 들어 노무현 정부 때인 2005년에는 신청 건수가 3천 건 이상 있었으며, 100퍼센트 발급됐지만, 보수 정권이 되자 발급 건수가 급감하여 2016년에는 고작 19건으로 떨어졌다. 신청 건수도 26건으로 급감했다.[2]

한국 영사 업무의 조선적 소유자에 대한 인권침해 실태를 시민단체가 고발했다. 조선적 소유자의 한국 입국 권리 회복을 위해 노력하고 있는 조선적 재일동포 입국 실현 모임이 낸 '포용과 존중의 정신으로 동포들을 맞이해야 한다: 조선적 재일동포 입국 실현 모임 논평'(http://www.kin.or.kr/comment/?uid=144&mod=document&ckattempt=1)을 보면 여행증명서 발급을 미끼로 한 한국적으로의 교체 강요와, 급기야 조선학교의 내부 사정을 이야기하도록 강요당한 일까지 올라오고 있다. 경악할 만한 점은 한국적으로 변경한 후에도 한국 영사로부터 여러 가지 차별을 받고 있다는 것이다. 이들은 "더욱이 조선적에서 한국적으로 변경한 동포들에 대한 폭언, 검열과 차별도 심각한 상황인데, 특히 여권 기간 단축 및 갱신 여부를 두고 이들이 겪는 불편과 불안은 가장 큰 고통 중의 하나다"라는 논평을 냈다. 여기에는 다음과 같은 폭언이 기록되어 있다.

"가족 중에 조선적자朝鮮籍者가 남아 있는가? 왜 변경하지 않는가?"

"조선학교의 내부 정보를 대라."

"북조선학교에 다니는 것은 한국에서는 범죄다, 조선말 못해도 된다, 일본 학교에 보내면 어떠냐."

위의 사례만으로도 조선적 소유자는 설령 한국적으로 바꿨다 해도 한국 정부로부터 온전한 한국 국민으로서 인권을 보장받는 것이 아니며, '일본제 38선'을 이용하여 계속 차별받고 있다는 것을 알 수 있다. 그 밖에도 일본 학교에서 재일조선인이 차별받지 않도록 차별금지제도 정비를 요구해야 할 입장에 있는 한국 정부가 재일조선인에게 인종주의가 횡행하는 일본 학교를 추천하는 등 경악할 만한 사례가 많이 소개되어 있으니 꼭 본문을 읽어보길 바란다.

문재인 정부는 2018년 1월 23일, 조선적 소유자가 여행증명서를 신청할 때 특별한 이유가 없는 한 8일 이내에 발급한다는 방침을 내놓았다고 보도됐다.[3] 북한이 참가하여 남북의 공동 입장이 실현된 평창 동계올림픽에는 많은 조선적 소유자가 응원에 참가할 수 있었다. 이는 한 걸음 진전된 것이지만 제도가 정비되지 않으면, 정권이 교체되거나 정세가 악화될 때 조선적 소유자의 인권은 간단히 유린될 것이다.

더 이상 이 문제를 얘기할 수는 없다. 가장 기본적이고 서둘러 개선해야 할 문제는 분명하다. 한국 정부가 계속해온 '일본제 38선'의 악용이다. 다른 나라인 일본의 외국인등록상 한국적/조선적이라는 분리 표기를, 법령상 한국 정부는 참조할 필요가 없다. 여권과 여행증명서 발급을 비롯하여 한국 정부가 '일본제 38선'을 극복하고 한국적/조선적의 법적 평등을 실현하는 것은 현행법으로도 충분히 가능하다. 그것이 실현되면 일본 내 재일조선인의 남북 대립은 크게 완화될 것이다. 재일조선인의 단결을 촉진하고 일본의 인종주의에 대항하는 조건을 정비하게 될 것이다.

한국 정부의 재일조선인에 대한 차별정책을 조금 길게 언급한 것은 그것이 이 책의 주제인 일본의 폭력적인 인종주의의 격화를 방치한 매우 중요한 국제적 배경이기 때문이다. 한국, 북한, 일본 각 국가가 재일조선인을 기민 취급하고 (북한은 재일조선인의 민족교육을 지원해왔지만), 각 국가가 서로 적대해온 사정이야말로 일본의 폭력적인 인종주의를 부추겼다. 전전戰前의 조선 식민지 지배와 전후에도 계속되는 아시아 멸시와 미일 안보체제/한반도 분단을 배경으로 하는 아시아에 대한 경제적·정치적 압박이 전후 일본의 폭력적인 인종주의 발전의 기반이다. 따라서 일본의 인종주의와 극우(차별선동으로 사회를 파괴하려는 우익 세력)의 억제는, 실은 이 책이 제안하는 일본 국내의 차별금지법 정비와 반인종주의 규범 획득만으로는 충분치 않다. 아시아 차원에서 '지속적인 식민주의'의 해체가 필요하다. 거기에는 한반도의 평화통일, 오키나와와 한국의 미군기지 축소 또는 철거, 전후 보상의 실현, 각국의 원자력발전소 폐기, 각국의 소수자 권리 보장, 성차별 철폐, 북한의 민주화, 일본과 한반도 간 이동의 자유 보장, 신자유주의에 대한 규제, 산업별 노조에 의한 산업민주화, 복지국가 건설, 다민족·다문화주의 정책 실현 등이 포함될 것이다. 서두에서 조선적 소유자의 인권보장에 대해 말한 것은 그만큼 인권보상이 필요하다는 것을 알기 쉽게 나타낸 것이다.

이 책은 위의 수많은 개별 과제 중에서 일본 내에서의 반인종주의 규범 형성을 다룬 시론試論이다. 다른 과제들은 극히 단편적으로밖에 다루지 못한 것을 이해해주길 바란다.

이 책에서 다룬 일본의 인종주의·극우 억제라는 과제는 결코 일본만이 아니라 아시아, 나아가서는 세계의 과제이기도 하다. 그것은 과거의 나치즘이 결코 독일만의 과제가 아니라 전 유럽이 대항해야 할 과제였던 것과 마찬가지다.

안타까운 것은, 일본은 독일보다 사회운동의 힘이 훨씬 약해서 도저히 혼자서 극우의 대두를 저지하기 어렵다는 점이다.[4] 독일과 비교하여 치명적으로 일본은 극히 기본적인 아시아 침략의 역사적 사실을 공적 기억으로 삼는 일에 실패했다. 이제는 히로시마와 나가사키 원폭 투하의 기억마저 극우 의원들에게 공격당하지만 거의 저항하지 못하고 있다.

아시아 각국이 연대하여 일본과 각국의 극우를 억제하는 사회운동과 정책을 정비하는 것은 현재로서 매우 중요한 과제다. 만화 등을 이용하여 인간성을 뿌리부터 부패시키는 차별적 문화를 활용하는 일본 극우의 수법이 세계로 확산되는 것은 전 세계의 극우 활동에 활기를 줄 것이다. 그것은 인권과 민주주의, 평화에 대한 큰 위협이 될 것이다.

아시아에서 극우를 억제하는 데 한국의 역할은 매우 중요하다. 그렇기 때문에 한국 정부는 재일조선인 정책을 새롭게 함으로써, 일본 정부에 재외동포 보호를 위한 차별금지 및 극우 규제를 위한 조치를 요구할 수 있다.

특히 한국 국내에서 아시아의 모델이 될 만한 차별금지법을 정비하는 것이 중요하다. 이 책은 국경을 넘어 공정하고 평등한 사회를 만들어가는 데에 각 나라마다 자국 내의 반차별 규범을 쟁취하는 것이 얼마나 중요한지 강조하고 있다. 현재 일본의 극우가 정권과 행정을 잠식하여 역사 인식과 전후 보상에 관해서는 거의 '대화'가 안 되는 상황이기 때문에, 반인종주의·반극우를 아시아의 표어로 삼아 극우와 싸우기 위해 연대하는 방법도 모색해야 하지 않을까 싶다. 한국이 선진적 차별금지법을 정비하는 것은 아시아의 인권 선진국으로서 중요한 역할이 될 것이다.

내가 2015년 3월에 설립한 반인종주의정보센터ARIC는 아시아의 사회운동과 연대하여 아시아 차원에서 극우세력과 싸울 필요를 통감했다. ARIC는 일본 최초의 헤이트 워치형 비정부기구NGO로서, 일본에서 인종차별철폐국제조약이 의무인 차별금지법을 만들기 위해, 극우를 감시하고 차별의 증거를 남겨 사회에 알리는 학생 NGO다. ARIC는 정치가를 비롯한 공인의 인종주의 언행을 기록하는 '정치가 인종주의 데이터베이스'(http://antiracism-info.com/database_home)를 운영하여 4,060건(2018년 2월 10일 현재)의 차별행위를 공개했다. 현재 이 데이터베이스를 영어로 번역하고 있는데 물론 한국어로도 번역하고 싶다. 예를 들어 각국에서 극우의 동향을 감시하는 데이터베이스를 만들어, 서로 공유함으로써 극우 억제의 사회 규범을 만들 수 있을 것이다. 또 ARIC는 유럽의 NGO·FARE에 가맹하여 2018년 러시아 월드컵 아시아 예선 때 경기장에서 벌어지는 차별을 감시했다. 욱일기旭日旗 등 차별을 선동하는 깃발이 발견되면 기록하여 FARE에 보낸 결과, FARE가 작성한 공식 차별금지 가이드북에 욱일기가 금지 표시되어 게재됐다.[5] 만약 아시아에서 인기 있는 축구 경기를 통해, 아시아 각국에서 벌어지는 차별을 규정하여 아시아판 차별금지 규칙을 만든다면 매우 의의가 있을 것이다(ARIC의 협력을 원하는 분은 책 말미의 연락처로 연락해달라).

이 책은 한국 독자에 대한 연대의 호소이기도 하다. 이 책이 만약 한국에서 공허한 내셔널리즘과 협소한 민족주의 때문에 '불쌍한 동포의 외침'으로 소비되기만 한다면 이 책의 한국어판 간행은 실패로 끝나게 된다.

이 책을 짧은 시간에 훌륭히 번역해주신 김선미 씨와, 저자보다 먼저 이 책의 한국으로의 자유왕래를 실현해준 도서출판 산처럼의 윤양미 대표에게 깊이 감사드린다.

이 책이 아직 눈에 보이지 않는 차별과 싸우는 사람들의 실천적 무기가 되기를 바란다. 그리고 머지않은 날에 나도 한국의 자유왕래를 허가받아 당당히 한국에서 여러분과 만나, 한반도와 일본, 아시아의 더 나은 미래를 위한 지혜를 서로 짜내서 연대할 수 있는 날이 오기를 바란다.

2018년 2월 도쿄에서

지은이 량영성

서장

전후 일본이 처음 경험한 인종주의의 위험성 앞에서

지금 일본에서는 '조센진을 죽여라'라고 외치는 추악한 혐오표현(차별선동)이 각지에서 빈발하고 있다.

2016년 3월 30일에 공표된 법무성의 첫 조사 결과에 따르면, 2012년 4월부터 2015년 9월에 걸쳐, 29개 도도부현都道府縣(광역자치단체)에서 총 1,152건의 혐오표현 가두시위가 확인됐다. "해마다 어느 정도는 감소하고 있지만, 잠잠해졌다고는 할 수 없는 상황"이라고 국가가 인정할 정도로 상황은 심각하다.[1]

2013년 2월 이후 혐오표현 가두시위에 비폭력 직접행동으로 항의하는 '카운터스counters'라고 불리는 방법이 시민들 사이에서 확산됐다. 그것은 언론의 관심을 모으며, 혐오표현의 비정상성, 추악함과, 간단한 항의 방법을 사회적으로 이슈화하는 데 성공했다. 또 2015년 5월 국회에서 전후 처음으로, 인종주의racisim(민족차별) 금지 법안인 인종차별철폐추진법안이 야당에 의해 제출됐다(그 후 여당은 혐오표현에 특화된 법안을 제출했으며, 이른바 '혐오표현 해소법'이 2016년 5월

24일에 제정됐다).

그러나 법률이 제정됐다고 해도 혐오표현이 횡행하는 상황은 개선되기 어려울 거라고 생각한다. 왜냐하면 혐오표현 현상의 진짜 위험성이, 그리고 그 원인이 무엇인지를 일본 사회는 충분히 공유하고 있지 않기 때문이다.

최악의 인종주의 현상으로서 혐오표현

현재 혐오표현의 위험성은 과거의 재일조선인에 대한 인종주의와 비교하면 명확하게 드러난다.

전후 일본 사회에서는 거의 알려져 있지 않았지만, 혐오표현이 빈번해지기 훨씬 이전부터 재일조선인에 대해서 심각한 인종주의가 활개를 쳤으며 폭력사건도 자주 일어났다. 그것은 제노사이드에 이른 간토대지진關東大地震 때의 조선인 학살만이 아니다. 패전 직후 재향군인을 비롯한 일본인에 의한 인종주의 폭력사건과, 1960~1970년대에 증가한 조선중고등학교 학생 습격사건(이하 조고생 습격사건), 나아가 1980년대 후반에 빈번해진 '치마저고리 찢기 사건'(이하 치마저고리 사건)에 이르기까지 사망자와 부상자가 나올 정도로 심각했다.

조고생 습격사건은 반공주의 극우세력이 직접 범인을 선동하여 일어난 일이었다. 치마저고리 사건은 '보통 사람'이 정부와 언론의 북한 때리기에 '위로부터' 선동되어 자연발생적으로 일어났다고 할 수 있다(자세한 내용은 제3부 참조). 둘 다 익명의 비공개적인 범행이었다.

그러나 지금의 혐오표현은 '보통 사람'이 인종주의와 외국인 배척을 공공연하게 내세우며 조직되고 있다는 점에서 앞의 두 경우와 다르다. 또 보통 사람이 인터넷의 선동성에 의해 처음부터 차별을 목적으로 한, 게다가 거의 놀이 삼아 '운동'에 참가하여 되풀이한다는 점도 특징적이다.

이것은 전후 일본 사회가 처음 경험하는 것이며, 민주주의와 사회를 파괴할 만한 수위로까지 상승한 가장 위험한 인종주의 폭력 현상이다.

그리고 이것은 **인종주의를 폭력으로 이어지게 하는 보이지 않는 사회적 회로**가 이미 광범위하고 뿌리 깊게 형성되어 있기 때문에 일어나는 것이다.

우리는 혐오표현을 멈추는 것뿐만 아니라 인종주의를 폭력으로 이어지게 하는 사회적 조건을 밝혀내고 그것을 없애야 한다. 그렇지 않으면 민주주의와 사회를 파괴로부터 지킬 수 없을 것이다.

이 책을 통해 아직 잘 알려지지 않은 혐오표현의 위험성에 경종을 울리고 싶다.

혐오표현의 위험성을 가시화하는 키워드 ①:
반인종주의라는 잣대

혐오표현이란, 간단하게 말하면 차별선동(인종주의 선동)이다. 혐오표현을 이해하려면 먼저 '차별(인종주의)이 무엇인가'를 알 필요가 있다.

그런데 여기에 일본 사회가 안고 있는 어려운 문제가 있다. 대부분의 일본 시민에게 인종주의는 '보이지 않게' 작동한다.

일본 사회에서 보이지 않는 차별의 예는 이력서다. 이력서 양식에는 생년월일, 성별을 기입하는 칸과 얼굴 사진을 붙이는 칸이 있다. 예전에는 국적과 본적을 기입하는 칸이 있었고, 지금도 호적등·초본을 요구하는 기업이 많다.

그렇지만 구미에서는 고용 때 직무 내용과 상관없는 피부색, 용모, 성별, 나이, 종교 등을 판단 자료로 삼는 것을 금지한다.

미국의 이력서에는 성별과 생년월일, 나이를 기입하는 칸이 없다. 사진을 붙이는 곳도 없다. 사진으로 성별, 나이, 인종을 추측할 수 있기 때문이다.[2] 제4부에서 이야기하겠지만, 미국에서는 1964년에 유명한 공민권법이 제정되면서 인종주의와 성차별을 포괄적으로 금지했고, 1967년에는 고용에서의 연령차별금지법을 제정했다. 유럽에서도 성, 인종/민족, 종교 등으로 인한 고용차별을 금지하는 '고용 및 직업에서 균등대우의 일반적 틀을 설정하는 지령'이라는 유럽연합의 지령이 존재한다.

그뿐만이 아니다. 현재 구미에서는 아예 이름도 쓰지 않는 이력서 도입이 추진되고 있다고 한다.[3] 독일연방 비차별국局은 '이름, 연령, 성별, 얼굴 사진, 결혼·자녀 유무 등 고용 차별을 낳게 하는 항목을 삭제하고, 자격과 직무 능력만을 기재'한 '익명 이력서'를 시험적으로 도입하고 있다. 미국, 영국, 캐나다 등지에서는 거의 익명 이력서에 준하는 형태가 일반화되고 있으며, 유럽에서는 스웨덴, 프랑스, 네덜란드, 스위스, 벨기에 등지에서 시험적으로 도입을 추진하고 있다고 한다.

일본에서는 왜 이렇게 보이지 않는 인종주의(차별)가 작동하고 있는가. 그 이유는 일본 사회에 반인종주의(반민족차별)라는 사회적 규범이 정립되지 않았기 때문이다.

이 '사회적 규범'은 이 책을 이해하는 데 빠뜨릴 수 없는 개념(제2부 참조)이므로, 성희롱을 예로 들면서 설명하겠다.

지금은 일본의 상식 있는 사람이라면 무엇이 성희롱인지를 판단할 수 있게 됐다. '성희롱은 좋지 않다'는 도덕적·윤리적 수준을 넘어, '성희롱은 범죄'라는 인식도 널리 퍼져 있다.

이것은 결코 '자연스럽게 이루어진 변화'가 아니다. 성희롱을 없애고, 법제화를 위한 '반反성희롱' 요구가 사회적 규범(물론 충분하지는 않지만)으로 이끌어낸 것이다.

1980년대에 북아메리카로 진출한 일본의 다국적기업이 거액의 소송을 당하고, 국내에서도 녹록지 않은 상황에서 용기를 낸 피해 여성들의 고발이 있었다. 성희롱 재판을 비롯한 사회운동의 결과, 1985년에 유엔의 여성차별철폐조약 체결과 함께 제정된 남녀고용기회균등법이 1997년에 개정되어 성희롱은 범죄행위가 됐다(입법·정책의 성립). 이후 일본 기업들은 사내 성희롱을 (표면적으로는) 금지했고, 사회적으로도 성희롱은 범죄로 간주됐다(사회적 규범의 성립).

여기에서 중요한 교훈을 배울 수 있다. 가령 심각한 성희롱이 만연해 있다고 하더라도, 반反성희롱이라는 규범이 없으면 그것은 '성희롱'으로 인식되지 않고, 다수 남성을 비롯하여 사회적으로 '보이지 않는' 것이 되어버린다.

실제로 성희롱이라는 말이 널리 퍼지기 훨씬 이전부터 일본 기업에서는 커피 심부름, 누드 포스터 등의 포르노 게시부터 이지메와 승진차별, 고용관계를 악용한 성폭력에 이르기까지 성희롱이 만연했다.

요컨대 '반성희롱' 규범은 성희롱을 측정하는 잣대(무엇이 성희롱이고 무엇이 그렇지 않은지 선을 긋는다)가 된다. 비슷하게 공해, 과로사, 아동학대, 빈곤, 보육시설 입소 대기 아동 같은 사회문제에 대해서도 같은 말을 할 수 있다. 인권침해는 '반인권침해'라는 사회적 규범이 없으면, 가령 죽음에 이를 정도로 심각한 것이라고 하더라도 사회적으로는 보이지 않기 때문에 '없는 것'이 되어버린다.

'반인권침해'라는 사회적 규범은 인권침해를 사회적 차원에서 가시화시켜, 그 심각성의 질과 양을 측정하는 잣대가 된다. 대부분의 시민들은 '반인권침해'라는 사회적 규범이 성립되면, 사회 공통의 잣대를 기준으로 삼아 무엇이 인권침해이고 무엇이 그렇지 않은지를 판단할 수 있다.

인종주의 이야기로 돌아가면, '반인종주의' 규범이야말로 인종주의를 측정하는 잣대가 된다. 구미를 비롯한 전 세계에 반인종주의라는 사회적 규범이 이미 존재한다(물론 그 내용과 범위는 끊임없이 논의와 투쟁의 대상이 된다). 그렇기 때문에 인종주의는 성희롱이나 아동학대와 마찬가지로, 사라져야 할 사회문제로 이해되고 있다.

그렇지만 전후 일본 사회에는 반인종주의 정책이 전혀 없으며 사회적 규범도 성립되지 않았다. 그렇기 때문에 재일조선인에 대한 심각한 차별이 횡행해도 '보이지 않은' 채로 있는 것이다.

요컨대 일본에는 아직 인종주의를 측정할 반인종주의라는 잣대가 없다. 혐오표현의 위험성과 피해에 대해서 이해하고 평가를 내리기 위한 필요조건이 존재하지 않는 것이다.

따라서 유럽이나 미국에서의 혐오표현과 대조적으로, 일본에서는 우선 반인종주의라는 잣대를 세워야 한다는 극히 기본적인 과제가 있다.

반인종주의의 잣대를 익히는 방법

일본에서 혐오표현이 증가하는 상황을 해결하기 위해서는 반인종주의라는 잣대를 익힐 필요가 있다.

보통 기업에서 하는 성희롱 방지 교육에서는 최소한 두 가지를 가르친다.

① 성희롱의 정의(성적 괴롭힘이며 상대가 원하지 않는 성적 언동을 말한다).

② 성희롱의 구체적 사례(여성에게만 커피 심부름을 시키는 등).

이 책도 마찬가지로 ① 정의와 ② 사례를 여러 가지 형태로 제시해서 반인종주의를 익힐 수 있게 하고 싶다. 특히 전자는 국가가 정하는 반인종주의법과 정책에서, 후자는 과거에 실제로 일어난 인종주의 사례에서 배우고 싶다.

유감스럽게도 일본은 반인종주의법이 하나도 없는 유일한 선진국이다(2016년 5월에 제정한 '혐오표현 해소법'은 '혐오표현은 허용되지 않는다'는 매우 한정적인 법률이며, 구미의 반인종주의법에는 한참 못 미친다).* 그렇기 때문에 ① 정의에 대해서는 일본도 1995년에 비준한 인종차별철폐국제조약ICERD에서 배운다. 또 구미를 비롯한 선진국에 의한 입법과 정책에서도 배운다. 이들 국제조약·구미 선진 여러 국가에 의한 입법·정책은 횡적인(동시대로부터 배우는) 잣대이며, 과거의 인종주의 폭력 사례는 종적인(과거로부터 배우는) 잣대라고 할 수 있겠다.

혐오표현의 위험성을 가시화하는 키워드 ②: 차별선동

혐오표현을 가시화하는 두 번째 키워드는 '차별선동'이다. 차별선동이란 문자 그대로 사람들을 차별하도록 부추기는 것이다(제2부 참조).

차별선동을 이해하는 것이 중요한 이유가 앞에서 서술한 대로 혐오표현의 정의에 차별선동이 있기 때문만은 아니다. 혐오표현**을 양산하는** 차별선동 효과가 어디에서 왔는지를 가시화할 필요가 있기 때문이다.

현재 일본의 혐오표현은 예전의 인종주의와는 비교하기 어려울 만큼 위험하다. 왜, 어떻게, 무엇에 의해서 이렇게 빈발해졌는가? 이 물음을 생각하지 않으면 효과적인 대책을 세울 수 없다.

일본에서 혐오표현을 빈발시킨 차별선동 효과는 정치공간에서 왔

---

* 법안 구성 전에 원고의 대부분을 마친 이 책에서는, '혐오표현해소법'에 대해 이야기할 지면이 없기 때문에 다음의 사항만 지적해두기로 한다. 이 법은 최근의 '반혐오표현' 운동의 성과라는 점에서는 획기적이다. 그렇지만 이 법은 ① 금지 규정이 없는 이념법일 뿐 아니라, ② 포괄적 차별금지법도 아닌 혐오표현에 대상을 한정하고 있으며, 더구나 ③ '본국 외 출신자'에 한정하고 있다. 그렇기 때문에 이 책에서 나중에 서술하는, 인종주의 자체(노동·주거·공공시설 등에서의)를 법률로 금지한다는, 약 반세기 전에 구미에서 쟁취한 수준의 반인종주의법이 전혀 없는 일본의 심각한 상황에 큰 변화는 없다고 생각한다. 게다가 이 법에는 ④ '적법하게 거주하는 자'라는 문구가 삽입되어 있는데, 이것 자체가 인종차별철폐국제조약에 반하는 인종주의일 수 있어, 매우 심각한 문제를 안고 있다. 이 법의 문제에 대해서는 반인종주의정보센터(ARIC)의 「여당에게 혐오표현 법안의 수정을 강하게 요구하며, 특히 "적법하게 거주하는 자" 규정이 삭제되지 않을 경우는 법안의 폐안을 요구하는 성명」을 참조하길 바란다. http://antiracism-info.com/archives/782)

다. 정치공간에서 온 차별선동(이 책에서는 '위로부터의 차별선동'이라고 했다), 요컨대 유명한 정치가나 정당에 의한 혐오표현과 국가·자치단체에 의한 공공연한 차별정책, 나아가 역사부정(일본군 '위안부'와 조선인 강제연행, 난징 대학살 부인 등)은 시민들 사이에 인종주의가 늘어난 결정적인 요인이다. 그렇기 때문에 인종차별철폐국제조약 제4조 (c)는 정치가와 공무원의 인종주의·차별선동을 허용하지 않는다고 규정하고 있다.

전후 일본 사회에는 반인종주의 정책이 없었으며, 그렇기 때문에 정치공간에서의 인종주의도 거의 방관해왔다. 게다가 1990년대 이후 일본 사회가 우경화되면서 인종주의·역사부정과 내셔널리즘 선동을 통해 선거에서 극우 인사가 당선되는 구조가 만들어졌다. 이들은 사반세기에 걸쳐서 일본 사회의 인종주의를 끊임없이 선동했으며, 그 결과 2000년대 후반부터 추악한 혐오표현이 빈발하게 됐다.

반인종주의의 결여가 재일조선인에게 미친 영향: 전후 일본 사회의 '침묵효과'

전후 일본 사회의 반인종주의 규범의 결여가 인종주의 문제를 심각하게 키웠다.

우선 사회적 차원에서 인종주의는 '없는 것'으로 간주됐으며, 둘째, 다수가 무의식적으로 차별을 허용해왔다.

가장 심각한 문제는 세 번째로, 소수자에게 중대한 부정적 영향을 끼친 것이다. 예를 들면 반인종주의 규범의 결여는 소수자에게 표현의 자유를 허용하지 않았다.

이 책에서 보는 대로, 혐오표현의 폐해는 매우 심각하다(제1부와 제3부 외). 그럼에도 혐오표현에 항의하거나 그 피해를 호소하는 재일조선인은 극히 소수에 불과하다. 이것은 곧잘 혐오표현의 '침묵효과'로 설명된다.[4]

그러나 여기에서 말하는 '침묵효과'는 1964년의 공민권법 이후의 차별금지법과 어퍼머티브 액션affirmative action(적극적 차별시정 정책)이 제정된 미국에서, 그래도 여전히 차별적 표현이나 선동에 의해 소수자가 '침묵'을 강요받는 것을 개념화한 것이다. 특수한 맥락에서 이야기된다는 데 주의해야 한다.

차별금지법이 없는 일본에서, 지금까지 방임되어온 혐오표현에 의한 소수자의 피해는 미국과 같은 '침묵효과'에 머무는 것일까?

미국에서는 경찰의 흑인 사살이라는 인종주의에 대해 흑인단체가 맹렬하게 항의하기도 하고, 흑인거주지구에서 대중적인 데모와 '폭동'이 일어나기도 한다. 혐오표현이 '침묵효과'를 발휘한다 해도 대규모 항의(저항)가 없는 것은 아니다.

이에 비해 재일조선인은 현재 일어나고 있는 최악의 혐오표현에 대해 대규모 저항운동을 조직하지 못하고 있다. 이런 전반적이고 절대적이라고 할 수 있는 '침묵'은, 과연 혐오표현의 '침묵효과'(라는 미국과 같은 잣대로 측정할 수 있는 피해)만으로 설명될 수 있을까.

재일조선인은 혐오표현이 빈번해지기 훨씬 이전부터, 결혼·취직·거주·교육 등 모든 국면에서 심각한 인종주의 피해를 입어왔다. 그럼에도 자신들이 받은 피해에 대해서 거의 '침묵'을 강요받아왔다. 그보다 애초에 아무리 심각한 차별을 받더라도 그것을 '차별'이라고 인식할 수도 없는 당사자가 수없이 많았다. 특히 젊은 세대일수록 그런 경향은 뚜렷하다.

혐오표현 피해에 대해 재일조선인이 이상할 정도로 '침묵'하고 있는 것을 혐오표현의 침묵효과만으로는 결코 설명할 수 없다.

반인종주의 규범을 만들지 않고, 재일조선인이라는 존재와 아시아 침략의 역사를 인정하지도 않은 채 반세기 넘게 인종주의를 방치해온 전후 일본 사회가 한반도 분단을 배경으로 분열된 재일조선인에게 '침묵'을 강요해왔다. 혐오표현의 침묵효과는 예전부터 있어온 인종주의가 강요해온 '침묵'을 더욱 강화했다.

이것은 구미의 논의를 추상화한 일반론으로는 결코 해결할 수 없다. 통계와 양적인 데이터로도 쉽게 측정할 수 없다. 일본이라는 구체적인 역사적·사회적 맥락에서 인종주의 현상을 분석해야 비로소 '보이게' 된다.

반인종주의라는 잣대를 사회적 규범으로 정립하면, 소수자와 다수자 간의 커뮤니케이션에서 최소한의 필요한 '공통언어'가 될 것이다.

그러나 일본에는 반인종주의뿐 아니라, 이 책의 제5부에서 서술한 반역사부정(반역사수정주의) 규범이라는—조선에 대한 식민지 지배는 불법이라는 등의—잣대도 없다. 게다가 같은 일본인조차 임산부가 괴롭힘을 당하거나 생활보호 수급자가 비난을 받고 있는 등 일반적인 인권 규범도 결여되어 있다. 요컨대 ① 일반적 인권 규범, ② 반인종주의, ③ 반역사부정과 같은 재일조선인의 생존권을 지키기 위한 인권 규범 등 이 세 가지가 일본에는 전혀 존재하지 않는다. 그것들은 인권침해를 측정하는 잣대이며, 인권침해를 말하기 위한 공통언어다.

그뿐 아니라 소수자에게 그 세 가지는 무엇보다도 권리부정으로부터 자신을 지키는 '방패'다. 즉 재일조선인 젊은이는 살아남는 데 필요한 세 가지 방패를 하나도 가지지 못한 무방비 상태이며, 실생활이나 인터넷 공간에서도 혐오표현과 인종주의에 매일 노출될 수밖에 없다.

그렇기 때문에 재일조선인은 인종주의 피해를 타자에게 말할 수 없을 뿐 아니라 자신이 누구인지를 타자에게 설명하고, 자신을 재일조선인으로 자인identify하는 것 자체가 상당히 힘들다. 여기에 한반도의 분단과, 일본과 한반도와의 적대적 관계가 더해지면서 더욱 어려워진다.

게다가 재일조선인은 일본 사회에서 원자화되어 있다. 가족 이외의 재일조선인과 서로 알 기회가 없는 사람이 대다수다. 또 젊은 세대 재일조선인은 대중 규모로 무언가를 쟁취한 경험이 없으며, 윗세대가 쟁취한 '역사'를 자신의 것으로 만든 사람도 많다고는 할 수 없다.

재일조선인은 본래 가지고 있던 인종주의 피해를 말할 힘도, 인간성을 잃지 않기 위해 자신의 아이덴티티를 활용할 힘도, 그것들을 사회를 바꾸기 위해 발휘할 힘도 위와 같은 사회적 조건 앞에서 계속 꺾이고 있다. 이것이 혐오표현의 침묵효과 이전에 훨씬 철저하게 재일조선인 젊은이들을 침묵하게 했다.

이 책에서는 재일조선인의 인종주의 피해 실태와 당사자의 주체성—재일조선인이 어떻게 살고 있고, 무엇을 생각하고, 무엇을 고발하고, 어떻게 저항해왔는지 등—에 대해서는 충분히 다루지 못했다. 이 책은 다만 인종주의를 이야기할 때 최소한 위의 세 가지 잣대=

공통언어 중 반인종주의 규범에 중점을 두고 그 필요성을 호소하고자 했다. 그 잣대에 의해, 일본의 인종주의/혐오표현 증가 현상을 가시화한다는, 극히 초보적인 접근이 중요한 과제라고 생각했기 때문이다.

그리고 아무리 직접적이지 않게 보이더라도, 그것이 결국은 인종주의의 피해 실태와 소수자의 주체성을 일본 사회가 이해하도록 하기 위한, 충분조건은 아니지만 필요조건이라고 생각한다.

이 책의 구성

이 책은 일본에서 늘고 있는 혐오표현의 위험성, 사회적 원인, 효과적인 대책에 대해 생각하고자 한다. 아울러 구미의 경험을 추상화한 일반론에 그치지 않고, 일본이라는 개별적이고 구체적인 역사적·사회적 맥락 속에 위치시키고, 그 특수성에 주목할 것이다. 그리고 반인종주의라는 잣대를 이해함으로써 일본의 인종주의 문제를 '드러내고자' 한다.

제1부에서는 현재 일본의 혐오표현 현상과 그 특징을 다룬다. 혐오표현은 기존의 인종주의와 비교해도 극단적인 비인간성(비웃으며 '죽여라'라고 외치는 등)과 물리적 폭력(협박, 영업방해, 상해 등)을 동반한다는 특징이 있다는 것을 알 수 있다.

제2부에서는 반인종주의라는 잣대에 대해서 설명한다. 인종주의의 정의와 혐오표현을 초래하는 사회적 조건을 가시화하는 데 빼놓을 수 없는 차별선동의 정의를 다룬다.

제3부에서는 반인종주의라는 잣대를 이해하기 위한 사례로서,

물리적 폭력으로 발전한 재일조선인에 대한 인종주의의 구체적 사례(종적인 잣대)를 소개한다. 1923년 간토대지진 때의 조선인 학살, 1960~1970년대의 조고생 습격사건, 1980년대 후반의 치마저고리 사건 등을 다룬다.

제4부에서는 구미 선진국의 반인종주의 정책과 사회적 규범(횡적인 잣대)을 배운다. 전후 일본 사회에 반인종주의의 사회적 규범이 결여된 이상함과 특수성을 부각할 것이다.

구미도 예전에는 일본과 마찬가지로, 구별과 차별을 판단하는 기준이 애매한 사회였다. 그러나 1960~1970년대에 반인종주의 운동이 일어나면서 각국의 정부는 후에 기본이 되는 반인종주의 정책을 마련했다(반인종주의 1.0). 그 결과 그때까지 애매했던 구별과 차별 사이에 명확한 선을 긋는 공적 기준이 생겨났고, 나아가 구별에서 분리된 차별=인종주의는 '사회와 정부가 싸워야 할 악'이라는 최소한의 사회적 합의를 이끌어냈다.

더구나 이 나라들은 그 후에도 지속적으로 반인종주의 정책을 수정·보완해왔다(반인종주의 2.0). 그러한 점에서 반인종주의 정책이 전혀 없는 일본은 구미 선진국과 비교하면 한참 뒤처진 게 분명하다.

제5부에서는 일본에서 혐오표현이 늘어나는 사회적 요인이 무엇인지를 생각한다. 미리 말해두자면, 그것은 ① 반인종주의 규범의 결여, ② '위로부터의 차별선동', ③ 반역사부정 규범의 결여와 역사부정의 선동, 이 세 가지로 정리할 수 있다.

제6부에서는 이들 원인을 바탕으로 어떻게 하면 혐오표현을 멈출 수 있을지를 생각하고자 한다. 이 책에서는 일본 사회에 결여된 반인종주의라는, 사회적 규범을 확립하기 위한 단일 이슈 투쟁의 중요성

을 호소하고 싶다. 그러나 동시에 반인종주의 규범을 쟁취하는 단일 이슈만으로는 인종주의가 발생하는 사회적 원인까지 없애지 못한다. 인종주의를 이렇게까지 심각하게 만드는 여러 가지 사회관계를 바꾸기 위한 싸움에 대해서는 마지막에 언급하겠다.

제1부

지금 무슨 일이 일어나고 있는가:

일본의 혐오표현의 현상과 특징

본론으로 들어가기 전에, 현재 일본의 혐오표현의 실태를 언급해 두고자 한다. 다음은 내가 직접 길거리에서 목격한 혐오표현의 한 장면이다.

2013년 6월 도쿄 오쿠보에서

그날 오쿠보도리大久保通り는 매우 맑았다. 승객으로 북적대는 JR 신오쿠보新大久保역 개찰구를 나와 오른쪽 고가 아래를 빠져나오면, 교차로와 마주한 작은 공간이 있다. 꽃가게와 흡연구역 사이에 있는 그곳에 진을 치고 나는 그들이 오기를 기다렸다.

드디어 오른쪽 메이지도리明治通り 쪽에서 확성기 소리가 들리기 시작했다. 젊은 여성의 목소리였다. 그 목소리는 점점 커지면서 이렇게 외쳤다.

2013년 6월 도쿄의 오쿠보도리에서 "조센진은 앞으로 영원히 우리의 적이다" 등 구호를 외치는 시위대.

"조센진은 앞으로 영원히 우리 일본인의 천적이다!"

귀를 찌를 듯한 위압적이고 기세등등한 외침이었다.

여기에 "오!" 하며 환호성으로 응답한다. 히노마루와 욱일기를 손에 든 시위대는 남녀노소가 섞여 있고 그 수는 족히 100명이 넘었다. 그중에는 유모차를 끌고 있는 여성도 보였다. 그들이 들고 있는 현수막에는 "원수 같은 적을 모두 죽이자, 조센진을 모두 죽이자"라고 쓰여 있었다. 컬러 매직펜으로 일부러 흉하게 그린 치마저고리를 입은 여성의 그림 옆에 '종군위안부는 매춘부'라고 크게 쓴 것도 있다.

그렇지 않아도 '한류를 겨냥'해 몰려든 많은 사람들로 혼잡한 오쿠보도리는 차분히 걸을 수 없었다. 거기에 시위대와 이에 대응하는 카운터스 수백 명이 몰려들었고, 이 두 부류를 합친 것보다 많은 기동대도 몰려들었다. 큰 소리로 흘러나오는 혐오표현과, "돌아가라!"는 분노 어린 맹렬한 항의로 주변은 한바탕 소란스러워지고 순식간에 큰 혼란이 일어났다. 그러나 시위대는 완전 장비를 갖춘 기동대 너머로 보이는 카운터스를 비웃으면서, '바퀴벌레', '구더기', '김치' 등 욕설을 퍼부으며 유유히 대열을 지어 걸어갔다.

기록을 위해 일행에게 카메라를 대자, 이를 눈치 챈 중년 남성은 얼굴을 감추려고도 하지 않고 현수막을 높이 들어 포즈를 취했다(사진 참조). 렌즈 너머로 눈이 마주치자, 그는 입가를 실룩거리며 웃었다.

조센진을 모두 죽이자고 외치고 있지만 그들에게서는 그런 각오와 긴장을 조금도 찾아볼 수 없었다. 그들은 그저 기분 나쁜 조소를 보낼 뿐이었다. 거기에는 일방적으로 소수자를 공격하는 것에 흡족해 하는 잔학성과 거의 본능적으로 느끼고 있을 안전지대—아무리 혐오표현을 반복해도 법적 처벌과 소송과 실업 리스크가 없는 일본—에 있다는 안도감이 드러났다.

일행이 지나가는 속도는 매우 느렸다. 적어도 나에게는 견딜 수 없이 길게 느껴졌다.

그들이 지나간 후 내 뒤쪽에서 여성 세 명이 서로 몸을 맞대고 울고 있었다. 한 명은 경련을 일으킨 것 같았다. 고가 아래를 빠져나간 시위대를 쫓아 기동대도 카운터스도 가버렸다. 드디어 교통 통제가 해제되고 멈춰 있던 차들이 움직이기 시작했다. 오쿠보도리는 다시 쇼핑객들이 오가는 광경을 되찾았다.

너무 심한, 있을 수 없는 차별의 등장

그때 본 광경을 바로 기록한 메모에 의지해 쓰기 시작했지만 뭔가 부족하다. 현장에서 느꼈던 말할 수 없는 불길함, 온몸에 소름이 돋는 듯한 불쾌한 감각은 조금도 전해지지 않을 것이다(하지만 이것은 다수자 쪽에 있는 사람조차 그렇다. 소수자라면 다른 괴로움이 더해진다는 것을 덧붙여두고 싶다). 차라리 유튜브 등에서 비슷한 동영상을 보는 편이—제노사이드 선동조차 인터넷에서 무료로 공개되고 있는 것 자체가 문제이지만—그 추악함을 제대로 느끼는 방법일지 모르겠다.

실태를 조금 더 소개해보기로 한다.

같은 해 2월, 역시 도쿄 오쿠보에서 있었던 가두시위에서는 다음과 같은 혐오표현이 있었다.

> 변태 조센진은 일본에서 나가라!
>
> 변태 조센진은 그 낯짝에 부끄러움을 알아라!
>
> 변태 조센진은 살아 있는 것이 부끄러운 줄을 알아라!
>
> 바퀴벌레 총코チョンコ(한국인을 비하하는 표현—옮긴이)를 일본에서 쫓아내자!
>
> (이상 구호)

> 조센진 목매달아라 독약을 마셔라, 뛰어내려라.
>
> 좋은 한국인이든 나쁜 한국인이든 모두 죽여라.
>
> 한류의 숨통을 끊어라.
>
> 다케시마를 돌려줘라, 반일은 돌아가라.

해충구제.

(이상 현수막)

"조센진은 떠나야 할 바퀴벌레다."

"나는 오사카에서 왔는데, 오사카 쓰루하시鶴橋에도 코리안타운이 있다. 밤이 되면 강간이 많이 일어난다."

(이상 참가자의 폭언)

'데모'의 타이틀은 "불령선인不逞鮮人(불량하고 불온한 조센진—옮긴이) 추방! 한류박멸 데모 in 신오쿠보"였다. 그리고 이들 가두시위는 대개가 인터넷에서 미리 고지된다. 그 글만 읽어봐도 참을 수 없는 차별로 가득 차 있다. 이런 사례를 읽은 독자는 어떤 생각이 들까?

국외 퇴거와 자살 명령. 민족에 대해 벌레 같은 인간 취급. 살해 예고. 학살·제노사이드 선동.

소수자를 섬뜩하게 하고, 공포에 빠뜨리는 일이 너무 많다. 그러나 가두시위는 한민족 모두를 죽이자는 이야기치고는 너무나 경박하고, 반은 장난 같다. 말하자면 '놀이'로 삼고 있다. 그 차이 자체로 소수자를 희롱하고 싶은 모양이다.

국회의원 아리타 요시후有田芳生는 혐오표현을 "인간으로서 가장 추악한 데모"라며 본질을 꿰뚫는 말을 했다. 인종주의자가 아니라면 누구나 혐오표현의 이상함, 추악함, 차별성에 분노를 느낄 것이다.

여기에 혐오표현이 기존의 인종주의와 구별되는 중요한 특징이 있다. 그것은 단순한 차별이 아니다. 너무나 가혹한 차별이다. 일본에서 빈발하는 혐오표현은 그 가혹함이 기존의 인종주의를 능가한다.

이 가혹함을 명확하게 말로 이해하는 작업이 일본의 혐오표현의 위험성을 이해하는 최초의 입구가 된다.

여기에서는 우선 누구에게나 보이는 폭력의 가혹함에 주목하여, 일본의 혐오표현이 '표현'이 아니라 문자 그대로 물리적 폭력 현상임을 확인하고자 한다.

여러 형태의 물리적 폭력: 가두시위형, 습격형, 우발적 폭력

가두시위형

앞서 소개한 혐오표현은 모두 가두시위형이다. 언론에서도 다루었듯이, 혐오표현이라고 하면 이들 가두시위가 먼저 떠오를 것이다. 참가자는 몇 명부터 수백 명까지 다양하지만, 격렬했던 2013년과 2014년에는 그 규모가 100명에 이르는 경우도 많았다.

장소는 도쿄의 오쿠보, 오사카의 쓰루하시 등 코리안타운이 유명하지만, 이 외에도 북쪽부터 시작해서 홋카이도北海道의 삿포로札幌와 후쿠시마福島현의 군마群馬, 사이타마埼玉현의 오미야大宮·와라비蕨·가와구치川口, 가나가와神奈川현의 요코하마橫濱·가와사키川崎, 아이치愛知현의 나고야名古屋, 교토부府의 교토, 오사카부府의 오사카, 후쿠오카福岡현의 하카타博多를 비롯해 주요 도시를 포함한 전국 각지에서 열렸다.

주최만이 아니라 협찬으로 여러 단체가 이름을 올린 것에서도 알 수 있듯이, 이를 주최하는 측의 인종주의자 단체들은 수십 개의 크고 작은 규모임이 확인됐다(이름이 있는 것과 없는 것, 그리고 실체가 없는 것까지 포함). 이 같은 혐오표현 가두시위는 사전에 계획·조직된 것이다. 이것은 차별을 목적으로 한 어떤 종류의 사회'운동'이라고 할 수 있다.

그렇지만 혐오표현은 가두시위에 그치지 않는다. 그것은 개인 및 단체와 이벤트에 대한 습격부터, 현장에서의 우발적 폭력, 신문·텔레비전·책·잡지에 의한 차별선동에서 인터넷 차별 댓글에 이르기까지 다양한 방법을 취한다.

습격형

습격형은 공격 목표를 정하고 집단으로 몰려와 협박, 모욕, 명예훼손, 폭행, 기물파손 등을 하는 폭력이다. 나중에 이야기할 재특회(재일특권을 허용하지 않는 시민 모임在日特權を許さない市民の會. 이하 재특회)가 일으킨 미타카三鷹 사건(2009년 8월에 도쿄 미타카시에서 열린 일본군 '위안부' 문제의 전시·보고집회에 몰려와 청중들의 입장을 방해)와 도쿠시마德島 사건(2010년 4월에 조선학교를 지원했다는 이유로 도쿠시마시의 일본교직원노조 사무소를 습격한 사건으로, 2016년 4월에 고등재판소가 '인종차별'에 해당한다고 판단하여 436만 엔의 배상을 명령했다) 등이 그 예다. 여기에서는 인종주의자들의 조직 활동이 활발했던 2009년에 일어난 가장 심한 습격사건이었던 교토 조선학교 습격사건(이하 '교토 사건')에 대해서 간단하게 설명해두고 싶다.

교토 조선학교 습격사건(교토 사건)

사건이 일어난 것은 2009년 12월 4월 점심때가 지나서였다. 교토역 남동쪽에는 히가시구조東九条라는 재일조선인 밀집 지역이 있다. 그 남쪽 변두리인 가모가와鴨川 제방과 가까운 간진바시勧進橋 어린이 공원 옆에 있는 교토 조선제1초급학교가 습격당했다(초급학교는 일본의 초등학교에 해당).

범인은 '재특회'와 '주권회복을 도모하는 모임'의 회원 11명. 다음은 판결에서 사실이 인정된 차별 발언의 일부다.

"우리는 ×공원을 교토 시민에게 되돌려주려는 시민 모임입니다." "(본건 학교는) 공원을 50년이나 불법점거하고 있다." "일본 국민이 공원을 사용할 수 없다." "학교 토지도 불법점거다." "우리 선조들의 땅을 빼앗았다. 전쟁 중에 남자들이 없을 때 여자들을 겁탈하고 빼앗은 것이 이 땅." "전후 다 타버려 허허벌판이 된 일본인에게 붙어서 민족학교, 민족교육투쟁, 이런 형태로 일본 도처에서 토지를 수탈했다." "일본 선조들의 땅을 돌려줘라." "이것은 북한에 의한 침략행위입니다." "여기는 북한 간첩 양성기관." "범죄자에게 교육받은 아이들." "여기는 요코다 메구미 씨를 비롯해, 일본인을 납치한 조총련." "조센 야쿠자." "이놈들은 밀입국자들의 자손." "조선학교를 일본에서 내몰자." "떠나라." "조선학교, 이런 것들은 때려부수자." "약속이라는 것은 말이죠, 인간끼리 하는 거예요. 인간과 조센진 간에는 약속이 성립되지 않아요." "일본에 살게 해줬으면 법을 지켜라." "애초부터 구석에 처박았으면 좋았잖아." "우리는 지금까지의 단체들처럼 만만치가 않다." "이 문을 열어라, 이놈들." 이런 분노에 찬 목소리를 끊임없이 토해내면서, 중간중간 일제히 큰 소리로 외치는 등 시위를 벌였다(2013년 교토 사건 지방법원 판결에서).

이 같은 차별에 의한 온갖 욕설이 거의 한 시간에 걸쳐 쏟아졌다.

당시 학교에는 합동 수업을 하러 온 근처의 조선학교 아이들을 포함하여 초등학생 6학년 이하 약 170명의 학생이 있었다. 교사와 달려온 보호자들이 항의했는데도 범인들은 한 시간에 걸쳐 습격을 계속했다. 교사는 학생들이 그들의 혐오표현을 듣지 못하게 하려고 애썼지만, 몇 명은 공포에 떨며 울기 시작했다.

심각한 것은 경찰의 대응이었다. 이 가두시위는 '조선학교에 의한 공원 불법점거'라는 날조를 구실로 행해졌다. 게다가 인터넷에서 예고됐고, '선전용 동영상'이 무료로 공개됐다. 학교 측은 사전에 이를 알고 몇 번이나 경찰에 막아달라고 호소했지만, 결국 사건이 일어난 것이다.

습격을 사전에 막지 않은 점에 대해 경찰에게 책임을 물어야 한다. 경찰은 110번 신고전화를 받고 출동했지만 30분이나 그들의 습격행위를 방치했다.

그 후 어린 학생들은 스피커 소리에 몸을 떨거나 야뇨증상이 생기고 외상 후 스트레스 장애가 의심될 정도로 심각한 후유증을 겪었다. 또 교사와 보호자, 그리고 지역의 재일조선인에게도 치유하기 어려운 상처를 주었다.

피해는 그것만으로 끝나지 않았다. 우선 범인들은 습격 상황을 비디오카메라로 촬영하여 웹사이트에 무료로 공개했다. 영상은 마치 여느 프로모션 비디오처럼 경쾌한 음악을 배경음악으로 깔고, 고속으로 재생하여 JR 교토역에서 조선학교까지 가는 길을 보여준 후 범행의 '명장면'을 요약해서 보여주었다. 새롭게 무음 다큐멘터리로서 습격의 자초지종을 범인의 시선으로 보여주는 편집본을 올렸다. 제목은 '12월 4일 교토 어린이공원을 교정으로 무단 사용하는 조선학교로부터 탈환'. 이 영상은 일주일에 10만 건 넘는 조회 수를 기록했다(현재는 삭제된 상태다).

그리고 다음 해 1월 7일 자로 사이트에 습격을 알리는 글이 올라왔다. "1·14 조선학교에 의한 침략을 허락지 않는다! 교토 데모 어린이를 방패로 범죄행위를 정당화하는 불령선인을 용서치 않겠다! 조선인 범죄를 조장하는 범죄 좌익·미디어를 일본에서 추방하라!" 그리고 같은 범인들이 1월 14일과 3월 28일에 두 번이나 같은 조선학교를 습격했다.

두 번째도 경찰의 눈앞에서 습격이 행해졌다. 세 번째는 학교 관계자와 지원자들의 노력으로 3월 19일에 법원에 가두시위 금지 가처분을 신청했고, 24일에 가집행이 내려져 학교 반경 200미터 이내에서의 가두시위는 금지됐다. 그러나 3월 28일 범인들은 법원의 가집행을 무시하고 학교 부근에서 가두시위를 벌였다. 이번에도 경찰의 눈앞에서 벌어진 일이다. 그리고 범인들은 곧 습격의 자초지종을 인터넷에 계속 올렸다.

이 사상 최악의 혐오표현 사건 이후 피해를 입은 학교 측이 형사·민사 모두 소송을 걸었다. 형사재판에서는 2010년에 유죄판결이 내려져 네 명이 기소되고, 두 명이 체포됐다. 민사소송에서도 2014년 12월에 대법원에서 그 가해행위가 인종차별철폐국제조약이 금지하는 '인종차별'에 해당한다고 인정되어, 손해배상금으로 총 약 1226만

엔의 고액 배상금을 명령했다. 게다가 조선학교의 민족교육 실시권도 부분적으로 보호 법익에 포함된다는 획기적인 판결을 확정했다.

그러나 피해는 너무나 심각했다. "두 번 다시 이런 일이 일어나서는 안 된다고 말하는 것만으로는 부족하다. 단 한 번이라도 일어나서는 안 되는 일이다." 이런 말이 관계자들로부터 들려왔다고 한다.[1] 이 말은 결코 혐오표현이 가져온 직접적인 피해만을 의미하지 않는다(그것만이라도 너무 심각하긴 하지만).

문제는 피해가 혐오표현의 폭언·폭력에 의한 직접적인 피해에 그치지 않고, 예전부터 있었던 인종주의 피해를 더 격화시켰기 때문에 그만큼 막대해졌다는 것이다.

조선학교와 재일조선인은 전후 지속적으로 일본 정부의 인종주의 정책과 시민사회의 몰이해로 차별의 피해를 겪어왔다. 혐오표현은 직접적인 피해만이 아니라 이들의 일상 속에 존재하는 인종주의에 의한 상처가 커지기 때문에 피해가 막대해진다.

그렇지만 이 점에 대해서는 거의 이해받지 못했다. 왜냐하면 일본 사회에 '혐오표현'은 눈에 보여도, 예전부터 있어온 '인종주의'는 눈에 보이지 않기 때문이다.

필연적으로 빈발하는 우발적 폭력

가두시위형과 습격형의 현장을 포함하여 혐오표현이 행해지는 현장에서는 사소한 일을 계기로 '우발적 폭력'이 자주 발생한다.

우선, 가두시위 현장에서는 '반드시'라고 할 정도로 '냄새 난나' 등의 모욕과 '죽여버리겠다'는 협박 등이 난무한다. 그 외에 현수막을 빼앗거나 떼어내고, 옷과 안경을 당기거나 치켜 올리는 등의 폭력을 카운터스에게 행사한다. 게다가 코리안타운에서는 상점 간판을 파괴하고, 점원에게 모욕과 협박을 퍼붓고, 애완견을 학대하고, 물건을 사러 온 고객을 둘러싸서 협박하거나 짐을 쏟아버리는 등의 폭력을 행사한다. 재일조선인 등 소수자를 발견하면(특히 여성이라면), 집단으로 에워싸고 습격하여 "치마저고리! 이년이 총코!" 등 차마 들을 수 없는 차별적 언어를 사용하며 모욕을 줄 뿐만 아니라 주위에 큰 소리로 말하며 대낮에 길거리에서 창피를 준다.

더 직접적인 폭력 행사와 린치도 있다. 2012년 6월 3일 오후 2시 30분경 도쿄 신주쿠역 남쪽 출입구에서 있었던 재특회 가두시위에서 어떤 노인이 시끄럽다고 항의했다. 마이크로 연설 중이던 당시 회장 사쿠라이 마코토櫻井誠는 뭔가를 외치면서 노인을 향해 돌진했다. 그러자 주위 재특회 회원 10여 명이 일제히 노인에게 덤벼들었다. 노인은 순식간에 넘어지고, 재특회 회원 10여 명에게 둘러싸여 발로 차이고, 폭언과 분노 섞인 욕설을 듣는 등 집단 린치를 당했다. 다행히 경찰과 역무원들이 말려 더 큰 사태로 번지지는 않았다. 주위를 지나던 사람들은 대부분 혼잡함을 뚫고 빠른 걸음으로 지나가거나 그냥 보고만 있었다. 이 사건은 지금도 유튜브에 올라와 있다. 당국이 의지만 있었다면 즉시 체포할 수 있었지만, 경찰은 아직도 범인을 체포하려고 하지 않는다.

상해사건으로 발전한 것도 있다. 2014년 2월에 가와사키川崎에서 차별 가두시위를 벌인 후 한 인종주의자가 JR 가와사키역 게이힌도호쿠선京浜東北線 플랫폼에서 한 승객을 모조칼로 찌르는 사건이 일어났다. 모조칼이라고는 해도 길이가 90센티미터이고, 칼날 길이만 50

센티미터나 되는 금속제품이었다. 피해를 입은 회사원은 전치 일주일의 부상을 입었다. 범인은 그를 카운터스 참가자로 '착각'했다고 한다.

나중에 보겠지만, 1980년대 미국에서 혐오표현이라는 말이 만들어졌을 때, 그 정의에 물리적 폭력은 포함되지 않았다. 그렇지만 이렇게 우발적 폭력이 빈발하는 일본의 혐오표현은 실태로 보면 분명 잠재적인 폭력 현상이다. 일본의 혐오표현은 소수자와 민주주의 운동에 노골적인 적의를 품고 있으며, '죽여라'와 '죽어' 등 타자 살인과 제노사이드 선동을 되풀이한다. 그것이 실제 폭력 행사로 이어지는 데는 사소한 계기(리더급 인물의 지시나 행동, 항의에 대한 응답, 주위 반응, 주위와의 사소한 분쟁에서 참가자의 기분 등)만 있으면 된다.

2016년 3월 20일에는 JR 가와사키역 앞에서 혐오표현 가두시위에 항의하던 카운터스가 가두시위 참가자 10여 명에게 습격·폭행당하는 사건이 일어났다. 국회에서 이 사건에 대한 문제 제기를 해서인지 10일 후에 범인이 체포됐지만, 집단 린치는 가와사키경찰서 직원 수십 명이 가두시위를 경비하는 가운데 일어났다(『가나가와신문神奈川新聞』, 2016년 3월 20일). 간과할 수 없는 것은 가두시위 주최 단체가 '유신정당 신푸新風'라는 정치단체였다는 사실이다. 이 사건은 일본의 인종주의가 정치적 폭력(정치적 테러리즘을 포함)과 연결되기 시작했음을 시사한다.

물론 혐오표현은 '언어폭력'이기도 하고, 사람을 근본적으로 상처주고 부정한다는 점에서도 '폭력'이다. 그렇지만 훨씬 이전 단계에서 간단한 물리적 폭력 행사가 빈발하는 것이 일본의 혐오표현의 특징이다.

모든 소수자와 민주주의의 파괴

일본의 혐오표현의 특징은 폭력만이 아니다. 재일조선인이 주요 표적이지만, 그 외에도 수없이 많은 공격 대상이 있다. 아이누·오키나와·피차별 지역 출신자와 일본군 '위안부' 피해자, 히로시마·나가사키 피폭자, 필리핀인·브라질인·중국인·이란인·태국인과 외국인 연수생 등 재일조선인 이외의 재일외국인, 나아가서는 미나마타병 환자부터 동일본 대지진 피해자, 시리아 난민에 이르기까지 모든 소수자를 대상으로 하고 있다. 확인된 대상만 해도 이렇다.

나아가 혐오표현의 표적은 소수자에 머물지 않고 다수자가 많이 참가하는 반원자력발전운동·반인종주의운동·전쟁법안반대운동 등 민주주의와 관련된 운동까지 삼고 있다. 예를 들면 경제산업성 앞에 반원자력발전운동이 세운 천막이 인종주의자에게 습격당했다. 그 외에도 히로시마의 평화 식전을 방해하기도 하고, 2015년에는 SEALDsShort for Students Emergency Action for Liberal Democracy(자유와 민주주의를 위한 학생 긴급 행동)의 거리 시위대까지 공격했다.

급기야는 지방과 국가의 국회, 정당(일본공산당·사민당 등 좌파정당뿐만 아니라 민진당, 나아가서는 자민당과 유신의 모임 같은 극우까지), 그리고 국가·자치단체의 행정기관인 공적 기관도 공격하고 있다. 2016년 1월 15일에 가결된 오사카시의 혐오표현 대처 조례의 심의에서는 재특회 집회에 참가해오던 인종주의자가 시의회 방청석에서 컬러볼을 던지며, 반인종주의 운동을 한 방청객에게 폭력을 휘둘러 체포됐다.

나아가 소수자를 옹호 또는 동조했다고 간주되는 보도기관과 기업, 개인·단체도 공격했다. 특히 일본군 '위안부' 문제를 '날조'했다고 주장하며 『아사히신문朝日新聞』을 심하게 공격하기도 했다.

혐오표현은 소수자를 공격하는 폭력에 머물지 않고, 민주주의 사회를 파괴하기 쉬운 인종주의 현상이다. 이것도 중요한 특징 중 하나다.

사회'운동'으로서의 혐오표현

일본의 혐오표현은 공공연하게 외국인 배척을 내세우며, 지속적으로 조직된 인종주의 단체·네트워크에 의해 일어나고 있다. 요컨대 전후 일본 사회에 없었던 새로운 형태의 극우세력이 그 담당자다.

가장 유명한 것은 교토 조선학교 습격사건을 일으킨 재특회다. 재특회의 정식 명칭은 '재일특권을 허용하지 않는 시민의 모임'이다. '재일특권'이라는 있지도 않은 헛소문을 이용하여 차별을 선동하는 이 모임은 2006년 12월에 결성되어 2009년의 교토 사건 등 과격한 인종주의를 선동 도구로 사용하면서 인터넷을 통해 무시할 수 없는 영향력을 가지게 됐다. 인터넷으로 등록한 메일 매거진 회원은 1만 5,828명(2016년 4월 14일 현재 홈페이지. 게다가 4월 4일부터는 메일 회원제가 폐지되고 정회원으로 됐다)이라고 한다.

제2부에서 보겠지만, 일본의 혐오표현은, ① 정면으로 인종주의를 내세우고, ② 적극적으로 조직화됐으며, ③ 인터넷을 통해서 '보통 사람'들을 동원하는 데 성공했다는 점에서 새로운 인종주의 '운동'이라고 할 수 있다.

또 제3부에서 자세히 보겠지만, 예전의 조고생 습격사건이나 치마저고리 사건과도 다른 악질적인 인종주의 '운동'이다. 우선 소수의 핵심 멤버는 예전의 시민운동처럼 학습회·심포지엄·정보선전 활동 등 '건실한 활동'을 한다. 그렇지만 그것은 과거 우익·좌익이나 노조가 했던 것처럼 사람을 동원하는 시민운동은 아니다. 가두시위와 이벤트에 참가하는 사람들 중에는 놀라울 정도로 '보통 사람'이 많으며, 게다가 SNS의 '오프라인 모임' 같은 추악한 가두시위에 놀이 삼아 참가하여 가학적으로 차별을 '즐기는' 사람도 있다.[2] 요컨대 일본의 혐오표현을 이끄는 인종주의 단체 및 극우세력에 의한 '운동'은 과거 사회운동처럼 학습회·전단지 뿌리기·가두시위 등의 수법을 사용하면서도 인터넷을 통해 참가 문턱을 낮추고, 네트워크를 구축하여 패거리들을 늘려서 목적을 달성하는 '운동'인 것이다.

이 같은 '운동'이 왜 성립되는 걸까? 그것은 차별이 목적이기 때문이다. 야스다 고이치安田浩一가 지적하듯이, 있지도 않은 '재일특권'의 폐지를 주장하는 재특회는 운동으로서는 파탄 났다. 그렇지만 그들이 내세우는 목적이 말도 안 되게 치졸하고 천박하고 황당무계하여 파탄 났다고 하더라도, 어쨌든 타자를 차별할 수만 있으면 그것으로 성립되는 것이 일본의 혐오표현인 것이다.

일찍이 차별은 체면치레로라도 남들 앞에서는 삼갔으며, 어떤 이해관계 때문에 일어나는 것이었다. 지금은 혐오표현이라는 이름의 차별 목적을 위한 차별이 등장했다고 할 수 있다.

차별 목적을 위한 차별만큼 위험한 것은 없다. 한계를 모르기 때문이다. 실제로 일본의 혐오표현은 항의 활동과 여론의 비판이 커지기까지 급속하게 과격화·추악화·흉악화됐다.

혐오표현의 등장은 인종주의가 사회를 파괴하는 단계로까지 증식하는 사회적 회로가 이미 일본에서 성립되었음을 보여준다.

이 인종주의 '운동'을 저지함과 동시에 '운동'을 가능하게 하는 사회적 회로를 끊어야 한다. 그러기 위해서라도 일본의 혐오표현의 특수성을 알아둘 필요가 있다.

혐오표현의 어디가 어떻게 심각한가: '보이는' 심각함과 '보이지 않는' 심각함

누구에게나 보이는 심각함: 반인간성·폭력

일본에서 일어나고 있는 혐오표현은 어디가 어떻게 심각한가. 설명이 필요 없을 정도로 너무 지나치기 때문에, 사실 이 문제는 제대로 의문시되지도 않았다. 그전부터 존재했던 재일조선인에 대한 인종주의와의 차이와 연속성을 정리하고, 늘어나고 있는 일본의 인종주의 중에서 혐오표현의 위치를 이해하기 위해서도 그 심각성을 이야기할 필요가 있다.

일본의 혐오표현의 '심각성'은 여러 가지 형태가 복합적으로 얽혀 있다. 크게 네 가지로 나누어보았다. ① 차마 제대로 볼 수 없을 정도의 반인간성, ② 물리적 폭력과의 일체성, ③ 인종주의(민족차별), ④ 역사부정(수정주의). ([그림 1] 참조)

이렇게 나눠보면, 이들 네 가지 심각성은 모두가 잘 '보이는' 것이 아니다. 일본 시민들이 대부분 심하다고 생각할 수 있는 것은 ① 반인간성과, ② 폭력일 것이다. 그러나 ③ 인종주의와, ④ 역사부정에 대해서는 그렇지 않다. ① 및 ②와 대조적으로, 대다수의 일본 시민들은 그 심각성을 보지 못하거나 혹은 보려고 하지 않는다.

① 차마 제대로 볼 수 없을 정도의 반인간성(이하 반인간성)이란, 기분 나쁘게 조소를 띠면서 '죽여라' 하는 등 '나쁜 놀이'를 즐기는 모습으로 상징되는 듯한, 극단적이기까지 한 가학성, 모멸성, 잔혹성 등을 말한다. 일본의 혐오표현을 한 번이라도 본 적이 있는 사람은 차별과 인권문제 이전에 '사람으로서 할 수 없는 일'이라고 입을 모은다. 그것은 예전의 차별에도 없었던, 논리 없는 반발과 혐오라는 명백한 심각성이 있기 때문이다. 혐오표현에 실제로 참가한 사람은 차별주의자이기 이전에 사람으로서 지켜야 할 최소한의 규칙이나 행동에 해당하는 스스로의 '인간다움'을 타락시키고 있다.

이 같은 혐오표현의 극단적이고 말로 설명할 수 없는 추악함을, 이 책에서는 고유의 심각함으로서 '반인간성'이라고 표현하겠다. 이 '반인간성'은 전후 일본 사회에서 인권의식의 잣대가 되어온 '전후 일본적 인간다움'에서도 허용하기 어려운, 일탈로 보이는 수준의 비인간성을 말한다.

② 물리적 폭력은 '언어폭력' 이전의 유형력有形力(물리적인 힘—옮긴이)을 말한다. 이것도 또 일본 시민 누구에게나 눈에 '보이는' 인권침해일 것이다. 전후 일본 사회에서는 '폭력은 안 된다'라는 '반폭력' 잣대가 사회적 규범이 됐기 때문이다.

반복이 되겠지만, 혐오표현은 소수자와 항의행동 참가자(카운터스)에 대한 폭행, 상해, 업무방해, 살인 예고와 협박이라는 범죄부터 폭언, 모욕 등의 '경범죄'에 이르기까지 형사사건에 해당하는 물리적 폭력을 동반한다. 그것들은 우발적 폭력만이 아니라, 조직적·계획적·집단적인 폭력이다. 게다가 은밀하게 실행되는 것이 아니라 대낮에 공공연하게 그것도 인터넷으로 예고까지 한 뒤 실행한다. 앞에서 서술한 대로, 오사카시 의회의 방해와 SEALDs에 대한 공격, 그리고 가와사키시에서 유신신당 신푸가 가두시위 때 습격한 사건처럼 정치적 폭력에 가까운 일까지 벌어지고 있다.

전후 일본 사회가 고도로 '치안이 좋은' 사회였음은 구미 선진국과 비교해도 분명하게 드러나지만, 사회운동과 정치에 폭력이 동반되는 일은 일본에서 특히 최근 몇 년간은 거의 보기 어려웠다. 제3세계만이 아니라 구미 선진국에서는 스트라이크와 데모 때조차 경찰 또는 군대와 충돌하거나 건물·상점·자동차가 파괴되는 등의 폭력 현상을 동반하는 일이 흔했다. 노동조합이 파업하는 일도 없고 데모도 차도를 전면 점거할 수 없는 일본에서는 사회운동과 정치적 의사 표현에 폭력을 동반하는 일이 드물었다. 그리고 인종주의자도 폭력을 조직적으로 행사하는 극우조직의 모습을 띠지는 않았다. 혐오표현이라는 형태로 추악한 인종주의 폭력이 일본에서 출현한 것은 적지 않은 의미를 지닌다.

보이지 않는 심각함: 인종주의·역사부정

① 반인간성과 ② 폭력이라는 혐오표현의 심각성은 일본 시민이라면 누구나 수긍할 것이다. 그러나 ③ 인종주의는 어떨까? 유감스럽게도 많은 일본 시민에게는 보이지 않는 상태다.

'아니, 혐오표현에 어느 정도 반대하는 사람은 있었지 않나?' 이 같은 반론이 떠오르는 사람은 멈춰 서서 다음의 정중한 말투의 '의견'에 대해 생각해보길 바란다.

"나는 차별하는 것이 아닙니다. 그러나 재일조선인은 일본 사회에는 어울리지 않으니, 가능하면 한반도로 돌아가는 게 서로를 위한 것이 아닐까요?"

이 발언은 인종주의에 해당하는 것일까?

만약 조금이라도 망설여지는 사람은 ③ 인종주의를 보지 못하고 있는 것이다. 이것을 반인간적인 형태로 번역하면 '바퀴벌레 재일조선인은 한반도로 돌아가라! 차별이 아니라 구별이다!'라는 귀에 쏙 들어오는 '혐오표현'이 된다. 이 정도가 아니면 '심각성'이 보이지 않는 사람도 적지 않다.

제3부에서 보는 대로, 혐오표현이 난무하기 훨씬 이전부터 재일조선인은 매우 심각한 인종주의 피해를 당해왔다. 그러나 그것들은 유감스럽게도 일본 시민들의 대대적인 반대운동을 불러일으킬 정도로 '심각하다'고 생각되지 않았다.

④ 역사부정도 마찬가지다. 제5부에서 보겠지만, 역사부정은 '나치의 홀로코스트는 없었다' 같은 전쟁범죄·식민지배·노예제·제노사이드 외에 근현대 역사를 왜곡·부정하고 미화하는 사상·실천을 말한다. 혐오표현 현장에서 반복되는 "강제연행은 없었다", "'위안부'는 매춘부" 같은 망언은, 독일과 프랑스 등지에서는 범죄로서 처벌의 대상이 되는 홀로코스트 부정("가스실은 없었다")과 같은 형태의 역사부정이다.

나치의 유대인 학살 외에 인종주의가 제노사이드(민족말살)로 이어지는 역사를 반복하지 않기 위해, 그리고 인종주의가 폭력으로 발전하는 것을 미연에 방지하기 위해 유럽에서 역사부정은 인종주의와 마찬가지로 법적 처벌 대상이 됐다. "강제연행은 거짓말"이라는 망언은 그 정도의 무게와 죄의 깊이를 가진다.

그렇지만 그렇게 생각하는 시민사회는 유감스럽게도 극히 적다. 그 이유는 제5부에서 자세히 밝히겠지만, 여기에서 그 이유를 잠깐 지적해두자면, 첫째로 일본 정부가 과거 아시아 침략에 대한 극히 기본적인 사실조차 교육하고 있지 않기 때문이다. 더 근본적으로는 애초에 도쿄재판을 비롯해 아시아에 대한 침략전쟁과 식민지 지배를 수반한 전쟁범죄에 대해 누가 어떠한 책임을 져야 하는가 하는 공정한 재판이 충분히 이루어지지 않았기 때문이다.* 그 결과 일본 시민의 대다수는 "강제연행은 거짓말"이라는 말을 들어도, 도대체 그것이 역사부정인지 아닌지를 판단할 근거를 가지지 못했다.

혐오표현의 심각성(반인간성과 폭력 혹은 인종주의의 심각성)에는 항의할 수 있어도, 역사부정에 대해서는 항의해야 하는지 말아야 하는지 판단하기 어려울 것이다. 그 간극에 대해서 역사수정에 의한 혐오표현과 차별선동은 현시점에 유효한 항의 방법을 찾지 못한 채 증식하는 대로 내버려져 있다.

요컨대 혐오표현이 가지는 ① 반인간성, ② 폭력의 심각성은 너무나도 명료하기 때문에 대부분 누구에게나 보이지만, 혐오표현의 핵심부에 있는 ③ 인종주의, ④ 역사부정의 심각성을 볼 수 있는 사람

* 물론 도쿄재판은 태평양전쟁을 침략전쟁으로 규정하고, B급 · C급 전범재판에서 포로학대 등의 전쟁범죄를 재판하고는 있다. 하지만 식민지 지배의 일본군 '위안부'제도를 충분히 다루지 않았다는 비판이 있다. 그리고 전후 일본 사회에서는 도쿄재판의 판결조차 인종주의를 규제하는 사회적 규범으로 자리 잡지 못했다.

은 극히 소수에게 불과하다([그림 1]).

문제는 ① 반인간성과 ② 폭력의 심각성을 수반하지 않은 ③ 인종주의, ④ 역사부정의 경우다. '너무나도 심한' 혐오표현과 인종주의는 일본 사회에서는 '보이기 어렵다.' 그렇기 때문에 비판도 매우 약할 수밖에 없다. 예를 들면 일본 정부가 조선고교를 겨냥한 **고교 무상화** 제외 결정을 '인종주의'라고 판단할 수 있는, 하물며 항의의 목소리를 낼 수 있는 사람은 얼마나 될까. 또 '강제연행은 없었다'는 역사부정에 반론을 제기하거나 항의할 수 있는 사람도 많지 않다([그림 2] 참조).

이것은 인종주의 쪽에서 보면, ①·②를 자제하고 ③과 ④로 순화한 활동(학습회와 '온건한' 데모) 단계로까지 '후퇴'하면, 쉽게 목적을 달성할 수 있게 된다. 그러나 중핵 부분인 ③과 ④에서 ①과 ②가 성장하고, 결국은 추악한 혐오표현이 태어난다. 때문에 혐오표현을 없애기 위해서는 ③ 인종주의와 ④ 역사부정에 대한 대처가 반드시 필요하다.

이 인종주의와 역사부정이야말로 지금처럼 혐오표현이 빈발하기 훨씬 이전부터 전후 일본에 만연해온 것이고, 재일조선인을 계속 괴롭혀온 것이다. 그렇지만 극히 일부를 제외하고 일본 사회에서는 지금까지 문제조차 되지 않았다.

반인종주의라는 잣대(사회적 규범)의 필요성

2000년대 후반부터 일본 각지에서 드러나기 시작한 혐오표현 빈

〔그림 1〕 혐오표현의 심각성

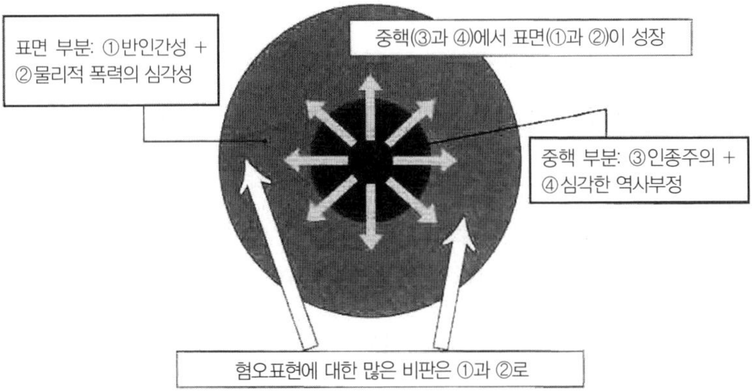

*저자 작성

〔그림 2〕 혐오표현의 심각성-2

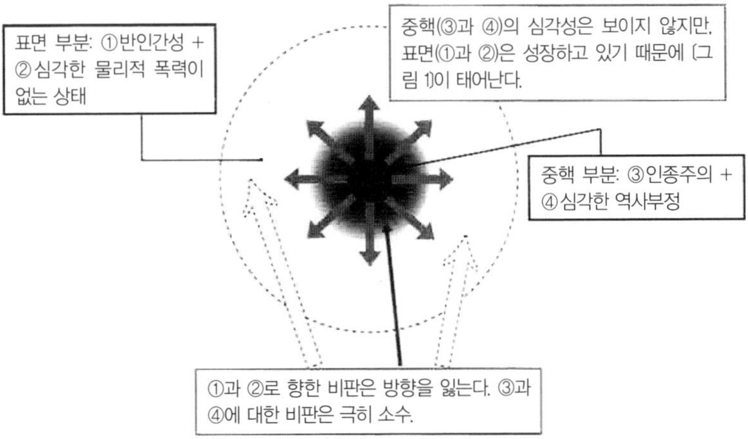

*저자 작성

발 현상은 예전부터 있어왔던 재일조선인에 대한 인종주의의 성장을 전후 사회가 억누르지 못했으며, 그 결과 차별을 넘어 폭력의 단계로까지 발전한 인종주의 현상이다.

그렇기 때문에 혐오표현은 그전의 차별과는 다르며, 예외적으로 사회적 주목과 비판을 받았다(① 반인간성, ② 폭력의 심각성은 누구나 볼 수 있기 때문이다). 바꾸어 말하면 일본 사회는 혐오표현의 등장 이후 '전후 일본적 인간다움'과 '반폭력'을 계기로, '반혐오표현'이라는 형태의 새로운 잣대(사회적 규범)를 2013년 이후에 싹 틔우는 데 성공했다고 할 수 있다. 이것은 역사적인 큰 변화다.

동시에 아무리 혐오표현이 세상의 빈축을 사더라도, 현 상태에서 비판의 화살은 ① 반인간성·② 폭력을 향하고 있지만, 그것들을 낳은 ③ 인종주의 자체를 꿰뚫지는 못했다(④ 역사부정에 대해서는 비판이 좀 더 약하다).

혐오표현의 빈발을 낳은 것은, 전후 일본 사회에서 방치되어온 인종주의다. 인종주의는 조금의 과장도 없이 사회를 파괴한다. 혐오표현의 빈발은 인종주의가 이미 일본 사회를 깊이 파괴하고 부패시킨 결과 생겨났다. 말하자면 '썩는 냄새'에 지나지 않는다. 혐오표현의 빈발을 막기 위해서는 사회가 그 원인인 인종주의를 억제해야 한다. 역사부정에 대해서도 마찬가지다.

그러기 위하여 2013년 이후, 전후 일본에 새롭게 태어난 '반혐오표현'이라는 잣대로 잉태된 '반인종주의'라는 잣대(규범)를 새롭게 싹 틔우고 어린 나무로 자라 거목이 되도록 키워내야 한다.

"인종주의는 민주주의와 사회를 파괴한다"는 경고 문구는 나치의 홀로코스트 이후 제3세계의 반식민주의를 배경으로 전후의 국제사회가 얻은 교훈이었다. 그렇기 때문에 구미를 비롯한 나라들에서는 인종차별철폐국제조약을 규정하고, 국내 인종주의의 박멸을 의무화했다. 그러나 일본은 혐오표현이 학살로 귀결된 간토대지진 때의 조선인 학살 같은, 세계사에 기록될 만한 경험을 가졌음에도 기본적인 반인종주의법이나 정책조차 전무한 상태였다.

전후 일본 사회에서 민주주의와 사회를 파괴하는 인종주의 폭력이 혐오표현으로 활개를 치고 있는 지금이 마지막 기회일지 모른다. 일본은 구미 같은 선진국처럼 반인종주의라는 사회적 규범을 세워 인종주의 '운동'을 억제할 수 있을지, 혹은 이대로 반쯤 놀이 삼아 하는 인종주의 '운동'에 사회와 민주주의가 압살되는 것을 그냥 지켜보기만 할 것인지, 그 갈림길에 있다.

제 2 부

인종주의란 무엇인가, 차별선동이란 무엇인가:

차별을 '가시화'하기 위하여

제1장

인종주의란 무엇인가: 인종주의의 '가시화'

혐오표현이란 무엇인가

'혐오표현hate speech'이란 무엇인가? 일본에서 널리 알려진 정의는 "인종·민족·국적·성별 등의 속성을 지니는 소수자 집단 혹은 개인에 대하여, 그 속성을 이유로 행하는 차별적 표현"이다. '그 핵심에 있는 본질적인 부분'에는 '차별, 적의 또는 폭력 선동'(자유권 규약 제20조), '차별의 모든 선동'(인종차별철폐국제조약 제4조)이 있다.[1]

다음의 세 가지를 알고 있어야 한다. 첫째, '스피치speech'라고 하지만, 이것은 '언론', '표현'만이 아니다. 제스처(몸짓)와 태도를 포함한 행위 일반이 포함된다. 예를 들면 유럽의 축구경기에서 원숭이를 흉내 내거나 바나나를 던지는 행동을 하면, 이것은 흑인 선수에 대한 모욕·차별선동으로 간주되어 위법행위가 된다. 또 독일과 프랑스를 비롯한 유럽의 많은 나라에서 나치식 경례와 홀로코스트 부정은 차별선동으로 간주되어 처벌 대상이 된다.

둘째, '헤이트hate'라고 말하지만, 이것은 일본어에서 말하는 '증오'나 '미움'이 아니다. 혐오표현에서 '혐오'의 표적은 개개인이 아니라 인종, 민족, 성性 등의 어떤 집단(혹은 그 집단 구성원으로서의 개개인 혹은 **그렇게 생각되는** 사람들)을 향하고 있다. 요컨대 여기서 말하는 '혐오'는 단순한 증오가 아니라 차별과 떼려야 뗄 수 없는 증오다.

셋째, 혐오표현의 정의의 핵심에는 '차별선동'이 있다. 사회를 향해 차별을 선동하는 행위와 효과가 문제다.

간단하게 정리하면, 혐오표현이란 차별/증오를 선동하는 표현/행위다.

이렇게 혐오표현의 정의는 차별의 정의를 전제로 한다. 요컨대 혐오표현이 무엇인지를 알기 위해서는 차별의 의미를 이해할 필요가 있다. 거꾸로 말하면 아무리 혐오표현을 반대하려고 해도, 차별이 무엇인지를 명확히 할 수 없으면 혐오표현에도(너무 심각한 혐오표현을 제외하고) 정확하게 반대할 수 없다. 그러면 차별이란 무엇일까?

인종주의란 무엇인가

재일조선인에 대한 인종주의를 다루는 이 책에서는 '차별'이라고 할 때, 기본적으로 '인종주의(민족차별)'를 다루게 된다. 따라서 '혐오표현'이라고 할 때도 '인종주의로서의 혐오표현'을 다룬다.

인종주의의 기본적인 정의:

인종·민족 출신과 관련된 집단에 대해 사회가 없애야 할 불평등

인종주의란 무엇인가? 이것은 어려운 문제다. 이 책에서는 알기 쉽게 하기 위해, 기본적으로 인종주의가 구체적인 행위로 드러나는 차별에 한정해서 다루겠다. 이데올로기적 측면을 다룰 경우는 반드시 구체적인 행위와 관련된 것만 다루겠다.

인종차별철폐국제조약 제1조에 '인종차별racial discrimination'에 대한 알기 쉬운 정의가 있다.

> 이 조약에서 '인종차별'이란 인종, 피부색, 혈통 또는 민족적 혹은 종족적 출신에 기초한 모든 구별, 배제, 제한, 또는 우선이며, 정책적·경제적·사회적·문화적 그 외 모든 공적 생활 영역에서 평등한 입장에서의 인권 및 기본적 자유를 인식하고 향유 및 행사하는 것을 방해 또는 해할 목적이나 효과를 가지는 것을 말한다.[2]

중요한 점은 우선 그룹(집단·속성)에 기초한 구별(구별, 배제, 제한 또는 우선)이라는 것이다. 이 경우 결코 실제 존재하는 출생(핏줄, 뿌리)과 관련된 구별만이 아니라, 가해자한테 '외국적'이라고 여겨지는 상상 혹은 이데올로기 속의 출생(핏줄, 뿌리)을 근거로 하는 구별도 포함된다.

두 번째, 그 구별은 불평등한 것이며, 평등한 권리 행사를 방해할 목적과 효과를 가지는 것이고, 게다가 그 불평등은 정책·법률을 만들어서라도(제2조) 사회가 없애야 할 해악이라는 점이다.

따라서 이 책에서는 기본적으로 인종주의를 다음과 같이 정의한다.

인종주의란 인종·민족 등 출생(핏줄·뿌리)으로 묶인 집단에 대한, 사회가 없애야 할 불평등을 말한다. 짧게 말하면, 인종주의란 인종/민족차별을 말한다(이하 알기 쉽게 민족차별이라고 하겠지만, 인종차별도 포함한다).

이 정의에서 '이지메와 차별이 어떻게 다른가' 하는 질문에는 명확하게 답할 수 있다. 차별은 인종/민족과 성별/장애 등 사회적으로 만들어진 집단이 대상이 된다는 점에서 이지메와는 명확하게 다르다. 분명히 이지메는 인권침해이고, '사회가 없애야 할 해악'이다. 그러나 그 정의에는 '(사회적으로 만들어진) 집단을 구별하는 것'은 포함되어 있지 않다. 물론 차별을 근거로 한 이지메가 있을 수 있으며 실제로도 많지만, 이지메와 차별은 개념적으로 다르다.

인종차별철폐국제조약 제1조의 인종주의 정의에 "평등한 입장에서의" 권리 행사를 방해하는 "목적 또는 효과를 가지는 것"이라는 부분에 주목했으면 한다. 목적만이 아니라 '효과를 가지는 것'도 인종주의라는 것이다. 이것은 매우 중요하다. 예를 들어 어떤 정치인은 차별적 용어를 사용하지 않으면서도 차별을 선동하는 일에 능한데, 이런 경우 확신을 가지고 비판할 수 있을지가 핵심이 된다.

그런데 인종주의의 정의에 있는 '사회가 없애야 할 불평등'은 어느 수준인가. 가맹국들의 인종주의 철폐 업무를 규정한 인종차별철폐국제조약 제2조에서, 형식적인 차별 금지에 머무르지 않고 다수자와의 실질적 평등을 달성하기 위해 필요할 경우 인종/민족적 소수자**에게만** 인정되는 특별한 권리·조치를 강구할 것을 의무로 규정하고 있다(미국에서는 어퍼머티브 액션AA, 유럽에서는 포지티브 액션PA이라고 불린다).

혐오표현과 취직 차별은 형식적 평등과 자유권을 침해하고 있기 때문에 비교적 차별로 인정하기 쉽지만, 인종주의가 실질적 평등을 침해하는 경우는 차별로 인식되기 어려운 현상이 있다. 예를 들면 재일조선인의 민족교육권과, 장애인 고용을 위한 특별법, 여성 전용 차량·여성의원 당선 관련법 등은 실질적 평등을 담보하려는 것이지만, 이들 소수자에게만 인정되는 특별한 권리가 공격받는 경우도 물론 차별이라고 할 수 있다.

그렇지만 그럴 때마다 인종주의자들은 '평등'(시장원리에 친화적인 기회의 평등)을 '이용'한 '특권 비판'이라는 방식을 선호한다. 시장원리에 친화적이기 때문에 일본에서는 특히 지지를 얻기 쉽다. 그만큼 '재일특권'형 혐오표현에 대해서는 단순히 '선동적'이라는 비판만이 아니라 '실질적 평등을 실현하는 데 필요한 소수자의 특권을 인정하는 것이 당연한 의무'라고 하는 인종차별폐지조약의 국제 기준에 의거하여 대항해 나갈 필요가 있다.

국적과 인종주의

그런데 인종차별철폐국제조약의 인종주의에 대한 정의에는 "인종, 피부색, 혈통 또는 민족적 혹은 종족적 출신에 기초한다"라고만 되어 있고 국적은 포함되어 있지 않다. 국적으로 사람을 구별하는 것은 인종주의에 해당하지 않는 것일까? 실은 인종차별철폐국제조약에는 다음과 같은 유보留保가 있다(제1조).

> 2. 이 조약은 체약국이 시민과 시민이 아닌 사람 사이에 있는 구

별, 배제, 제한 또는 우선에 대해서는 적용하지 않는다.

3. 이 조약의 어떠한 규정도, 국적, 시민권 또는 귀화에 관한 조약국의 법규에 어떤 영향을 미치는 것으로 해석해서는 안 된다. 다만 이들에 관한 법규는 어떤 특정한 민족에 대해서도 차별하지 않는 것을 조건으로 한다.

요컨대 국적에 의한 구별까지 인종주의라고 규정하면, 국민국가의 성립 요소인 국적법과 국경 관리를 비롯한 '국적의 벽'의 정당성이 근본부터 흔들린다. 그렇기 때문에 조약을 발효할 때부터 인종차별철폐국제조약은 '국적의 벽'을 인종주의라고 할 수 없었던 것이다.

그러나 국적 '구별' 모두가 정당화되는 것은 아니다. 가장 알기 쉬운 사례를 말하면, 유엔 인종차별철폐위원회는 2004년에 "시민이 아닌 자에 대한 차별"이라고 이름 붙인 권고를 냈다. '시민이 아닌 자'란 국적과 시민권을 가지지 않은 자를 가리키지만, 이 권고에서는 위의 "(인종차별철폐국제조약) 제1조 제2항은, 차별의 기본적인 금지를 해치는 것을 회피하는 것으로 해석해야 한다"라고 명시한 후 다음과 같이 지적한다.

3. (인종주의 금지·철폐 의무를 규정한 제5조를 확인한 후에) 이들 권리 중 몇 가지, 예를 들면 선거에 투표 및 입후보로 참가하는 권리는 시민에게만 한정할 수 있다. 그러나 인권은 원칙적으로 모든 사람이 향유해야 한다. 체약국은 국제법에 기초하여 인정된 범위 내에서 이러한 권리를 누리는데 시민과 시민이 아닌 사람의 평등을 보장할 의무가 있다.

4. 조약상 시민권 또는 출입국관리 법령상의 지위에 기초한 취급의 차이가 다음과 같은 경우에는 차별이 된다. 즉 해당하는 차이의 기준을, 조약 취지 및 목적에 비추어 판단한 경우에 정당한 목적에 따라 적용하지 않을 때와 해당 목적의 달성과 균형이 맞지 않을 때다. 특별조치(적극적 차별 조치—지은이)에 관한 조약 제1조 제4항의 적용 범위 내의 취급의 차이는 차별로 간주되지 않는다.[3]

요컨대 인종차별철폐국제조약을 잣대로 하는 곳에서는, 국적 '구별'이라는 이름 아래 실시되는 국적(과 시민권) 없는 사람에 대한 차별이 실제로 '뿌리와 관련된 집단에 대한 불평등'일 경우 그것은 인종주의에 해당하는 위법이라는 것이다.

반세기 전부터 인종주의를 법적으로 규제해온 구미 여러 선진국에서는 '같은 인간'을 차별로 분류하는 '인종주의의 벽'은 당연히 위법화·범죄화됐으며, 그 시비는 기본적으로 문제가 되지 않는다. 다만 문제가 되는 것은 국적법과 출입국관리법과 국경 관리에서 '국적의 벽'이 국적(과 시민법)을 가지지 않은 사람의 기본적 인권을 제약할 때다.

근대 국민국가가 존속하는 이상 '국적의 벽'을 없애는 것은 매우 어렵다. 그러나 그것이 '인종주의의 벽'과 일치하는 경우에는 인종주의로서 위법화된다. 그것이 국제적 기준의 인권 수준이다. 예를 들어 미국에서는 인종주의를 금지한 1964년의 공민권법(이 책 제4부 참조)을 받아들여, 다음 해인 1965년에 이민국적법이 개정됐고, 이민자 수의 국적별 할당이 철폐됐다.

프랑스에서는 구식민지 세네갈 출신의 프랑스 군인이 군인연금을 수령하면서 국적을 이유로 차별대우를 받은 사례가 있었다. 1989년에 유엔 인권위원회는 자유권 규약 제26조 위반이라는 의견을 제시함으로써 후에 국내법이 제정되고 2011년에는 차별이 철폐됐다.[4]

같은 기준을 일본에 적용할 경우, 기본적 인권을 침해한 대개의 국적 조항 및 요건은 인종주의가 된다. 일본에서의 '국적의 벽'과 '인종주의의 벽'이 일치하는 것에 대해서는 제3부 제2장의 '1952년 체제의 성립'에서 자세히 서술하겠다.

인종주의 행위의 피라미드

인종주의는 어떤 계기만 있으면 폭력으로 바뀐다. 그리고 가장 극단적인 인종주의 현상인 제노사이드에 이르는 경우도 있다. 그때의 인종주의는 사람들의 생사를 가르는 공포의 분단선으로서 기능한다.

여러 가지 형태를 취하는 인종주의 행위와, 차별·폭력과의 관련을 알기 쉽게 표현한 것이 〔그림 3〕의 '인종주의 행위의 피라미드 1'이다.

이 피라미드는 여러 가지 형태로 나타나는 인종주의 행위를, 아래에서 위로 올라갈수록 해악의 수준이 높아지는 순서로 쌓아올렸다. 가장 경미한 '편견'에서 가장 심각한 '제노사이드'까지 다섯 단계로 나뉜다. 그림 아래부터 편견, 편견에 의한 행위, 차별, 폭력, 제노사이드다.

앞에서 서술한 대로 인종주의는 출신(핏줄·뿌리)과 관련된 집단에 대한 불평등이다. 그러한 이상, 그 불평등을 정당화하는 이데올로기, 사상, 세계관이 반드시 태어난다. 이것이 1단계의 '편견'이다. 예를 들어 뉴스에서 "용의자는 한국 국적의 ○○이며…"라는 내레이션이 흘

〔그림 3〕 인종주의 행위의 피라미드 1(구미)

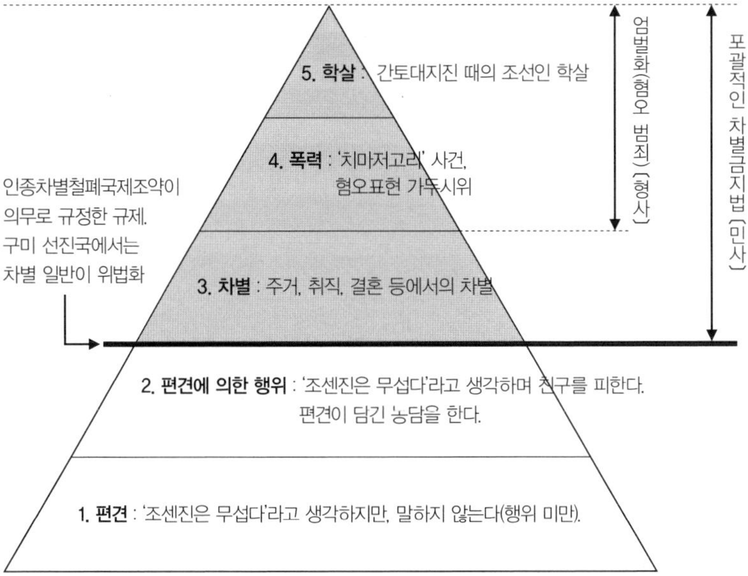

* 마에다 아키라 편, 『왜 지금 헤이트 스피치인가?』 등을 참고로 저자가 작성. 차별금지법이 있는 구미를 상정했지만, 사례는 알기 쉽게 일본의 경우를 들었다.

러나온다고 해보자('용의자' 단계에서 범인 취급을 하는 것 자체가 인권침해이지만). 아마 범죄가 '한국 국적'과 관련된 것만으로, 적지 않은 사람이 '한국인은 무섭다'라고 생각할 것이다. 반면 일본 국적자가 용의자일 경우 '일본 사람은 무섭다'라고 생각하는 사람은 분명 적을 것이다. 여기에는 범죄의 유무라는 '차이'를 '한국인'이라는 '출신과 관련된 집단'('타 인종')과 연결 지어 생각하는 세계관이 있다.

2단계 '편견에 의한 행위'란, 인권침해라고 단정하여 말할 수는 없을지 모르겠지만 편견에서 나온 행위다(예를 들어 '조센진은 무섭다'라고 생각하고 조선인을 피한다).

3단계 '차별'이란 그룹에 대한 평등한 권리 침해에 이르는 인종주의를 말하며, 인종차별철폐국제조약에 위반하는 단계다(이 책에서 인종주의의 정의는 기본적으로 3단계 이상이다).

4단계 '폭력'은 혐오표현과 치마저고리 사건 등 폭력으로 나타나는 인종주의다.

제3부에서 볼 간토대지진 때의 조선인 학살은 5단계 '학살'(제노사이드)이다.

제노사이드란 '국민적·민족적·인종적 또는 종교적 집단의 전부 또는 일부를 파괴할 의도를 가지고 행하는 살해 등의 행위'(1948년에 유엔이 채택한 제노사이드 금지조약)를 말한다. 중요한 것은 단순히 대량으로 죽이는 것이 아니라 어떤 민족·인종·종교적 집단을 근절, 살해, 말살하려고 하는 행위라는 점이다.

덧붙여서 일본에서 이 그림은 법 규제의 시비를 논할 때 쓰이는 경우가 많지만(세계적으로 세 단계 이상은 법 규제의 대상이다), 여기에서 법률론은 일단 제쳐두겠다(법 규제에 대해서는 뒤에서 다룬다).

그런데 '인종주의 행위의 피라미드'는 각 단계의 상호작용에 대해서 크게 두 가지를 시각적으로 보여주고 있다.

첫째, 인종주의 행위는 많은 사람들의 묵인, 허용, 지지에 의해 유지된다는 것이다. 위의 단계는 그 아래 단계에 의해 유지된다. 결국 차별은 차별하지 않는 사람들의 묵인, 허용, 지지가 있어야 일어난다. 예를 들어 혐오표현은 주위에서 아무도 말리지 않기 때문에 일어난다. 카운터스가 많이 달려들면 근성이 없는 인종주의자일수록 다시는 참가하지 않게 되고, 현장에서 폭력과 폭언을 행사하는 데도 제동이 걸린다.

둘째, 인종주의 행위가 차별과 폭력, 제노사이드로 발전할 잠재적 가능성을 나타내고 있다. 아래 단계에 있는 사람이라도 어떤 사회적 조건만 맞으면 쉽게 위의 단계로 이행한다는 것이다.

그 사회적 조건이 무엇인지는 다음 제2장의 '차별선동이란 무엇인가'에서 보겠다. 그전에 인종주의가 지니는 다른 중요한 특징을 언급해두고 싶다.

인종주의는 항상 구체적인 이해관계 속에 있다

"인종차별이라는 것은 어떤 차이를 자신의 이익을 위해 이용하는 것이다."[5] 이것은 프랑스 식민지인 튀니지 출신 유대인 알베르 멤미 Albert Memmi의 유명한 정의다. 강조하자면, 인종주의는 항상 구체적인 이해관계 속에서 이용된다는 특징이 있다.

예를 들어 근현대사에서 지금의 선진국들이 제3세계에서 벌인 노예무역·노동과 식민지 지배는 인종주의의 시스템이라고 할 수 있지만, 그것들은 노동력과 천연자원을 가혹하게 착취하여 초과이윤을 획득하려는 노골적인 목적을 위해 '이용'됐다. 그리고 현대의 인종주의(미국의 흑인차별, 프랑스의 알제리 출신과 아랍인 차별, 일본의 재일조선인 차별 등)도 그러한 근현대사에 기원을 두고 있다. 인종주의는 세계 각국 및 지역에 따라 전혀 다른 형태로 나타나는데, 그것은 인종주의가 구체적인 이해관계 속에서 일어나기 때문이다.

요컨대 인종주의를 이해하기 위해서는 일반론이나 추상론에 머물지 말고, 특정한 인종주의가 어떠한 특정 이해관계와 어떻게 구체적으로 얽혀 있는지를 명확하게 할 필요가 있다. 그리기 위해서는 인종주의를 지지하는 특정 이해관계가 만들어진 역사적·사회적 조건을 알아야 한다. 일본에서 차별을 없애기 위해 역사교육을 충실히 할 필요가 있는 것은 이 때문이다.

그러면 일본의 인종주의는 어떠한 이해관계에 놓여 있는가? 혐오표현을 예로 들어보겠다. 자민당과 유신회維新の會부터 민진당까지를 포함한 극우 정치인들은 일본군 '위안부'에 관한 역사부정을 지속적으로 반복해왔다. 나카야마 나리아키中山成彬와 하시모토 도루橋下徹, 사쿠라우치 후미키櫻內文繪 등 일일이 열거할 수도 없을 정도다. 그들은 혐오표현을 반복하며, '애국'적 보수층의 지지를 받고 있으며, 미디어 노출이 빈번하고, 당내에서 정치적 우위성을 확보하고, 역사부정을 지향하는 아베 정권과 극우 정당에 대해 '연대' 메시지를 보내는 등의 이익을 얻었다.

길거리에서 혐오표현에 참가하는 사람들은 인종주의를 실행하는 것으로 뒤틀린 '만족감'과 '스트레스 발산', '패거리들과의 만남'이라는 이익을 얻는다. 재특회 등 인종주의자 단체의 핵심에 있는 '활동가'들은 그것으로 운동자금을 늘리고 인터넷상에서의 '지지' 확대를 기대한다.

나아가 『만화 대혐한류マンガ大嫌韓流』(야마노 샤린山野車輪, 신유샤普遊舍)와 『그래 난민하자!そうだ難民しよう!』(하스미 도시코はすみとしこ, 세린도青林堂)부터 『매한론呆韓論』(무로타니 가쓰미室谷克實, 산케이신문출판産經新聞出版)까지 서점에 넘쳐나는 수많은 혐한·혐중 관련 책들의 존재는 단순한 혐오표현을 넘어, 차별과 역사부정의 시장화·산업화 현상이 일어나고 있음을 보여준다. 상품·시장에 의한 인종주의를 없애는 것이 어려운 이유는 이들이 시장·자본의 이익이라는 강고한 경제적 이해관계로 규정되어 있기 때문이다. 일찍이 독창적인 만화잡지 『가로ガ

ㅁ』를 출판한 세린도가 분리 소동을 거쳐 지금은 『그래 난민하자!』와 잡지 『재패니즘ジャパニズム』을 출판하는 '혐오hate 출판사'로 전락하여 많은 비판을 받고 있지만, 사장은 힘든 경제 상황에서 회사를 유지하기 위해서라며 노골적으로 인종주의를 정당화하고 있다.

인종주의는 항상 특정한 이익을 충족하기 위한, 특정한 '차이의 이용'이다. 그렇기 때문에 반인종주의 투쟁은 단순히 개별적인 차별을 없앨 뿐만 아니라, 인종주의에 의한 특정한 '차이의 이용'을 불가능하게 만들거나, 혹은 거기에서 단맛이 나올 정도의 이익을 낼 수 없도록 상황을 만드는 투쟁 방법을 고안해내고, 또 그렇게 해야만 한다. 예를 들어 정치인이 차별 발언을 하면 처벌받거나 지지율이 떨어지거나 국제적으로 큰 문제가 되고, 혐오표현에 참가하면 체포되어 사회에서 매도당하며, 출판업계가 차별만큼은 상품으로 만들지 않는다는 업계 규칙(시장 규제)을 만들어 혐오 관련 책을 출판하지 못하게 하는 것이 중요하다.

그리고 이 같은 차별의 사회적 규제를 요구하는 것이 인종차별철폐국제조약이고, 구미의 반인종주의다(제4부). 반인종주의는 '차이의 이용'이 낳는 이익을 줄이고 불이익을 늘려서, 인종주의자가 '이용'할 수 있는 '차이'의 영역을 축소해 나가기 위한 전략이기도 하다. 반인종주의법·규범이라는 룰 만들기가 중요한 것은 이 때문이다.

다만 이 전략이 어느 정도 성과를 거둔 구미 같은 선진국에서도 인종주의는 완전히 없어지지 않았다. 그 이유는 여러 가지겠지만, 주의할 점은 인종주의자는 조건만 형성되면 '차이'를 '이용'하지 않고도 차별할 수 있다는 것이다. 예를 들어 입주 문제를 차별할 때, 업자는 "외국인은 안 된다"라고 말하지 않고 "보증인 심사에서 떨어졌습니다"라고만 말하면 된다. '차이'(외국인 여부)를 이용하지 않고, 입주 희망자에게 평등하게 부여된 심사 결과라고 하면, 형식상 차별이 아닌 사실상 차별을 할 수 있다(사실상 '차이'를 이용).

요컨대 인종주의는 '차이의 이용'만이 아니라 어디까지나 구체적인 이해관계 속에서 이용되며, 상황에 따라서는 '차이'를 제외한 모든 수단이 이용된다.

그렇기 때문에 인종주의는 때로는 인권까지도 이용한다. 미국의 노예제와 남아프리카공화국의 아파르트헤이트를 옹호할 때는 표현의 자유, 사적 소유·상업의 자유가 정당화의 근거로 이용되곤 했다. 일본에서는 여기에 더해 프라이버시 보호와 일본 헌법과 교육기본법(예를 들면 '국민'이라는 용어)까지 재일조선인의 인종주의를 정당화하기 위해 이용해왔다.

제4부에서 보겠지만, 구미에서는 반인종주의 규범·법률에 따라 차별행위를 할 경우 소송 리스크와 처벌의 비용을 부담해야 하기 때문에 극우집단 등의 인종주의자는 법망에 걸리지 않도록 '깔끔하게' 차별하는 고등기술을 익히게 됐다('정책론'과 '문화론'을 가장해서 무슬림을 차별하는 등). 그런 문제가 있음에도, 한편으로 그것은 반인종주의 규범이 형식적 차별에 의한 '차이의 이용'을 (표면적으로는) 금지하기까지, 인종주의자들을 내모는 데 성공한 결과이기도 하다.

그렇지만 일본에는 그조차 없다. 정치인의 노골적인 혐오표현과 역사부정 관련 책은 미국과 유럽에서는 소송 리스크와 처벌을 감수하지 않고는 '이용'할 수 없는 '차이'의 영역이다. 더구나 일본에서는 위에서 말했듯이 입주자 '심사'를 구실로 사실상의 차별도 이루어지고 있다(교토의 사례를 제6부에서 소개하겠다).

그렇기 때문에 '차이' 그 자체가 문제가 아니라는 점을 강조하고자 한다. 재일조선인 등 소수자가 다수자와 다른 정체성과 권리(차이에 대한 권리)를 요구하는 것은 정당한 주장이다. 반대로 전전·전후의 일본 정부는 재일조선인을 차별할 때 '이화異化'만이 아니라 차이에 대한 권리를 부정하는 '동화同化'도 중요한 수단으로 '이용'해왔다. 나중에 보겠지만 일본 정부는 재일조선인에 대한 시스템에서 '차이'와 '평등'(호적과 국적)을 교묘하게 나누어 사용했다.[6] 차이에 대한 권리를 부정하면서 일본인과 같은 취급을 하는 것은 평등하지 않은 차별이다.

인종주의는 반인종주의라는 잣대가 있어야 비로소 '보인다'

게다가 인종주의는 반인종주의 규범이라는 기준이 성립해야 비로소 '보이게' 되는 특징이 있다. 모든 인권침해가 '인권침해'라고 호소하는 사람들의 행동에 의해 비로소 '보이게' 되는 것과 같다.

예를 들어 성희롱 상담 건수는 1994년의 850건에서 1999년에는 9,451건으로 열 배 이상 급증했다. "이것은 전에는 적었던 성희롱 사건이 갑자기 늘어난 것이 아니다. 전에는 범죄라고 인식되지 않았던 것이 범죄로 인식되고, 표면화되지 않았던 것이 표면화되고, 통계로 잡히지 않았던 것이 통계화된 것이 주원인이라고 할 수 있겠다."[7] 결국 반反성희롱이라는 사회적 규범(잣대)의 정착이 이전부터 많았던 성차별을 '보이게' 했고, 그것이 통계로 나타났다.

아동학대도 마찬가지다. [그림 4]를 보면, 아동학대의 상담 건수는 1990년에 1,101건이었지만, 10년 만에 16배 이상 늘었으며, 2014년

〔그림 4〕 아동학대 상담 건수의 추이

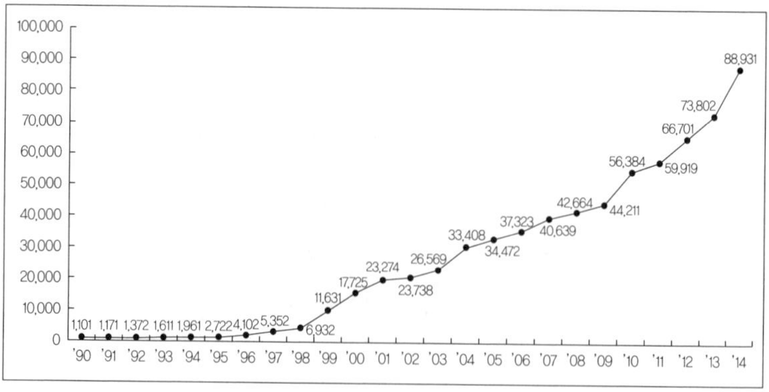

* 2010년도는 동일본 대지진의 영향으로, 후쿠시마현을 제외하고 집계한 수치.
* 출처: '아동학대 상담 대응 건수 및 학대에 의한 사망 건수의 추이', 후생성 홈페이지.

에는 8만 8,931건으로 사실 80배 이상이나 증가했다. 갑자기 믿을 수 없을 정도로 급증했다.

물론 이 통계는 급증하는 아동학대 실태를 반영하는 것이고, 통계에 나타난 숫자는 빙산의 일각이라고 봐야 한다. 그러나 다른 한편으로는 오히려 사회문제로 인식되면서, 이전부터 방치되어온 아동학대를 범죄시하는 '반아동학대'라는 사회적 규범(잣대)이 정착해가는 과정을 반영하는 것이라고 할 수 있다. 2000년에 아동학대방지법이 제정되면서 아동학대의 정의도 공적인 기준이 됐다.

반인권침해라는 규범(잣대)의 정착화는 '가시화'된 인권침해의 '숫자'를 늘릴 뿐만 아니라, 보이는 피해의 '질'도 변화시킨다. 아동학대를 예로 들어 말한다면, 2004년에 시행된 아동학대방지법의 개정으로, 아이들이 직접 학대를 당하지 않고 학대 장면을 목격하는 것도 간접적인 아동학대라고 규정됐다.

인종주의도 마찬가지다. 다만 인종주의의 경우는 아직 성희롱·아동학대 통계가 잡히기 이전의 단계에 있다. 정부·자치단체에 의해 통계가 잡히기 이전에는 성희롱이나 아동학대는 그 피해가 심각해도 '스킨십'이나 '훈육'이라는 형태로 '보이는' 것에 지나지 않았으며, 인권침해라는 인식이 널리 퍼지지 않았다. 인종주의는 아무리 심각한 차별이 일어나도 혐오표현을 제외하면, 앞에서 정의한 출신(핏줄·뿌리)과 관련된 집단에 대한 사회가 없애야 할 불평등이라는 의미의 차별로서는 '보이지 않고' 있다. 반인종주의라는 기준이 정착되지 않는 한, 인종주의는 결코 '가시화'되지 않는다.

일본의 대표적인 사전인 『고지엔廣辭苑』에는 일찍이 '센진鮮人'이라는 차별어가 실려 있었지만, 1970년에 조선사연구자인 고故 가지무라 히데키梶村秀樹 등 일본 조선연구소가 항의하여 삭제된 일이 있다. 아직 '호쿠센北鮮'(북한을 가리키는 차별 용어—옮긴이)이라는 차별어가 그대로 실려 있는 것은 문제이지만, 당시 반차별운동이 거둔 하나의 성과였다. 우리 시대에는 차별어를 없애가는 동시에, 차별의 정의(기준)를 새롭게 만들어 정착시켜갈 필요가 있다.

역시 반인종주의 규범이 없으면, (인종주의 피해를 입는) 소수자도 '없는 것처럼 취급'당하는 것은 말할 필요도 없다. 반인종주의는 소수자를 이해하는 필요조건이다.

생물학적 발상에 기초한 인종주의

식민지 지배에 뿌리를 둔 근대 이후의 인종주의는 생물학적 발상에 기초하여 다른 인종과 민족을 열등하다고 간주하고, 나아가서는 사회를 파괴하는 적으로까지 간주하는 매우 위험한 논리를 가진다.

인종주의는 우선 '인구'를 '인종'('자인종'과 '타 인종')으로 나눈다. 프랑스 철학자 미셸 푸코는 19세기 이후의 인종주의는 "살아야 할 사람과 죽어야 할 사람을 나누는"[8] 기능을 한다고 지적했다. 주의할 점은, 인종주의는 필요에 따라서 일본인 등 다수자도 '타 인종'='죽여야 할 자'로 분류한다는 것이다(43쪽의 미타카 사건과 도쿠시마 사건, 48쪽의 신주쿠역 남쪽 출입구에서 일어난 노인 습격사건과 가와사키역에서의 모조칼 사건 등).

둘째, 인종주의는 '타 인종'과 '자인종' 사이에, '타 인종'을 죽이면 죽일수록 '자인종'이 더 잘살게 된다는 생물학적인 관계를 만들어낸다. 적을 죽이지 않으면 내가 죽는다는 전시의 적과 아군의 관계보다도 훨씬 더 무섭다. 우리 민족을 위기에 빠뜨리는 '타 인종'을 한 사람이라도 더 많이 죽여라, 그렇게 하면 사회를 지킬 수 있고 번영할 것이다—이 같은 논리가 폭력행위와 제노사이드로 발휘된다. 지금의 혐오표현이 자이니치在日(이라는 '타 인종'의 상징)의 유혈을 바라는 것은 사회를 '퇴화'시키는 '타 인종'의 절멸을 바라기 때문이다. 그것이 바로 그들의 정의다. 그리고 출생(핏줄, 뿌리)과 관련한 불평등이 그들에게는 평등이다.

인종주의는 '자인종'을 열등한 '타 인종'에 의한 '퇴화'로부터 지키고, '자인종'을 순화하면 할수록 사회가 강화된다고 생각한다. 나치 독일이 한편으로는 낳으라고 ('아리아 인종'화된) 국민에게 말하면서, 다른 한편으로는 장애인의 산아제한과 단종, 학살을 추진한 사례는 이 같은 인종주의의 본질을 잘 보여준다.[9]

이런 생각이 성차별과 장애인 차별 등을 정당화하고, 더욱 강화한다.

인종주의는 성차별과 관련이 깊다

그렇기 때문에 인종주의는 성차별과 매우 깊은 관련이 있다(이 책에서는 강간을 가리키는 성폭력을 포함한 성차별·성차별주의를 모두 성차별(섹시즘)이라 표현한다).

유엔 인종차별철폐위원회가 2000년에 내놓은 일반 권고 제25호 '인종차별의 젠더 관련 측면에 관한 일반적인 성격을 지니는 권고'에서는 분명히 "인종차별이 여성에게만 혹은 주로 여성에게 영향을 미치고, 또는 남성과는 다른 형태로 혹은 다른 정도로 여성에게 영향을 미치는 상황이 존재한다"라고 지적한다. 구체적인 사례로 구금 시와 전시戰時 성폭력·'선주민 여성에 대한 강제적 불임 조치'·가사 노동자 학대 등을 들 수 있다.

혐오표현과 인종주의가 성차별을 동반한 사례는 다 나열할 수가 없다. 실제 미국에서는 흑인이 린치로 살해당할 때 이용된 구실이 '백인 여성을 범했다'는 트집이었다. 일본에서도 예를 들면 SNS에서의 혐오표현은 남성보다 여성(으로 보이는) 계정에 더 심한 혐오와 집요함을 드러내고 폭력적으로 행해진다. 또 제3부에서 보겠지만, 조고생 습격사건과 치마저고리 사건에서도 인종주의 폭력은 피해자의 젠더(사회적인 성)에 따라 다른 형태로 나타난다. 일본군 '위안부제도'는 가장 두드러진 사례 중 하나다.

이상을 정리하면, 인종주의는 우선 출생(핏줄, 뿌리)과 관련된 집단에 대한 불평등이며, 그리고 그것은 항상 구체적인 이해관계 속에 있으며, 반인종주의라는 사회적인 기준이 없으면 눈에 보이지 않는 형태로 존재한다. 게다가 인종주의는 생물학적인 발상에 기초해 같은 인간을 '자인종'과 '타 인종'으로 나누고, 사회를 지키기 위해서 '타 인종'을 말살해야 한다는 위험한 논리를 가진다. 또 인종주의는 성차별과 매우 관련이 깊다.

그러면 어떠한 조건에서, 이 같은 인종주의가 실제로 폭력과 제노사이드로까지 이르는 것일까? 그것을 '보이게' 하는 것이 차별선동이라는 개념이다.

제 2 장

차별선동이란 무엇인가: 인종주의의 발전을 보이게 하다

인종주의의 정의를 확인할 겸, 혐오표현이라는 정의의 핵심에 있는 차별선동을 '가시화'하고자 한다.

무엇이 인종주의를 강화시키는가

'인종주의 행위의 피라미드'에서, 아래로부터 위로의 이행은 어떠한 사회적 조건에서 일어나는가? 대략적으로 빼도 박도 못하는 '이해관계'에 놓일 경우와 차별선동에 의한 경우 두 가지로 나눠 살펴보겠다.

예를 들어 '2단계: 편견에 의한 행위'에서 '3단계: 차별'로 이행하는 사람. "재일조선인이라는 사람들 무서워요"라는 농담(지금은 농담 수준으로 끝나지 않지만)을 친한 지인들 사이에서 나눈 사람이 어떤 계기로, 예를 들면 재일조선인과 연생이 생기면 "조센신은 돌아가라"라는 말을 입 밖에 내기도 한다. 재일조선인과 사귀고 있던 일본인이 결혼

〔그림 5〕 인종주의 행위의 피라미드 2(일본)

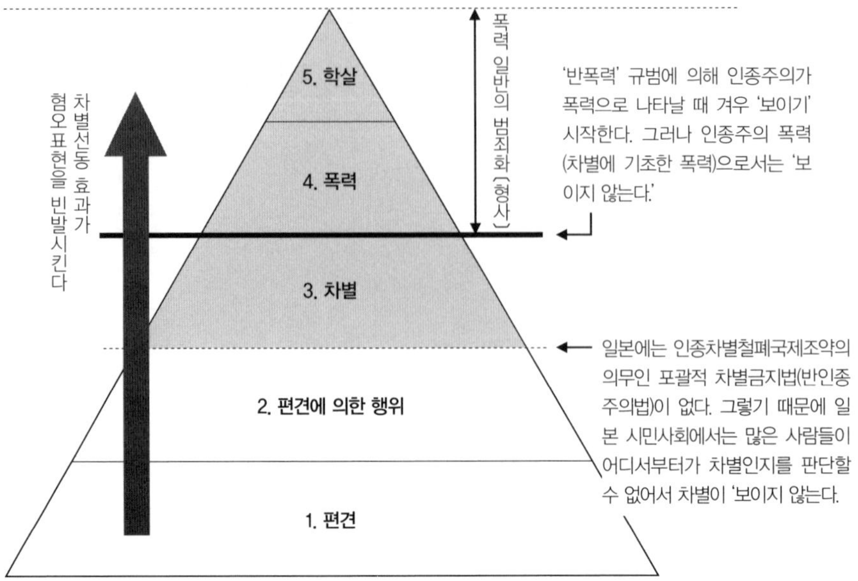

* 저자 작성

단계에서 친척의 반대에 부딪힐 경우 헤어지는 일도 자주 있다.

보통은 2단계에 있는 사람이 싸움과 친척의 반대 등 빼도 박도 못하는 '이해관계'(결혼, 취직, 상거래, 주거 등)에 놓이면 '3단계: 차별'에 동조하게 된다. 이 단계에서는 평소 차별해서는 안 된다고 자각하는 경우에도 일어난다. 이 때문에 옛날부터 차별은 무섭다고 하는 것이다.

그러나 차별선동에 의한 아래에서 위로의 이행은 이와는 구별할 수 있다. 지금의 혐오표현과 조직적으로 가하는 집단 린치, 기물손괴, 제노사이드 등 의식적·의도적·계획적 혹은 조직적으로 상단으로 흘러가는 인종주의 현상을 생각해보길 바란다. 요컨대 차별선동은 많은 경우 그 자체가 의식적으로 아래에서 위로 이행하는 인종주의다.

그것만이 아니다. 두 번째로 차별을 부채질하는 행위인 차별선동은 타자의 인종주의 행위를 피라미드의 아래에서 위로 끌어올리는 효과가 있다. 제2·제3의 새로운 차별(예를 들어 화장실의 차별 낙서와 인터넷과 직장·가정 내에서의 차별, 혐오표현 가두시위의 증가, 최악의 경우 방화와 살인에 이르기까지)이 차별선동으로 일어난다.

따라서 차별선동은 단순한 차별이 아니라 **증식하는 차별**이며, 방치하면 차별이 폭력·제노사이드로 이어지는 사회적 회로를 만들고 야마는 차별인 것이다([그림 5]에서는 위쪽으로의 방향·화살표로 표현).

물론 아래에서 위로의 이행 조건을 '이해관계'나 차별선동 등 두 가지로 나누는 방법은 개념적인 것이며, 현실적으로는 겹치기도 한다. 그러나 여기에서는 후자의 위험성을 명료하게 밝히기 위해 두 가지를 나누어서 생각하겠다. 차별선동이 강력하게 작용할 경우, 대단한 '이해'가 얽히지 않아도 차별이 쉽게 폭력과 학살로 이어지기 때문이다.

차별선동이란 무엇인가: 인종차별철폐국제조약 제4조에서 규제하는 것

이 위험한 차별선동을 특별히 위법화해야 한다고 요구하고 있는 것이, 인종차별철폐국제조약 제4조다.

> 체약국은 한 인종의 우월성이나 어느 피부색 혹은 종족 집단이 우월하다는 사상과 이론에 바탕을 둔 모든 선전 및 단체를 비난한다. 또 인종적 증오와 인종차별(형태 여하를 묻지 않는다)을 정당화하거

나 조장하려는 선전과 단체를 비난하며, 이 같은 차별의 모든 선동과 행위의 근절을 위한 신속하고 적극적인 조치를 약속한다.

좀 읽기 어렵지만, 제4조에서는 인종주의를 정당화하거나 조장하는 '모든 선전 및 단체'를 '비난'하고, '이 같은 차별의 모든 선동과 행위'의 '근절을 위한' '적극적인 조치'를 취할 것을 체약국에 의무화했다. '선전', '단체', '차별의 모든 선동과 행위'의 방치는 차별선동 효과를 발휘하기 때문에 특히 경계되고 있다.

일본에서 빈발하는 혐오표현이 위의 행위에 해당하는 것은 명백하다. 일본의 혐오표현은 '표현'이라는 어감과는 전혀 다른 차별선동 활동이며, 바로 조직화된 인종주의 단체 활동이다.

그리고 제4조는 다음과 같이 이어지며, 특히 다음 세 항목을 체약국에 의무화했다.

따라서 체약국은 세계인권선언에 구현된 원칙 및 다음의 각 조에 명시적으로 정해져 있는 권리를 충분히 고려하여, 특히 다음과 같이 행한다.

(a) 인종적 우월 또는 증오에 의한 사상의 모든 유포, 인종·피부색·종족 출신을 불문하고 모든 폭력 행위 또는 그 행위의 선동과 인종주의에 바탕을 둔 활동에 대한 자금 원조를 포함한 어떠한 원조 제공도 법률로 처벌해야 할 범죄라는 것을 선언할 것.

(b) 인종차별을 조장하거나 선동하는 단체 및 조직적 선전 활동, 그 밖의 모든 선전 활동을 위법으로서 금지하며, 이 같은 단체 또는 활동에 대한 참가는 법률로 처벌해야 할 범죄임을 인정할 것.

(c) 국가 또는 지방의 공공 당국 또는 기관이 인종차별을 조장하거나 선동하는 것은 허용하지 않을 것.

일본은 인종차별철폐국제조약을 비준할 때, 이 제4조 (a), (b)에 대해서는 조건을 달아(헌법과 양립하는 한이라는) 유보를 선언했다. 그렇지만 유보를 달면서도 제4조까지 포함하여 조약을 비준했기 때문에 인종주의 선동과 인종주의 단체를 법적으로 규제할 의무가 있다. 따라서 일본 정부가 지금까지 인종주의와 인종주의 선동을 금지하는 기본법을 만들지 않고 있는 것은 조약을 위반하는 것이다. 이에 대해 유엔은 일본 정부에 몇 차례나 권고를 했으며 동시에 제4조 (a), (b)의 유보 철회를 요구하고 있다.

그리고 제4조 (c)에서는 굳이 국가·자치체·공적 기관(정치인을 포함한다)에 의한 인종주의 선동을 허용하지 않는 것을 의무로 하고 있다. 나중에 서술하겠지만, 그 같은 '위로부터의 차별선동'이야말로 시민사회의 인종주의를 결정적으로 부추긴다. 사실 일본에서 혐오표현이 빈번한 것도, 이 제4조 (c)가 '허용하지 않도록' 의무화된 '위로부터의 차별선동' 때문임에 틀림없다.

또 유엔 인종차별철폐위원회의 일반 권고 제35호 '혐오표현과 투쟁한다'에서도, 이 제4조 (c)와 관련하여 "공공의 당국 혹은 기관에서 발생하는" 인종주의 발언에 "특히 유념해야 한다"라고 명시하고 있으며, '특히 직급이 높은 공인에 의한 발언'을 경계해야 한다고 되어 있다.

인종차별철폐국제조약이 금지하는 차별선동에는, 시민사회에서의 차별선동 (a)·(b)와 '위로부터의 차별선동' (c) 두 가지가 있으며, 영향력과 효과로 따지면 후자가 결정적이다.

인종주의 폭력과 국가의 행동①: 인종주의 폭력을 규제하는 최대의 책임 주체

인종주의 행위 중 가장 심각한 것은 말할 것도 없이 '4단계: 폭력' 이상('5단계: 학살' 포함)이다. 그것은 사람을 '상처 입히는 것'만으로 끝나지 않는다. 인종주의는 문자 그대로 인간의 생사를 가를 수도 있다.

프랑스의 인종주의 연구자인 미셸 비비오르카Michel Wieviorka는 인종주의가 폭력으로 이어지는 조건에 대해 다음과 같이 지적했다.

> 별개의 사건처럼 보이는 개인의 폭력도 사회학·정치학적으로 분석하면 사회·정치·제도와 관계없는 곳에서 발생하는 것이 아니라 그 폭력을 동시에 가능하게 하고, 때로 가해자의 눈에는 폭력이 정당하게 비치는 듯한 조건에서 일어난다.[1]

그는 또 인종주의 폭력의 증가에 국가의 행동이 결정적인 영향을 미치는 것을 다음과 같이 강조했다.

> 더 넓은 시점에서 말하면, 폭력의 증가는 편견과 차별이라는 형태와 달리 사회 전체의 조건에 좌우된다. 왜냐하면 수면 아래에서 영향을 미치고, 노동과 주택시장에서 당국에 허용되는 제도적 인종주의와 달

리, 폭력은 일반 사회로부터의 강한 비판과, 정부와 국가의 탄압의 대상이 되기 때문이다. 따라서 그런 폭력의 증가 여부는 정치제도에 의해 강하게 규정된다. 막스 베버의 유명한 표현을 빌리면, 인종주의의 폭력은 무엇보다도 정당한 폭력 행사를 독점하는 국가에 의해 규정되는 것이다. 그렇기 때문에 국가는 폭력의 발생에 필연적으로 관여하고, 또 국가가 폭력에 어떻게 대응하느냐에 따라 인종주의 폭력의 증가 또는 감소가 결정되는 만큼 그에 대해 책임을 지고 있다.[2]

베버에 따르면, 국가는 국가 이외의 주체가 행사하는 폭력을 비합법적인 것으로 간주하여 실질적으로 단속함으로써 자국의 영토 안에서 폭력을 독점한다. 그것이 가능한 것은 국가가 영토 내에서 최고·최대의 폭력 장치(경찰·군대)를 가지고 있기 때문이다.

첫째로 '2단계: 편견'에 의한 행위와 '3단계: 차별'과는 다르며, '4단계: 폭력'으로 발전하면(반인종주의 정책이 전혀 없어도) 그것만으로 국가의 단속 대상이 된다.

게다가 국가가 인종주의 폭력을 실질적으로 단속할 때, 인종주의 폭력의 비합법성과 부당성이 강하게 규정된다. 또 단속 정도에 따라 그 사회의 인종주의 폭력에 대한 평가가 달라진다. 인종주의 폭력을 일반 폭력 이상으로 엄중하게 단속하면, 국가는 반인종주의 메시지를 시민사회에 보낼 수 있다. 반대로 인종주의 폭력을 국가가 방치하거나 혹은 일반적인 폭력보다 너그럽게 대처하면(예를 들면 교토 사건에서 나타났듯이, 현행범으로 체포하지 않고, 경찰의 눈앞에서 폭력을 행사하고 피해 신고서를 접수했음에도 수사에 늑장을 부리며, 형사재판에서도 차별을 고려한 가중처벌이 이루어지지 않는 경우 등), 국가는 인종주의 폭력과 인종주의 자체에 어떤 종류의 정당성을 부여하게 된다.

예를 들어 국가가 재일조선인에 대해 인종주의와 차별정책을 행할 경우(조선고교 무상화 제외 등), "그 폭력을 가능하게 하고, 때로 가해자의 눈에는 폭력이 정당한 것으로 비치는" 강력한 조건이 형성되며, 시민사회에서의 인종주의, 특히 폭력과 결부된 인종주의 폭력(혐오표현)에 일정한 합법성 또는 정당성을 부여하게 된다.

요컨대 국가의 반인종주의 정책은 시민사회의 반인종주의 규범을 형성하는 데 매우 유익하며, 인종주의의 '4단계: 폭력' 이상으로 진행되는 것을 억제하는 효과가 있다. 반대로 국가가 인종주의를 관용하거나 심지어 선동할 경우에는 시민사회에서도 인종주의가 선동되어 증가하게 된다.

인종주의 행위 중 특히 인종주의 폭력(4단계 이상)의 발생과, 그에 대한 국가의 행동에는 특별한 주의를 기울여야 한다는 것을 알 수 있다. 그렇기 때문에 이 책에서는 인종주의의 행위로서는 기본적으로 '3단계: 차별' 이상, 특히 '4단계: 폭력'을 다루고자 한다.

인종주의 폭력과 국가의 행동②:
시민사회에 최대의 차별선동 효과를 발휘하는 '위로부터의 차별선동'

'위로부터의 차별선동'과 관련하여 비비오르카는, "정치공간으로 편입되면 인종주의 동원에 새로운 전망이 열린다는 의미에서 인종주의의 정치·제도 레벨로의 도달은 결정적이게 된다"라고 말하며, 인종주의의 유형으로는 '인종주의 발생'과 '인종주의의 제도화'의 차이

〔그림 6〕 인종주의의 정치공간으로의 침투

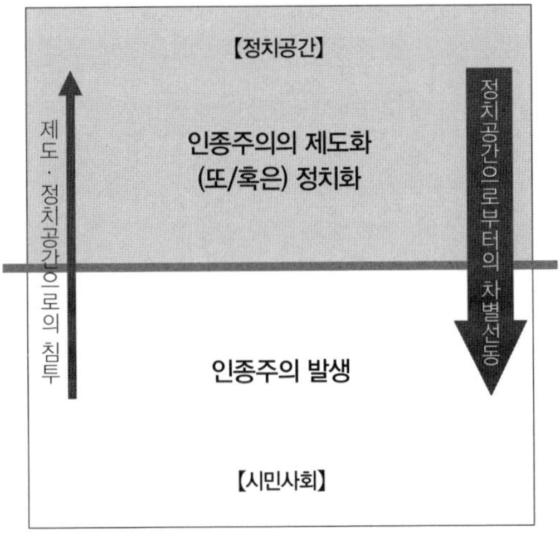

* 미셸 비비오르카의 『인종주의의 변모』, 100~103쪽에서 인종주의의 네 단계를 참고하여 저자 작성.

"여기에서 나타난 유형을 간략화하여, 인종주의 발생과 인종주의의 제도화·정치화 사이에 선을 긋고, 본질적인 구분으로 한정할 수도 있다. 이 정치선 이하라면 인종주의 현상에 강고한 통일성과 일관성이 나타나는 일도 없다. 반면 이 선을 넘으면 인종주의의 모든 형태와 다양한 의미가 합쳐져 실천, 통일되어간다." 미셸 비비오르카, 『인종주의의 변모(レイシズムの變貌)』, 모리치 치카코(森千香子) 옮김, 아카시쇼텐(明石書店), 2007, 102쪽.

를 본질적으로 구분하고 있다.[3]

요컨대 공적인 정치공간에 인종주의가 침투하면, 사회에 인종주의가 확산·강화되는 조건이 만들어진다는 것이다. 혐오표현이 제노사이드로 이어진 경우를 보면 항상 '위로부터의 차별선동'이 결정적인 역할을 했다. 나치의 홀로코스트, 르완다의 투치족 학살, 간토대지진 때의 조선인 학살은 모두 혐오표현이 제노사이드로 이어진 사례로, 공통점은 국가(군대·경찰)가 직접 학살에 관여했으며, 혐오표현을 의도적으로 유포했다는 것이다. 그것이 시민을 선동하여 인종주의 폭력(4단계)과 제노사이드에 가담시켰다는 것은 부정할 수 없는 사실이다.

전후 일본에서도 일찍이 외국인등록법의 강제 지문날인(특별영주자의 경우 1993년에 폐지)을 거부한 재일조선인에 대해 국가·경찰의 탄압과 혐오표현이 있은 직후에, 시민으로부터 무수한 협박, 무언의 전화, 혐오표현과 역사부정으로 가득 찬 편지가 급증한 사례가 있다.[4] 또 일본 정부는 2010년부터 조선고교에 대한 고교 무상화법의 적용을 부당하게 제외하는 차별을 하고, 지자체가 조선학교에 지급하는 보조금을 재검토하라는 내용의 공문을 보냈다. 이런 행위는 국가가 일본 사회를 향해서 "조선인은 차별해도 된다고 선동하며, '차별 면허'를 발행한 것"[5]이라고 할 수 있다.

'위로부터의 차별선동'이 위험한 이유는 그것이 개인의 차별선동보다 훨씬 강력하기 때문이다.

비비오르카의 경고에서 보면, 처음부터 정치공간으로 인종주의가 침투한 일본의 상황은 아주 위험하다. 일본의 혐오표현 증가 상황을 이해하기 위해서는 정치공간의 인종주의와 시민사회의 인종주의와의 관련성에 대한 분석이 중요하다. 이에 대해서는 제5부에서 보겠다. 우리는 인종주의와 폭력과의 관계라는 문제와, 인종주의와 파시즘과의 관계라는 문제에 직면하게 된다.

차별선동 메커니즘에서 알 수 있는 인종주의 억제의 방향성

지금까지 말한 내용을 간단히 정리하자. 이념적·도덕적 차원의 '계몽'에 그치지 않고, 인종주의 억제를 위한 실천 과제로서 무엇이 필요한가?

첫째, 구미처럼 '인종주의 행위 피라미드'의 2단계와 3단계 사이에 명확한 사회적인 선을 긋고, 적어도 3단계 이상을 법률 및 정책으로 대처할 필요가 있다.

일본에는 반인종주의법이 없기 때문에, 2단계와 3단계의 경계가 애매한 상태다. 바꾸어 말하면, 일본은 '구별'과 '차별'을 분석하기 위한 잣대(사회적 규범)가 존재하지 않는 사회다. 가령 선의로 차별에 항의하고 싶은 사람이라도, 무엇이 차별이고 무엇이 그렇지 않은지를 자신 있게 판단하기가 어렵다.

둘째, 인종주의의 단계를 높이는 차별선동을 막아야 한다. 특히 4단계 이상으로 이행하는 사회적 회로를 끊을 필요가 있다. 일본의 혐오표현은 '위로부터의 차별선동'으로 일어나는 측면이 많다. 이러한 인종주의의 단계를 높일 수 있는 사회적 원인을 구체적으로 분석함으로써 그것을 개선하는 투쟁 방법을 이끌어낼 수 있다.

일본의 기본적인 과제는 무엇보다도 반인종주의 규범(잣대)을 형성하는 것이다. '2단계: 편견에 의한 행위'와 '3단계: 차별'과의 사이에 선을 긋는 기준을 만들어내고, 그것을 사회에 정착시켜, 3단계 이상을 사회가 없애야 할 악으로 규제한다는 과제다. 구미에서는 충분치 않지만 어느 정도 성과를 냈는데, 이것이 부재한 일본의 인종주의는 결국 4단계의 혐오표현 빈발 상황을 초래했다.

셋째, 반인종주의 교육(인종주의의 초기 단계인 2단계와 1단계에 대한 접근)이 필요하다. 그러나 이것은 첫 번째·두 번째 과제와 연결하여 행하지 않으면 실천적 효과가 크지 않다. 어디까지나 구체적인 행위로 나타나는 차별(3단계) 및 폭력(4단계)과 구체적으로 관련시키는 형태로 사상, 편견, 세계관(1단계)을 문제 삼지 않는 한, 일반적인 도덕적·윤리적 계몽으로 끝나버릴 것이다.

제 3 장

소수자로서의 재일조선인: 인종주의와 차별선동의 비가시화가 가져오는 것

반인종주의 규범이 없는 일본 사회에서는 민족적 소수자를 이해하기가 어렵다. 나중의 논의를 이해하는 데 필요하므로, 소수자로서 재일조선인에 대해 잠시 짚어보고자 한다.

재일조선인이란 일본에 사는 조선 민족(코리안)을 말한다. 조선적·한국적(49만 1,711명, 그중 한국적 45만 7,772명, 조선적 3만 3,939명)뿐 아니라, 국적도 일본과 중국, 미국 등 다양하게 걸쳐져 있기도 하고, 재류 자격도 특별영주(34만 8,626명)에 한하지 않고, 영주·정주 등 가지각색이다(통계는 2015년 12월 법무성 집계). 일본 국적을 취득한 사람도 수십만 명에 이를 것이며, 전체 100만 명 '정도'라고 한다.

왜 '정도'인가. 일본 정부가 인종차별철폐국제조약의 의무에 반하여, 인종주의 실태를 파악하기 위한 민족적 소수자별 통계조사를 하지 않기 때문이다.* 일본 정부는 국적·법적 지위별, 그것도 재류자 관리를 위한 정보밖에 수집하지 않는다. 인종주의의 피해 실태 조사를 정치권에서 게을리하고 있는 것은 소수자로서 재일조선인이 비가시화되는 기본적인 요인이 된다.

재일조선인은 어떤 사람들인가? 이 책의 과제에 따라 세 가지를 들어보겠다.

첫째, 재일조선인은 재일외국인의 하나다. 재일외국인이란 뿌리가 일본이 아닌 외국에 있으며, 일본에 거주하고 있는 사람이다.

재일외국인은 여러 가지 형태로 일본 정부나 사회로부터 심각한 인종주의 피해를 입고 있다. 그와 동시에 인종주의로부터 법적 보호를 전혀 받을 수 없는 일본의 소수자다.

이것은 일본 정부가 차별금지법 같은 반인종주의 정책을 전혀 만들지 않고 있으며, 나아가서는 일본 국적을 가지지 않은 재일외국인을 출입국관리법으로 관리할 뿐, 외국 국적을 유지한 채 영주·정주할 수 있는 제도를 만들지 않기 때문이다(예를 들어 최소한 요구되는 일본 재주 연수는 귀화의 경우는 5년이지만 영주는 10년이며, 국적 정책(귀화)과 출입국관리 정책(영주)과의 관련은 없다.)

일본 정부는 재일외국인을 일본 국적이 아니라는 이유로, 기본적으로 법적 권리에서 체계적으로 배제해왔다. 귀화하지 않는 한 참정

---

* 전후 일본 정부가 정책상 '민족'이라는 범주를 만들려고 하지 않는 이유와 관련하여, 오카모토 마사다카(岡本雅享)는 "'일본의 다수자는 무슨 민족인가'라는, 전후(戰後) 애매하게 해온 일본인 자신의 아이덴티티를 분명하게 해야 해서"라는 매우 중요한 지적을 했다(岡本雅享 編著, 『日本の民族差別: 人種差別撤廢條約からみた課題』, 明石書店, 2005, 7쪽). 이 책에서는 언급할 수 없지만, '야마토'(大和) 중심의 국민 형싱이 일본인 '내'의 민족직 소수자를 어떻게 은폐해왔는지에 대해시는 岡本雅享, 『民族の創出: まつろわぬ人々, 隠された多様性』, 岩波書店을 참조하길 바란다.

권과 공무 취임권, 재입국 권리가 보장된 영주권, 의무교육을 비롯한 공교육 일반, 사회복지를 충분히 받을 권리에 이르기까지 배제된 상태다. 그리고 가령 귀화를 바란다고 하더라도, 그것은 권리로서는 인정되지 않는다. 법무장관의 재량(은혜)으로 행해지며, 방대한 시간과 신청 서류를 준비해야 하고 돈이 드는 등 장벽이 매우 높다.

그러한 의미에서 재일조선인은 일본 기업의 세계화가 진행된 1980년대 후반 이후에 급증한 브라질·페루 등의 남미와 필리핀, 중국 등에서 온 다른 일반 재일외국인과 다를 게 없다(비일본 국적 외국인은 193개국의 212만 1,831명, 2014년 말 법무성 발표, 무국적은 제외).

다른 재일외국인과 다를 바 없다고 해도 필리핀, 브라질, 중국과는 편견과 차별의 표현 방법이 다르다. 그 이유로는 여러 가지 요소가 있겠지만, 중요한 것은 필리핀, 브라질, 중국이라는 출신국과 지역에 대한 편견이나 고정관념이며, 거기에 강하게 영향받는 거주국 일본과의 관련성(역사와 경제·정치적 영향) 때문이다.

그러면 재일조선인에 대한 인종주의에는 어떤 특징이 있을까? 혐오표현에서는 반드시라고 말해도 좋을 만큼, '강제연행은 없었다', '재일조선인은 밀항자', '위안부는 매춘부' 등의 조선 식민지 지배의 역사를 왜곡하는 역사부정이 한 세트를 이룬다. 그것은 일본의 조선 식민지 지배의 역사와도, 또 전후 일본 정부가 조선 식민지 지배 책임과 독립 후 한반도를 어떻게 마주해왔는가 하는 역사와도 떼려야 뗄 수 없다.

재일조선인은 일본의 구식민지인 한반도 출신이고, 현재 살고 있는 나라가 일본이라는 구 종주국이라는 의미에서, 다른 재일외국인과 명확하게 구별된다. 이것이 두 번째 포인트다.

재일조선인은 대부분 식민지 시대(1910~1945)에 일본에 와서, 전후에도 부득이하게 일본에 남게 된 조선인과 그 자손이다. 그리고 재일조선인은 일본의 패전 후에도 여러 가지 이유로 고향으로 '돌아가지' 못했다. 고향에 안정된 생활기반을 가지고 있는 사람이 적었을 뿐 아니라, GHQ(연합군 총사령부) 점령하의 일본에서는 한반도로 이동하는 것이 갑자기 어려워졌다. 더구나 일단 한반도로 돌아가면, 일본으로 귀환할 권리가 GHQ와 일본 정부에 의해 부정됐다. 다시 '돌아오는' 재일조선인은 '밀입국자'로 취급당했다. 이런 상황에서 재일조선인은 일본에 남게 됐다.

그뿐이 아니다. 전후 일본 정부는 식민지 출신인 재일조선인을 여전히 인종주의 정책의 대상으로 삼았다. 나중에 설명하겠지만, 전후 일본 정부는 1952년에 GHQ 점령에서 독립하자마자 구식민지 출신자의 일본 국적을 박탈한 후 무국적이라는 이유로 모든 법적 권리에서 체계적으로 배제해왔다. 이 국적 박탈 조치 이후 일본 정부는 식민지 시대의 호적을 활용한 노골적인 인종주의 정책에서, 인종주의를 국적 '구별'로 위장하는 정책(외국인등록법과 출입국관리법)으로 전환했다.

이후 일본 정부는 지금까지 공적인 외국인 정책을 명시적으로 만들지 않고, 재일외국인을 출입국관리법의 자유재량으로 '관리'해왔다. 이러한 방법은 몇 대가 지나도 국적으로 외국인을 배척하는 것을 가능하게 했으며, 인종주의 정책을 국적 구별로 위장할 수 있다는 점에서 일본 정부에 매우 유리한 상황이었다.[1]

재일조선인의 세 번째 특징은, 뿌리의 나라인 남북한과 거주국 일본이 심하게 대립하고, 또 그 뿌리가 되는 나라의 분단 상황에서 생기는 국제관계에 휘말릴 수밖에 없는 존재라는 것이다. 이 때문에 재일조선인은 자기정체성이 복수로 분열될 수밖에 없다.[2]

정리하자면 재일조선인은 첫째, 외국에 뿌리를 가진 재일외국인이며, 둘째, 구 종주국에 사는 식민지 출신자이며, 셋째, 뿌리인 한반도의 남북분단 및 남북한과 일본과의 관계에 영향을 받을 수밖에 없는 사람들이다.

그렇지만 위와 같은 의미에서의 재일조선인에 해당하는 사람이어도, 스스로를 '재일조선인'으로 인식하는지 아닌지는 다른 문제다. 내 친구는 스물다섯 살이 될 때까지 자신의 뿌리를 알지 못했다.

다만 혐오표현을 낳은 일본 인종주의의 심각성과 반인종주의 규범의 결여가 일본 사회에 미치는 영향을 이해한다면 '재일조선인'이 정체성을 갖기 힘든 상황을 이해하는 데 도움이 될 것이다.

제 3 부

실제로 일어난 재일조선인에 대한 인종주의 폭력 사례

이 부에서는 재일조선인이 실제로 겪은 인종주의 폭력을 살펴보고자 한다. 다루는 내용은 ① 1923년 간토대지진 때의 조선인 학살, ② GHQ 점령기의 조선인 탄압사건, ③ 1960~1970년대의 조고생 습격사건, ④ 1980년대 후반부터 빈발한 치마저고리 사건, ⑤ 2007년 이후 빈발한 '재특회형'의 혐오표현이다. 앞서 이야기한 대로, 이 부에서 소개하는 인종주의 사례는 인종주의 폭력([그림 3] '인종주의 행위의 피라미드'의 4단계) 이상으로 한정한다.

제1장

간토대지진 때의 조선인 학살
(1923년 9월~)

간토대지진 때의 조선인 학살사건의 내막을 구체적으로 알아보기 위해 몇 가지 자료를 소개한다.

제노사이드의 리얼리티: 서민의 범행

요코하마: '지옥의 형장'

2일 아침부터 조선인이 불을 지르고 돌아다닌다는 소문이 돌자, 바로 조센진 사냥이 시작됐다./ 네기시바시根岸橋 옆에, 통칭 '네기시 별장'이라고 불리는 요코하마 형무소가 있었는데, 그곳의 콘크리트 벽이 전부 파괴되어 수감됐던 사람들이 한때 풀려났다. 그런데 이들 수감인 700~800명까지 합세하여 수색대가 만들어졌다. 그들은 온 시내를 샅샅이 돌아다니며, 밤새 사냥을 계속했다./ 발견된 조선인은 경찰이 나이, 이름, 주소를 확인하고 보호할 틈도 없이 마을 수색대에게 붙잡혔다. … 그렇게 해서 조선인을 빙 둘러싸면, 뭐 하나 변명을 듣지도 않고 대답하는 것도 없이 손에 쥔 죽창과 긴 칼을 조선인의 몸에 휘둘렀다. 그것도 단칼에 베는 것이 아니라 모두가 무서워서 벌벌 떨었기 때문에 더 잔혹했다. 머리를 쿡쿡 찌르는 사람, 눈을 죽창으로 마구 찌르는 사람, 귀를 잘라내는 사람, 등을 때리는 사람, 발등을 째는 사람… 조선인의 비명과, 욕지거리를 퍼붓는 일본인들의 고함이 섞여 이 세상이라고는 생각할 수 없는 처참한 장면이 전개됐다./ 이렇게 바로 죽이지 않고 고통을 주면서 죽인 조선인들의 시체를 구라키바시倉木橋 제방 끝에 늘어서 있는 벚꽃나무 가로수의 강 쪽으로 늘어진 작은 가지에 매달았다. 그게 한두 그루가 아니었다. 미요시바시三好橋에서 나카무라바시中村橋에 걸쳐서, 재천기념載天記念으로 식수된 200그루가 넘는 나무의 모든 줄기에 피투성이의 시체를 매달았다. 아직 숨이 남아 있는 사람에게는 매단 채로 린치를 더 가했다. … 인간이 할 짓이라고는 생각할 수 없는 지옥의 형장이었다. 완전히 죽은 사람은 매단 밧줄을 잘라 강 속으로 떨어뜨렸다. 온 강이 몇백 구나 되는 시체로 가득 찼으며, 어제까지 맑았던 물이 새빨간 피의 탁류로 변해버렸다.[1]

위는 가나가와현 요코하마시의 사례다. 다음은 도쿄의 사례다. 혼조本所·후카가와深川에서 발생한 화재로 뛰쳐나온 사람들이 스미다隅田강 부근으로 도망쳐왔는데, 여기서 엄청난 학살이 자행됐다.

스미다 강 부근에서의 목격 증언

2일 아침 … 8시경 … 시라히게바시白髭橋로 가보았다. 양쪽 난간에

는 머리에 수건을 두르고 일본도, 죽창, 수렵총 등을 든 사람들이 피난자들에게 날카로운 눈길을 던지며, "모자를 벗어라!"라고 고함을 치고 있다./ "그놈 수상하다." … "그럼 그렇지, 놈의 뒤통수가 절벽이다!!" … "가기구게고ガギグゲゴ 해봐라." … "물을 필요도 없다, 죽여버려!"/ "죽여라, 죽여!" 한바탕 소동이 일었다./ 흰옷은 더럽혀지고 반쯤 타버린 모자에 턱 끈을 매고, 왼손에 붕대를 감고 있는 순사가 왔다. 나무칼집의 일본도를 가진 마흔 살가량의 건달 같은 남자가 이 순사에게 다가가서,/ "어르신, 이놈 낯짝도 두꺼운 조선 놈입니다. 죽여도 될까요?"/ 순사는 이런저런 말도 없이 피곤에 지친 얼굴로 피난민과 함께 지나갔다./ 울부짖던 그 남자에게 돌아온 건달이 "해치워버려"라고 하자, 서너 명의 깡패들이 죽창으로 이 남자를 찔렀지만, 손이 미끄러져 깡패는 다리 난간에 순식간에 얼굴을 부딪혔다. 나무칼집 일본도를 든 남자가 엉거주춤한 자세로 남자의 미간을 베었다. … 반쯤 죽은 이 남자를 서너 명의 젊은이가 스미다강으로 던졌다./ 부근의 자경단원이 소리를 모아 "만세, 만세!"를 외쳤다./ 한밤중부터 들린 이상한 만세, 만세 소리의 정체를 이제야 알았다. 만세 소리로 추측해 보아 20~30명 정도가 학살됐을 것이다.[2]

이 같은 학살의 상당수가 유감스럽게도 일반 서민과 재향군인이 만든 자경단의 손으로 행해졌다. 서민들이 괴롭고 힘들어하면서도 집단의 힘을 빌려 사람을 죽이는 광경이 생생하게 그려졌다. 조선인으로서, 단번에 죽이지 못하는 어설픈 사람을 만나 '울부짖던 그 남자'의 공포는 어떠했을까.

도쿄와 요코하마는 지진 피해가 가장 심했던 지역이지만, 그에 비해 피해는 적었다고 할 수 있는 사이타마埼玉현, 지바千葉현을 비롯한 지역에서도 서민들이 가담한 조선인 학살사건이 일어났다.

지바현의 사례이긴 하지만, 다음 자료는 자경단에 가담한 어느 개인의 일기다.

지바현 야치요八千代시 다카쓰고高津 지구 주민의 일기

7일 … 모두 지쳐서 한숨 자고 있는 오후 4시쯤 판잣집에서 센진鮮人을 줄 테니 받으러 오라는 연락이 있어 서둘러 집합시켜 받으러 갔다. 도쿄로 보내야 할 쌀 두 가마를 마쓰지桝次와 기사키正伯에게 찧으라며 본가의 소를 빌려주었는데 오와다大和田가 센진을 잡아오겠다고 해서 짐수레를 붙여주었다. 한밤중에 센진 15명을 받아 각 구에 배당하고, 다카쓰와 니기도新木戸 지역은 세 명을 받아 절 마당에 밤새 세워두었다.

8일 … 또 센진을 받으러 가는 9시쯤이 되어 두 명을 받아 모두 다섯 명. 나기노하라(나기노하라의 묘지가 있는 곳)에 구덩이를 파 앉게 하고 머리를 자르기로 결정. 처음에 구니미쓰邦光가 깔끔하게 단번에 머리를 잘랐다. 두 번째는 게이지啓次가 휘둘렀는데 이때는 반밖에 잘리지 않았다. 세 번째는 다카하루高治였는데 목이 조금 남았다. 네 번째는 미쓰오光雄, 구니미쓰가 자른 칼로 단번에 해치웠다. 다섯 번째, 기치노스케吉之助는 힘이 부족해 절반밖에 자르지 못해 두 번 만에 잘랐다. 구덩이 안에 넣어 파묻고 피곤하다는 듯 모두 여기저기 누웠다가 밤이 되자 또 각자 담당한 곳에 보초를 서러 갔다.

9일 … 밤에 또 전부 출근해 12시가 넘자 또 센진을 받아왔다는 연락이 있었다. 이들은 바로 전에 구덩이를 팠기 때문에 데려가서 랜

> 턴 등불 아래서 나무를 잘라 껍질이 조금 붙어 있는 것으로 머리를 자른다. 칼의 좋고 나쁨에 따라 칼이 좋으면 누구라도 자르기로 정했다. 하지만 칼도 많이 상해서 니기도의 나카지마 미쓰오 군의 칼 외에 단번에 잘릴 만한 칼은 없다.[3]

마을의 공유지로 조선인을 데리고 가서, 구덩이를 파고 앉혀서 머리가 구덩이 안으로 떨어지도록 일본도로 한 명씩 잘라나갔다. 재난 지역인 도쿄에 쌀을 보내고, 그것을 위해 소를 빌리는 모습이 누구에게 보고하기 위한 용도가 아니라 개인적인 일기에 적혀 있다. 어떤 보고서도 서민이 조선인 학살에 가담한 생생함을 이보다 더 보여주지 못할 것이다.

개인 소장의 일기를 이렇게 볼 수 있게 된 것은, 간토대지진 55주년을 기념하여 지바현 소재의 학교에서 학생들이 향토사 인터뷰를 수행했기 때문이다.

이처럼 서민이 직접 조선인을 살해한 사건은 당시 셀 수 없을 정도로 많았다. 간토대지진 때 조선인 학살에 자경단인 서민들이 직접 가담했다는 것은 우리로서는 무시할 수 없는 특징이다.

당시 자경단의 조직 상황을 확인해보자([표 1]). 매우 많은 자경단이 조직됐으며, 정촌제町村制가 시행된 이후에는 1정촌 단위로 조직됐다고 한다. 자경단에는 "재향군인과 청년단원을 비롯하여 남자는 나이를 불문하고 모두 참가했다."[4]

자경단에 의한 학살은 정부가 서민에 의한 학살을 엄금하도록 권고한 9월 6일까지 계속됐다고 한다.

〔표 1〕 간토 지역 자경단 수

부현	자경단 수
도쿄부	1,593
사이타마현	300
가나가와현	603
지바현	366
이바라키현	336
군마현	469
도치기현	19
합계	**3,689**

* 요시카와 미쓰사다(吉河光貞), 『간토대지진의 치안 회고』, 법무부특별심사국, 1949, 43쪽; 야마다 쇼지, 『간토대지진 때의 조선인 학살과 그 후』, 소시샤(創史社) 2011, 138쪽에서 재인용. 이 책에는 "계산이 맞지 않지만, 그대로 했다"는 주석이 있다.

조선인 총검속: 생존자에 대한 인종주의

제노사이드에 이른 인종주의는 겨우 살아남은 조선인들도 공격했다. 당시 살아남은 조선인은 모두 관헌의 검속(신병 구속) 대상이 됐다. 당시 목격자는 이런 증언을 남겼다. "그때 조선 사람은 어른은 대부분 교살돼서 마치 짐짝처럼 쌓여, 이렇게 쌓여 밧줄이 없으니까 철사로 묶어서 어딘가로 끌고 갔어요."[5]

"검속이란 운 좋게 살해되지 않은 전시 포로의 별칭"[6]이라는 말이 있을 정도로, 검속된 조선인은 가혹한 대우를 받았다. 군영이나 경찰서 등에 수용됐지만, 뒷짐결박을 해 굴리기도 하고, 유치장이나 연무장에 처넣기도 했다. 검속 과정에서 관헌과 자경단으로부터 폭력을 당해 거의 죽을 뻔한 사람도 있고, 검속 과정과 수용소에서 목숨을 잃은 사람도 있었다. '무사히' 수용된 사람도 굶주림과 갈증에 시달리다 죽음에 이르렀다. 화장실에 가는데도 너무 배가 고파 벽을 잡고 걸어야 했다는 증언도 있다.

그렇지만 이상의 자료는 제노사이드의 심각성을 보여주는 극히 일부에 지나지 않는다.

사건의 개요

새삼스럽지만 사건의 개요를 보겠다. 1923년 9월 1일 오전 11시 58분, 매그니튜드 7.9, 최대 진도 7이라는 대지진이 간토 일대를 덮쳤다. 사망자·실종자 10만 명 이상, 피난자는 100만 명이 넘었다. 사망자·실종자 중 9만 명 이상은 화재로 죽었다고 한다. 그렇기 때문에 9월 1일은 '방재防災의 날'로 기억되고 있지만, 이 지진 직후부터 간토에서 처참한 조선인 학살사건이 일어났다.

도대체 조선인이 어느 정도나 살해됐는가? 학살된 조선인은 총 6천 명 남짓이라고 한다. 그렇지만 정확한 숫자는 아직도 밝혀지지 않았다. 가장 큰 이유는, 일본 정부가 학살 사실의 은폐공작과 자료개찬, 민간인 조사의 방해공작에 이르기까지 진상규명을 저지하는 데에 계속 관여했기 때문이다. 그리고 일본 정부는 사건 직후부터 전후 71년이 지난 지금까지도 제노사이드의 진상규명을 위한 공식적인 조사를 한번도 실시하지 않았다.

위의 피해자 수는 관헌의 눈을 피하기 위해 '위문' 명목으로 조선인 유학생들이 실시한 조사 결과로 상하이의 『독립신문』에 게재된 것이다. 하지만 이 연구의 일인자인 강덕상은, "6천 명이라는 피해자 수의 산정은 상당히 실수에 가까운 것이라고 생각하지 않을 수 없다"[7]고 했다. 간토 일대의 조선인 인구는 당시 2만 명 정도라고 했는데, 그렇다면 4분의 1 이상이 살해된 셈이다.[8] 또 학살을 피한 생존자도 학대를 받는 '총검속' 상태에 있었으며, 사상 조사 후에 언제 죽임을 당할지 모르는 생사의 갈림길에 있었다.

왜 이 같은 제노사이드가 일어났는가? 그것은 지진으로 인한 공황 때문도 아니고(왜냐하면 10월까지 학살이 계속됐다는 사실을 설명할 수 없다), 전쟁 중에 일어난 것도 아니다(제1차 세계대전 후부터 류타오후柳条湖 사건('만주'사건) 전의 '평화'로운 시대에 일어났다).

학살을 이해하는 열쇠는 말하자면 혐오표현과 계엄령이다. 지진 직후부터 군부는 조선인이 "우물에 독을 풀었다", "폭탄을 가지고 있다", "방화, 폭동을 일으킨다"는 유언비어가 유포되고 있다는 정보를 수집했다. 9월 2일 저녁에 군부는 모두 허위사실이라는 것을 확인한 상태였다. 그럼에도 일본 정부는 혼란에 휩싸여 적어도 9월 2일에는 계엄령(통상의 헌법체제를 정지시키고 군부에 실권을 위임하는 명령)을 선포하고, 그날부터 조선인이 '독약 넣기', '방화'와 '폭동'을 일으키려고 하고 있으니 경계하라는 혐오표현을 조직적으로 전국에 전파시켰다. 동시에 군대와 경찰이 조선인 살해에 나서고, 각지에 자경단을 조직하게 했으며, 서민들에게 조선인을 죽이도록 부추겼다. 이것을 민중의 인종주의와, 국가·정치공간의 인종주의라는 두 가지 각도에서 생각해보자.

조선인 학살의 원인① 식민지 지배로 만들어진 민중의 인종주의

이 제노사이드가 일어난 첫 번째 이유는 당시 일본(내지)의 '평화'가 조선과 대만을 식민지 지배(당연히 전제적인 폭력 지배였다)로 이루어졌기 때문이다. 작가 나카니시 이노스케中西伊之助는 당시 조선인 학살에 자경단이 적극적으로 가담한 이유와 관련하여 다음과 같이 말했다.

"나는 견문이 적어 아직 조선 국토의 수려함, 예술의 아름다움, 국민들의 고운 마음을 소개 보도한 기사를 본 적이 거의 없다고 해도 좋습니다. 그리고 폭탄, 단총, 습격, 살상—모든 전율할 만한 단어를 나열하고 소위 불령선인, 최근에는 불평선인이라는 명칭으로 바꾼 신문도 있습니다—의 불령 행동을 보도하고 있습니다. 그것도 신문 기자의 일이라는 식의 과장된 필법으로." "이러한 일상의 기사를 읽는다면, 조선이란 산적들이 사는 나라이며, 조선인은 맹호 떼같이 생각된다."[9]

나카니시는 당시 선동된 서민의 인종주의가 제노사이드의 원인이 됐음을 적절히 지적하고 있다. 서민의 인종주의는 결코 '자연스럽게' 길러진 것이 아니다. 조선 식민지 지배라는 폭력적인 타민족 억압을 통해서 선동되어, 그것을 용인·지지·정당화할 정도로까지 높아진 것이다.

식민지 지배에서의 조선인 지배의 방법

식민지 지배란 무엇일까? 그것은 다른 나라의 주권을 빼앗고, 자국의 영토로 편입시켜 경제적·정치적으로 지배하는 것이다. 19세기 이후 구미 열강과 일본의 제국주의에 있어서, 식민지 지배의 목적은 토지·자원·노동력과 초과이윤 획득 등 경제적인 수탈에 있었다. 식민지 지배라는 것은 경제적·정치적 이익을 얻기 위해 만들어진 인종주의의 시스템이라고 할 수 있다.

여기에서 중요한 점은 식민지 지배의 수행에는 폭력이, 그것도 대량살인에 이르는 거대한 폭력이 필수불가결하다는 것이다. 침략과 시장경제의 침투에 저항하는, 공동체로 강하게 연결된 피억압 민족을 복종시키기 위해서는 폭력 이외에 수단이 없었기 때문이다. 예를 들면 영국과 프랑스와 독일은 인도와 알제리와 나미비아 등 아시아·아프리카 지역을 연이어 식민지로 삼았는데, 거기에는 타민족의 대량살해를 동반한 폭력적 지배라는 공통점이 있다.

조선도 예외는 아니다. 일본은 1876년에 강화도조약이라는 불평등조약을 강요하며 개국을 재촉하여, 비단·면제품 시장을 개척하고, 조선 쌀과 노동력을 싼값으로 유입했다. 예를 들면 1894년 청일전쟁 동안에 동학농민전쟁이 일어나자 일본은 군사력을 동원해 3만 명 이상을 죽였다. 이것은 동아시아 최초의 제노사이드라고 할 수 있다.[10] 또 20세기에 들어서는 식민지화에 반대하는 의병투쟁을 탄압하며, 1만 명 단위의 조선인을 살해했다.

이 같은 폭력적인 탄압 끝에, 1910년에 한국병합에 의한 식민지 지배가 시작됐다. 초대 총독 데라우치 마사다케寺内正毅가 "조선인은 죽든지 복종하든지 둘 중 하나를 선택해야 한다"라고 말한 대로, 조선 식민지 지배는 천황에게 직속된 삼권과 군사통제권을 한손에 쥔 조선 총독의 군사 지배였다. 대일본제국 헌법조차 미치지 않는 '이법異法 지역' 조선에는 의회도 없이 총독의 명령이 그대로 법령이 됐다. 헌병대가 각지에 배치되어 즉결재판권을 행사했고, 교사는 칼을 차고 교단에 섰다. 또 악명 높은 치안유지법도 일본 내지보다 훨씬 엄격하게 적용됐다. 조선 독립을 외치기만 해도 '영토를 넘본다'는 구실로 치안유지법 위반이 됐다. 이 법은 조선인 탄압에 맹위를 떨쳤다.

3·1운동과 그 후의 인종주의

간토대지진이 일어난 1923년 당시 일본인의 조선인에 대한 인종주의를 말할 때 3·1운동과 그 후의 탄압을 빼놓을 수 없다.

위와 같은 폭력에 의한 식민지 지배를 조선 민중은 좌시하지 않았다. 1919년 3월 1일 서울에서 33명의 저명인사가 발표한 독립선언을 시작으로, 조선 사람들은 거리로 나와 데모를 했고, 곧 서울에서 전국 각지로 퍼졌다. 이는 나중에 '3·1운동'으로 불리는 역사적 사건이다. 기습을 당한 일본인 치안 당국자는 경악했다. 처음에는 단속하지도 못하고 어찌할 바를 몰랐지만, 그 후 군사력으로 철저하게 탄압했다. 사망자 수는 7천 명 이상이었고, 체포자는 1만 명 단위에 이르렀다.

이 사건은 조선 식민지 지배 상황을 크게 변화시키는 계기가 됐다. 교사까지 칼을 찬 폭력적인 '무단통치'에서 '문화통치'로 이행을 부르짖었지만, 실제로는 경찰을 대폭 증원하는 등 오히려 폭력적인 지배를 강화했다.

제3부를 시작하면서 소개한 나카니시 이노스케의 발언대로, 당시 언론은 '불령선인' 등의 혐오표현을 더 열심히 써댔다. 그들의 인종주의 선동이 있었기에 4년 후 간토대지진이 일어났을 때 민중의 인종주의에 의한 조선인 학살로 이어졌다고 할 수 있다.

역시 간토대지진 때의 조선인 학살 당시 치안 유지의 최고 책임자였던 미즈노 렌타로水野鍊太郎(내무장관)와 아카이케 아쓰시赤池濃(경시총감)는 3·1운동 이후 조선에 부임한 치안 책임자였다. 계엄령을 선포한 미즈노 렌타로는 새 총독으로 조선에 부임했을 때, 조선인 독립운동가가 던진 폭탄으로 부상을 당한 적이 있었다. 조선인을 적으로 인식하는 치안 당국자의 인종주의는 후에 계엄령 발포와 군·경찰에 의한 조선인 학살로 이어졌다.

재일조선인 감시

이렇게 조선인 탄압은 점점 심해졌다. 일본의 재일조선인도 마찬가지였다. 식민지 지배를 통해서 일본 정부는 재일조선인을 치안을 위협하는 대상으로 보고 경찰의 관리 아래 두었다. 이 때문에 조선인은 생활하면서 공공기관과 접촉조차 하지 못했다. 어떤 측면에서는 한반도보다 관리가 철저했다고 할 수 있다.[11]

경찰이 일본에서 재일조선인을 어떻게 관리했는지는, '중요인물'에게는 항상 다섯 명 정도가 미행을 붙어서 지속적으로 보고했던 것에서도 엿볼 수 있다. 앞에서 본 조선인 총검속은 관헌이 상시 감시하고 있던 조선인을 닥치는 대로 붙잡아간 것이기도 했다.

이렇게 평상시부터 조선인을 일본인과 구별할 필요가 있던 경찰은 식별법을 생각해냈다. '조선인 식별에 관한 건'(1912)이다. 두 가지만 발췌해보겠다.

> 하나, 얼굴 모양은 내지인과 다르지 않으면서도, 모발은 부드럽고 적으며 머리칼이 곧은 사람이 많다. 얼굴에 털이 적고 '너부데데한' 얼굴이 많으며, 턱수염과 구레나룻이 있는 사람은 드물다.
> 하나, 발음 중 탁음(가기구게고ガギグギゴ)을 가장 어려워한다.[12]

앞에서 소개한 자료(스미다강 주변 주민의 증언)에서 자경단이 조선인인지 아닌지 의심이 갈 때, "녀석의 뒤통수는 절벽이다", "가기구게고 발음을 해봐라"라고 말한 것을 떠올리길 바란다. '주고엔고주고센十五円五十五銭'을 발음하게 하는 것도 곧잘 이용됐다. 이 판별법이야말로 당시 경찰이 보급한 '과학적' 인종주의에 의한 식별법이었다. 바야흐로 재해 때 서민이 '살려야 할 인간'과 '죽여야 할 인간'을 구별하는 잣대로 위력을 발휘했다.

언론의 인종주의 선동

일본 신문은 당국이 발표한 조선인 '범죄'와 치안 탄압에 관한 보도를 쏟아냈다. 언론들은 '불령선인'이라는 차별어를 남용하고 조선인의 정당한 독립운동을 '폭동'이라 부르며 인종주의를 부채질했다. 예를 들어 『요코하마무역신보横浜貿易新報』는 지진 전 '조선인을 경계하는' 기사를 실었는데 히구치 유이치樋口雄一는 다음과 같이 지적했다.[13]

1922년 4월 1일 자 '오다하라小田原 시내의 전봇대에 불온문서가 나붙고 화재가 빈발하고 사람들이 동요하는 그때 마침 불령선인이 들어왔다는 소문.' 이것은 사회주의자와 화재, 조선인을 연결한 근거 없는 기사다.

1923년 7월 11일 자에는 '불령선인 대탈옥' 등 조선에서 일어난 사건을 보도한다.

1923년 7월 11일 자에는 요코스카横須賀 지역 다우라田浦에서 "내선인 막노동자들의 난투'가 일어나, 자경단을 조직할 것이라고 보도됐다.

히구치는 "이 외에도 여러 보도가 있다"고 했다.

앞에서 소개한 나카니시 이노스케의 "이런 일상의 기사를 읽는다면 조선이란 산적들이 사는 나라이며, 조선인은 맹호 떼같이 생각된다"라는 말의 의미를 잘 이해할 수 있을 것이다.

당시 일본인과 재일조선인의 생활공간 분석

이 같은 상황에서 평범한 일본인들은 조선인을 어떻게 보았는가?

중요한 점은, 조선인의 생활공간과 일본인의 생활공간이 대부분 단절되어 있었다는 것이다.

1923년 재일조선인 8만 명 가운데 대부분은 일찍이 '동양의 맨체스터'라고 불리며 섬유 등의 공업이 발달한 오사카에 집중되어 있었고, 간토 일대의 조선인은 2만 명 정도였다. 그들은 유학생을 제외하면 식민지 지배에 의한 토지수탈 등으로 생활이 파괴되고, 피폐해진

농촌을 떠나 토목공사 현장이나 공장 등에 일하러 온 육체노동자들이었다.

그들은 일본에 온 지 1~2년이 안 됐기 때문에 일본어도 잘하지 못했다. 이주 노동자들은 거주 기간도 짧을 뿐만 아니라, 주택 차별로 집을 빌리기도 어려웠기 때문에 공사 현장과 공장의 밥집 등을 전전해야 했다.

요컨대 당시는 '재일조선인'이라고 해도 지역사회에 정주하며 일본인 주민과 이웃관계를 맺는 경우는 드물었다. 따라서 일본인이 지닌 조선인의 이미지는 이웃에 사는 구체적인 지인으로서의 인간관계가 아니라 오로지 미디어를 통해서 형성됐다.

실은 소수이지만 학살로부터 조선인을 지켜준 일본인도 있었다. 많은 경우 그런 일본인은 조선인과 평소 이웃으로 교류가 있었던 것으로 알려졌다.[14] 물론 전혀 편견이 없었던 것은 아닐지도 모르지만 (편견이 조선인과의 접촉을 통해서 확신으로 굳어지는 경우도 있을 것이다), 그럼에도 이웃의 교류와 구체적인 인간관계가 학살을 막는 효과를 발휘한 것은 사실이었다.

서민의 인종주의만으로 학살을 설명할 수 있는가

지금까지 조선 식민지 지배를 통해서 형성된 시민 차원의, '국민'들의 말하자면 풀뿌리 인종주의의 고조를 살펴보았다. 그 같은 끔찍한 제노사이드에 서민이 가담할 수 있었던 배경이라고 할 수 있다. 사실 간토대지진 이전에도 소규모이지만 조선인 학살과 폭력사건이 일어났었다. 1922년에 건설 현장에서 조선인이 학살되는 시나노가와信濃

川 사건이 발생했다.

그렇다고 해도 간토대지진 때의 조선인 학살을 서민의 인종주의만으로 설명할 수는 없다. 생각해야 하는 것은 서민의 인종주의가 어떠한 조건에서 제노사이드라는 최악의 폭력으로 이어졌는가다.

조선인 학살의 원인② 국가의 행동: 제노사이드로 이어진 위로부터의 차별선동

인종주의가 제노사이드로 이어질 만큼 강력한 차별선동 효과는 어떻게 발휘됐는가? 물음을 푸는 열쇠는 국가의 행동이며, 특히 제노사이드와 유언비어(=혐오표현)와 계엄령의 관계다. 국가는 당시 ① 혐오표현을 이용하여 계엄령을 발포하고 전국에 유포시켰으며, ② 군대·경찰 스스로가 조선인을 학살하는 장면을 보여주었으며, ③ 서민의 학살을 방지하지 않고, ④ 제노사이드의 증거를 은폐하고 진상규명을 게을리했다. 이 네 가지에 대해 설명하고자 한다.

① 국가의 혐오표현 공인과 계엄령의 이용 및 확산

우선 국가는 혐오표현을 공식적으로 인정하고, 그것을 구실로 계엄령을 발포(9월 2일 저녁에 공고)하여, 혐오표현을 조직적이고 적극적으로 전파시켰다. 다음의 자료를 보길 바란다.

내무성 경보국장 고토 후미오後藤文夫가 구레 진수부呉鎮守府를 경유해 각 지방장관 앞으로 타전을 의뢰한 전문(1923년 9월 3일 오전)

도쿄 부근의 지진을 이용하여, 조선인은 각지에 방화하면서 불령의 목적을 달성하려고 하며, 실제로 도쿄 시내에서 폭탄을 소지하고 석유를 뿌려 방화하는 자도 있다. 이미 도쿄부에는 일부 계엄령을 시행했으므로 각지에서 면밀하게 시찰하여 센진의 행동에 대해서는 엄밀한 단속을 해야 한다.[15]

이 자료에서 알 수 있는 것은 조선인이 '폭탄을 소지'하고 있으며 '방화하는 자'도 있다는 유언비어에 의한 혐오표현을 국가가 사실로 공인했다는 것이다. 게다가 혐오표현(유언비어)과 계엄령 시행의 '인과관계를 파악하기 어렵게 한 문장'[16]으로 공식적인 전문을 발신하고 있다는 것을 알 수 있다. 여기에서 국가는 조선인이라는 민족을 지진을 틈타 사회를 파괴하려고 하는 '적'으로 공인하고, 전국에 선언했다.

계엄령은 요즘 아베 내각이 헌법에 넣으려고 하는 국가긴급권을 구현한 것으로, 군대가 국가의 일부 또는 전체 권한 장악을 허락하는 비상법이다. 일반적으로 발포에는 강한 제약이 부과되는데, 당시의 계엄령도 '임전臨戰이나 내란'이 일어났을 경우에만 발포 가능했다. 그런데 자연재해인 지진은 그 어느 쪽도 아니다.

따라서 "위법인 계엄령을 강행하기 위해서"는 다른 명분이 필요했다. 결국 위의 혐오표현이 "조금이라도 명분을 갖추기 위한 완벽한 구실로 이용"됐다.[17]

계엄령은 "이대로는 치안유지를 책임질 수 없다"는 치안국장의 강력한 요구에 의해 강행됐다.[18] 아카이케 아쓰시 경시총감은 다음과 같은 솔직한 회고를 남겼다. "이런 미약한 경찰력으로 비상시의 경계를 맡겨 수도의 치안을 완전히 유지하는 것이 어렵다는 것은 불 보듯 뻔하다. 하물며 빈궁이 극에 달한 민중을 선동하여 사단을 일으키려는 사람이 없지 않아 있었을 것이다."[19] 치안 당국자의 "공포의 바닥에 빠져 있는 민중, 기아에 허덕이는 민중이 무슨 일을 저지를지 모른다는 불안감"이 잘 나타나 있다.[20]

1918년 쌀 소동을 경험하고, 1919년의 3·1운동과 시베리아 출병, 그리고 1920년의 간도 학살 등에서 조선인과의 전투를 경험한 치안 당국은 도시 기능이 마비된 수도의 치안유지를 위해 초법적으로 경계령을 강행하려고 했다. 이런 상황과 딱 맞아떨어진 것이 조선인에 대한 혐오표현이었다.

그것은 최악의 형태로 공인되어, 전국에 관헌을 통해 순식간에 전파됐다.

② 군·경찰·헌병에 의한 학살·총검속과 선동

국가는 군대·경찰·헌병을 출동시켜 직접 조선인을 학살하고, 생존자를 총검속하여 강제수용했다. 서민들에게는 자경단을 조직하게 했으며, 나아가 그들에게 무기를 공급하고 학살 현장에서 지시를 내리기도 했다.[21] 앞의 〔표 1〕에서 나타나듯이 3,600개가 넘는 자경단이 조직된 것은 그 때문이다.

서민에 의한 학살에 비해 강조되지 않은 경향이 있지만, 이 점은 매우 중요하다. 왜냐하면 국가의 행동은 그 자체가 강력한 '위로부터의 차별선동'이 되기 때문이다(제2부). 학살에 이르지 않더라도 관헌이 조선인을 닥치는 대로 강제수용하면 "민중은 그런 모습을 보는 것만으로 뭔가 있다고 생각할 것이다. 민중을 조선인 사냥의 보조원으로 이용하는 것이라면, 그 이유를 설명했을 것"이며, 그 같은 행동에 의해 "관헌은 민중 앞에 유언비어를 사실로서 그려냈다"라고 강덕상은 지적하고 있다.[22]

이제까지 소개한 사례가 서민에 의한 학살이었다면, 다음은 국가에 의한 학살 사례다.

나라시노習志野 기병 제15연대 대원의 증언

내가 있었던 나라시노 기병 연대가 출동한 것은 9월 2일 정오 조금 전이었을까? 어쨌든 무섭게 다급했다. 사람과 말은 고작 30분 만에 전시무장을 갖추고 영문營門에 정렬해야 했다./ 이틀치 식량과 말 먹이, 여분의 편자까지 챙기고, 실탄은 60발. 장교는 집에서 챙겨온 진검으로 지휘호령을 했기 때문에 전시를 방불케 하는 분위기! 그리고 뭐가 뭔지 모른 채로 질풍처럼 병영을 뒤로 하고, 지바 거리를 한 줄로 먼지를 일으키며 계속해서 달렸다. 가메이도亀戸에 도착한 것은 오후 2시쯤이었지만, 이재민들로 범람한 홍수 같았다. 연대는 행동의 시작으로서 우선 열차를 조사하라고 했다. 장교는 검을 빼들고 열차 안팎을 살피며 다녔다. 어느 열차나 초만원이었고, 기관차에 쌓여 있는 석탄 위까지 파리 떼같이 득실거렸지만, 그 안에 섞여 있던 조선인들은 모두 끌려 내려왔다. 그리고 바로 칼과 총검 아래 계속해서 쓰러져갔다. 일본인 피난민 사이에서 폭풍처럼 쏟아서 나오는 만세 환호 소리! 국적國賊! 조선인은 모두 죽여라!/ 우리 연대는 이를 시작으로 피 잔치가 시작되어 그날 저녁부터 밤까지 본격적인 조선인 사냥에 나섰다."[23]

위의 지바현의 나라시노 기병 제15연대는 도쿄시의 가메이도로 출동하여 조선인을 학살했다.

야중포野重砲 제1연대 '구보노久保野 일기'

모치즈키望月 상등병과 이와나미岩波 소위는 지진이 난 곳으로 경비 임무를 맡아 가서, 고마쓰가와小松川에서 저항하지 않고 온순하게 복종하는 센진 노동자 200명에게도 병사를 지휘해 참혹한 짓을 했다. 아녀자들에게는 다리를 당겨 가랑이를 찢고, 혹은 철사를 목에 둘러 연못에 던져 괴롭히며 죽이거나 수없이 학살했는데 이를 두고 너무 지나치게 비상식적인 게 아닌가 하고 다른 사람들의 평판도 나쁘다.[24]

지바현의 야중포 제1연대도 도쿄시의 고마쓰가와로 출동하여 200명을 살해했다고 한다.

당시의 학살에 관한 자료는 그렇지 않아도 적은데, 특히 군대·경찰·헌병 등 국가가 자행한 학살의 증거는 극히 적다. 특히 국가의 자료는 그렇다. 나중에 서술하겠지만, 철저한 학살의 증거 은폐와 정보 통제·자료 개찬 등이 이루어졌기 때문이다. 야마다 쇼지山田昭次는 국가 자료에 기록된 학살에 대해 다음과 같이 말하고 있다.

9월 1일부터 10일까지 경계사령관의 관할 아래 들어간 군대의 병력 수는 약 5만 2천 명에 달했다. … 군대에 의해 살해된 사람의 수

> 는 … 중국인 200명, 조선인 57~60명, 일본인 23~25명으로 합계 280~285명이며, 그 기간은 9월 1일부터 5일까지였다.[25]

국가가 부정할 수 없었던 사망자 수가 이만큼이다.

이들 국가에 의한 학살은 강력한 '위로부터의 차별선동'에 서민들이 동조하여 일어난 것이다. 앞에서 인용한 구보노 일기에는 다음과 같은 내용이 나온다.

> 군대가 도착했을 때 재향군인 등은 비상('비상非常'으로 쓰여 있지만 '비정非情'일지도 모름)이었다(했다). 센진으로 보이면 아무 말도 하지 않고 큰길이든 어디서든 참살해버렸다. 그리고 강에 던져버렸다. 우리가 본 것만으로도 20명이 한 팀, 네 명, 여덟 명, 모두 그 지역 사람들에게 참살당했다.

이것은 9월 3일에 도쿄의 오시마大島에 "도쿄에 불령선인이 이때를 틈타 매우 나쁜 행동(우물에 독약 투척, 불이 난 곳에 폭탄 투척, 강간)을 하고 있으니, 그것을 막아야 한다"며 "38기총 휴대, 권총 등도 실탄을 채워 휴대하고" 출동했을 때의 일이다.[26] 군대의 도착이 마치 "GO 사인"이나 되는 듯 자경단이 제노사이드를 자행한 일이 기록되어 있다.

강덕상은 당시 "계엄 병사의 교전 실황을 목격하고, 일반 시민이 조선인은 제국의 적이라고 '확신'한 것은 상상이 지나친 것"[27]이었다고 말한다. 또 그날 저녁부터 "청년단, 재향군인회, 소방단을 중심으로 무장한 일반 시민들이 몰려나와 경종을 치며 조선인을 감시·구속하려고 한" 사례를 볼 수 있었지만, 이것도 계엄령 전에 선행하여 계엄 체제를 취하고 출동한 "특별고등경찰 내선계內鮮係 등 일부 권력에 의한 조선인 적시敵視의 실태를 보고 조력했다고 보는 편이 자연스럽다"라고 했다.[28]

군대가 출동한 지역일수록 더 끔찍한 학살이 벌어졌다고 한다. 계엄령이 9월 3일에 새롭게 적용된 요코하마시에서는 낮에 군대가 도착하여 1천 명 정도의 병력이 경비를 섰지만, 군대는 경찰·자경단의 학살을 단속하지 않고 오히려 가담했다. 그 결과 "조선인과 중국인에 대한 학살과 유언비어는 처음 발생했던 때보다도, 계엄령에 의한 군정이 펼쳐지고 나서 더 공공연하고 전면적으로 벌어졌다."[29]

"모두 계엄령 상태였기 때문에, 조선인을 잡으면 금계훈장을 받을 수 있다고 생각했다"[30]라는 증언이 적지 않은 것은, 이렇게 국가가 대대적으로 학살했기 때문일 것이다. 앞에서 인용한 야치요시 주민의 일기도, 나라시노 수용소에 강제수용된 조선인을 군대가 자경단에게 '떠넘겨' 죽이게 한 사례였다. 지진 후 일주일이 지난 9월 8일에 '또 센진을 받으러 갈' 수 있었던 것은 관헌이 조선인을 계엄령 체제에서 강제수용하고 있었으며, 사상조사 등을 통해 수용자를 '좋은 센진'과 '불령선인'으로 선별하여 후자를 자신의 손을 더럽히지 않고 자경단에게 살해하게 했기 때문이다.[31]

③ 국가가 방치한 유언비어와 학살

국가는 혐오표현이 유언비어라는 것을 알고도 정정하지 않았고, 학살도 말리지 않았으며, 조선인에 대한 차별을 금지하지도 않았다.

폭동설이 사실무근이라는 것은 척후대斥候隊에 의해 9월 2일 저녁에 판명됐지만, 정부와 관헌은 혐오표현을 한동안 공적으로 부정하지 않고 눈앞에서 벌어지는 학살을 방치했다. 계엄령도 철회하지 않고 11월 15일까지 계속됐다.

정부가 서민의 학살을 막기 위해 적극적으로 나선 것은 9월 6일부터였다. 그러나 그것도 조선인 보호가 목적이 아니었음은 총검속만 봐도 명확하다. 지진이 경미했던 사이타마현과 지바현에서는 특히 자경단이 조선인에 대한 인종주의 폭력을 멈추지 않고, 조선인을 보호하고 있던 경찰서까지 습격하는 사건이 발생했다.[32] 유명한 혼조本庄경찰서 습격 때는 도쿄로 향하던 가나자와金澤 사단이 도중에 내려 "경찰 쪽을 향해 공격 태세를 갖추자 군중은 조용해졌다"[33]라고 한다. '살아야 할' 인간과 '죽여야 할' 인간을 나누는 인종주의가, 여기에서는 '죽여야 할' 조선인을 감싸거나 혹은 죽이지 않은 일본인과 경찰을 향해 폭주할 정도로 과격해졌다. 그제야 국가는 학살을 금지시켰다.

④ 국가에 의한 증거인멸, 진상규명의 거부·방해

국가는 학살 책임자를 처벌하지 않고, 오히려 증거를 은폐하고 역사를 개찬하며 진상규명을 모두 거부해왔다. 이는 국가 전체가 역사를 부정한 것이라고 할 수 있다.

우선 경찰·군인에 의한 제노사이드에 대해서는 아무도 재판받지 않았다. 서민에 의한 살해만 일부 기소됐고, 재판은 적당히 넘어갔다. 더구나 유죄판결을 받은 경우는 대부분 일본인이 잘못 죽었다거나, 앞에서 언급한 국가에 반역한 자경단원이었다. 합법과 위법을 구별하는 기준은 국가를 향해 칼을 겨누었는지의 여부였다.

이렇게 국가 전체의 학살 실태는 은폐됐다. 우선 군대·경찰은 학살된 조선인의 시신을 증거가 남지 않도록 화재로 불타 죽은 일본인의 시신과 함께 소각하거나, 혹은 매장한 시체를 다시 파헤쳐 유골을 분쇄하는 등의 은폐공작을 벌였다. 게다가 실태 조사를 방해하고 자료까지 개찬했다.[34]

간토대지진 때 조선인 학살의 교훈

결론적으로 오해를 무릅쓰고 말하자면, 이 조선인 학살은 국가가 혐오표현을 조직하여 학살을 선동했기 때문에 일어난 제노사이드였다. 요컨대 국가가 차별, 폭력, 학살을 선동할 경우 '혐오표현이 제노사이드로 이어진다'는 것을 보여준 사례다.

이 교훈은 오늘날의 일본 사회에서 더할 나위 없이 중요하다. 뒤에서 다시 다루겠지만, 여기에서 이끌어낼 수 있는 교훈을 정리해두자.

첫째, 국가에 의한 차별선동은 절대로 허용해서는 안 된다. 90년 전 국가는 조선인을 적이라고 선언했다. 지금도 조선인을 공공연히 차별하고 있으며, 국가가 시민사회를 향해 인종주의를 선동하는 것은 제5부에서도 다시 살펴보겠다.

둘째, 국가가 시민사회의 인종주의 폭력을 방치하면 차별·폭력을 조장하게 된다. 앞의 스미다강의 사례에서는 순사가 '하지 마라'라고 말하는 대신 묵인한 후에 집단살해가 일어났다. 오늘날에도 국가는 혐오표현을 방임하고 있다. 더구나 경찰의 비호로 정당성이 부여되는 상황이 차별 조장으로 이어지고 있는 것은 제1부에서 살펴본 대로다.

셋째, 90년 전의 조선인 학살을 공적인 역사 기억으로 삼아서 재판해야 한다. 바로 지금 혐오표현을 조직화하는 새로운 배외주의 운동이 날뛰는 가운데, 조선인 학살의 역사적 기억을 정착시키는 것은 국가에 의한 차별·학살 선동의 위험성을 밝히는 일이 될 것이다.

그렇게 할 때 인종주의가 폭력과 제노사이드로 이어지는 것을 방지할 수 있다. 피해자에 대한 사죄와 배상만이 아니라, 인종주의가 사회를 파괴하는 폭력으로 가는 사회적 회로를 끊기 위해서도 전후 보상 및 역사 문제는 중요한 과제임을 강조할 필요가 있다.

실제로 조선인 학살에 대해 진상규명도 없고, 책임자 처벌도 피해 구제도 이루어지지 않고 있으며, 역사 위조가 계속되고 있다. 이는 인종주의 폭력이 제노사이드로 바뀌는 계기를 계속 남겨두는 것이다. 예를 들어 1926년 홋카이도의 오타루小樽상과고등학교에서는 발칙하게도 지진이 일어났을 때 '불령선인'이 폭동을 일으키는 상황을 상정하여 이를 진압하는 군사교련이 당당히 행해졌다.

1923년 이후 대규모 제노사이드가 일어나지 않은 것은 우연이었다고 하는 지적이 있다. 제2차 세계대전 말기 '본토결전'에 대비했던 군부는 패전 직전에 '긴급지령'을 내렸다. 다음의 인용은 역사가 강재언姜在彦의 글이다.

> 일본의 패전이 짙어짐에 따라, 재일조선인의 신변에는 서서히 위험이 닥쳐왔다. 1945년 8월 10일, 내무성 경부국 보안과장은 각 도부현 경찰부장 앞으로 내린 긴급지령에서, '조선인 및 중국인 노무자의

집단 일터에 대하여 경계를 강화하고 불온행동 방지에 철저히 할 것', 다음 날인 11일은 '요비상要非常 조치자 및 시찰 내정 중인 용의자 중 좌익 및 내선 관계자에 대해서 특히 재빠른 비상조치의 구체적 준비를 완료해둘 것'을 지시하고 있다.[35]

'재빠른 비상조치의 구체적 준비'란, 도대체 무엇을 의미하는 것일까? 생각만 해도 등골이 오싹할 정도의 이야기다. 아마 미군의 일본 본토 상륙 등이 있었다면, 간토대지진 때의 조선인 학살을 웃도는 큰 화근을 남겼을 것이다."[36]

학살의 단순한 재현(그것만으로도 세계사에 남을 만한 사건이지만)이 두려운 것이 아니다. "간토대지진 때의 조선인 학살을 웃도는 큰 화근"의 위험이 있었다는 것이다. 1945년 8월 당시 재일조선인 수는 200만 명 이하로 떨어지지 않고, 1923년 인구의 거의 25배였다. 더구나 태평양전쟁의 전면화가 추진되고, 국민은 이미 '총동원체제'로 조직됐다. 게다가 조선인은 당시 인종주의 격리를 위한 협화회協和會라는 통제기구가 특고경찰 아래 조직되어 도망칠 수도 없는 상황이었다. 만약 어떤 계기로 제노사이드의 스위치가 눌러졌다면, 민간에서 조직된 자경단에 의한 인종주의 폭력으로 끝나지 않았을 것이다.

지금 간토대지진 때 조선인 학살의 기억이 다소나마 참조되기 시작하고 있다. 그러나 이 같은 위기감에서 역사는 과연 주목받고 있는 것일까.

제2장

GHQ 점령기의 조선인 탄압사건

(1945년 8월~1952년)

1945년 8월 15일, 일본이 전쟁에 패하면서 조선 식민지 지배도 끝났다. 1945년은 간토대지진으로부터 고작 22년이 지난 시점이었다. 당시 많은 재일조선인이 '조선 귀환을 서두른 배경'에는 '간토대지진 같은 학살사건이 또다시 일어날지도 모른다는 공포심'(재일본조선인연맹(이하 조련), 제3회 대회 의사록)이 있었다고 한다.[1]

실제로 당시 일본 각지에서 조선인에 대한 인종주의 폭력은 빈발했다. 그리고 전쟁범죄 추급 등을 두려워한 일본 정부에 의해 강제 귀환에 가까운 형태로 조선인이 100만 명 규모로 귀환하게 됐지만 이것도 안전하다고 하기 어려웠다. 교토의 마이즈루舞鶴 항구 앞바다에서는 강제연행 피해자를 태운 우키시마마루浮島丸가 원인 모를 침몰사고를 당했다. 당시 생명·재산의 안전을 확보할 필요를 느낀 재일조선인 운동의 목적 중 하나는 인종주의 폭력으로부터 몸을 지키는 일이었다. 상징적인 사례만 소개하겠다.

빈발한 인종주의 폭력: 사이타마현 요리이 사건

1947년 7월 31일 사이타마현 오사토大里군 요리이쵸寄居町의 극장에서 연극 공연 중에 객석 구석에서 싸움이 일어났다. 일본인 한 명이 일본도를 치켜들고 "조선인을 잡아라!"라고 외치자, 마쓰야桝屋 일가의 젊은이 약 30명이 각자 일본도와 곤봉을 가지고 조선인을 뒤쫓았다. 마쓰야 일가는 연극 사업을 하는 요리이 마을의 상인이었다.

그 자리에 있던 김창근(27세)은 도망가던 중 극장 현장에서 50미터 정도 떨어진 밭에서 10여 명에 의해 처참하게 찔리고 머리, 몸통, 대퇴부를 잘린 후 마지막으로 목을 7부 정도 잘린 채 즉사했다.

김성태(23세)도 도망가는데 쫓아와, 머리 부분을 몇 군데 찔려 보행이 불가능해졌다. 그래서 부근의 농가로 도망가 숨었지만, 마쓰야 일가의 젊은이들은 농가를 둘러싸고 "조선인은 없느냐? 조선인을 내놔라. 나오지 않으면 이 집도 때려부수겠다"라고 협박하여 농가에서 중상을 입은 김성태를 끌어내서, 극장 현장에서 100미터 이상 떨어진 밭에서 집단으로 찔러대고, 마지막으로 재향군인 중 한 명이 '하나, 둘, 셋' 하는 호령에 맞춰 목을 자르고는 '만세' 삼창을 했다. 또 한 사람도 도망가다가 마쓰야 일가에게 찔려 중상을 입었다.[2]

이 사건은 나중에 가해자 측인 마쓰야 일가가 '이유'로 들기를, 조선인이 관람료를 내지 않고 입장했으며, 입구 옆에 있던 자전거를 넘어뜨렸기 때문이라고 했다. 그렇지만 당시 그곳에 있던 조선인의 말에 따르면, 연극 종료 30분 전에 입장했기 때문에 요금은 낼 '필요가 없었다'고 한다. 게다가 자전거를 넘어뜨렸다며 생트집을 잡자 '모른다'고 대답한 조선인을 때렸고, 이를 참을 수 없어 받아치자 맞은 젊은 놈이 "뿔피리를 불어 한패거리인 놈들이 30여 명 모여들어, 장내는 아수라장이 됐다"라고 한다.

이처럼 심각한 인종주의 폭력이 빈발했음에도 통계자료는 없다. 당국은 재일조선인에 대한 인종주의 폭력을 거의 단속하지 않았으며, 수사도 진행하지 않았기 때문이다. 극우와 인종주의를 규제하기는커녕 오히려 일본 정부와 경찰은 위기에 빠진 재일조선인을 탄압하고 인권을 침해했다.

요리이 사건의 가해자 약 30명 중 자수한 2명 외에 15명이 나중에 기소됐다. 재판 과정에서 가해자 중에 아시아 침략을 경험하고 돌아온 군인 출신이 다수라는 사실이 드러났다. "패전 후에 장사꾼 집단이 전쟁터에서 돌아왔지만 지역 사회에서 안정적인 생활을 유지할 수 없는 이런 병사들을 흡수"[3]했던 것이다.

이 사건은 집단 린치에 의한 살해사건으로서도, 인종주의로서도 군인 출신에 의한 전쟁범죄의 반복이라는 점에서 심각했다. 그러나 가장 큰 문제는 관헌의 대응이다. 경찰은 살인사건임에도 수사를 하지 않았다. 범인들은 살해 다음 날에도 사건 현장에서 큰대자로 누워 있었다. 경찰의 직무유기라고 생각하고 조련의 활동가가 독자적으로 수사를 개시하여 관련자들을 조련 사무실에서 취조했다. 그러자 경찰은 조련 측을 공무집행 방해로 체포하여 '납치', '불법감금'이라며 탄압했다. 조련 후카야深谷 지부 위원장 외 15명이 체포·기소됐다. 재판에서 검사는 "내가 조선에서 오랫동안 검사를 한 경험에서 보면 분명히 (조선인은) 거짓말쟁이기 때문"이라고 말했다. 재판 결과는 조선인 측의 패소였다.

사건이 일어난 사이타마현의 요리이는 20여 년 전 간토대지진 때 조선인 학살이 일어난 현장이기도 했다. 조선 측의 변호를 맡은 후세 다쓰지布施辰治는 "전쟁포로 학살과 마찬가지로, 땅에 무릎을 꿇게 하여 참수를 하고, 간신히 목의 가죽만을 남기고 잘라낸 참수 수법을 자랑하는 잔인함"은 "과거 전쟁 중 군벌이 벌인 포로의 학살, 난징南京에서의 학살을 떠올리게 하는" 것이며, "보수반동분자 혹은 지하로 숨어들어간 군벌과 복수하고자 하는 마음에 불타는 재향군인 퇴각자 같은 사람들이 품고 있는 편견을 나타낸다"라고 지적했다.[4]

또 놀랄 만한 사실은 당시 "경찰이 폭력단과 짜고 조선인을 습격하는 일이 빈번"했다는 것이다.[5] 경찰에 의한 살해사건도 있었다. '사살권'을 GHQ로부터 제한적으로 인정받은 '정당방위' 등 네 가지 조건을 벗어난 사살만 해도, 1946년 4월부터 12월까지 적어도 네 건이 보고됐다.[6]

이 같은 인종주의 폭력의 배경에는 GHQ 점령시대에 잇달아 일어난 일본 정부와 GHQ 당국에 의한 재일조선인 탄압이 있었다. 이 시기의 역사를 자세하게 아는 것은 전후 일본 사회를 이해하는 데 결정적으로 중요하지만, 이 책의 범위를 넘어선다.[7] 따라서 여기에서는 ① 민족교육의 탄압과, ② 조련의 강제 해산, ③ 1952년 체제의 수립, 세 가지를 중심으로 압축하여 소개하겠다. 이 세 가지 모두 일본 정부 및 GHQ에 의한 인종주의 정책으로서 국가 폭력이었다.

민족교육의 탄압

조선학교의 기원은 해방 직후에 재일조선인들 사이에 자연발생적으로 만들어진 '국어강습'이다. 두 번 다시 식민지 지배를 당하지 않도록 하기 위해서는 무엇보다 교육이 필요하다는 생각에서, 어린이들에게 조선어를 가르치기 위해 만든 서당 같은 곳이었다.

그런 강습소가 '씨앗'이 되어, 폭넓은 재일조선인을 결집시킨 조련에 의해 순식간에 체계화되어 학교 형태를 갖추게 됐다. 1946년 6월 당시 초등교육 시설이 206개교, 학생 수 1만 6,502명이었고, 가장 전성기 때는 전국에 537개교, 학생이 4만 2,906명, 교원 1,086명에 달했다.[8]

하지만 GHQ와 일본 정부는 폭력을 행사하여 조선학교를 강제 폐쇄하려고 했다. 1948년과 1949년에 걸쳐 내려진 학교폐쇄령이 그것이다.

해방 당시 조선에서는 건국을 둘러싼 민족 내부의 노선 대립에 더해 미소 양국에 의한 남북 분할 점령이 이루어졌다. 전후 동아시아 냉전 구조가 형성된 것이다. 미국은 동아시아에서 자유시장을 방위하고 정치적·군사적으로 헤게모니를 잡기 위해 일본을 반공의 방파제로 삼았다. 그리고 남한을 점령한 미군은 무력에 의한 저항도 마다하지 않는 북한 민족을 '공산주의자'로 간주했다.

한반도를 분단하고 남한에 친미정권을 수립하기 위해 실시된 1948년 5월의 남한 단독 선거에 반대하여 무장봉기한 제주도 주민들을 미군은 '빨갱이'(공산주의자를 멸시하는 호칭)라고 부르며, 제노사이드를 자행했다. 이른바 '4·3사건'이다. 이때 살해당한 섬 주민은 수만 명에 이른다고 한다. 미군의 입장에서 보면, 재일조선인도 '빨갱이' 같은 존재들이었다. 일본 정부도 GHQ의 반공주의를 이용하여 조선학교를 앞장서서 무너뜨렸다. 당시 일본 정부의 재일조선인에 대한 자세는 "단순한 소수자 배제에 그치지 않고, 국내에서만큼은 조선인을 계속 지배하겠다"는 것이었다.[9]

1947년 GHQ 민간정보교육국은 "모든 조선학교는 정규 교과의 추가 과목으로 한글을 가르치는 것을 허용한다는 예외를 인정하는 것 외에는 일본의 모든 지령에 따르도록 일본 정부에 지령"했다. 일본 정부는 이것을 이용하여, 1948년 1월 24일 '조선인 설립 학교 취급에 대하여'라는 제목으로 문부과학성 학교 교육국장 명의의 공문을 각 도도부현都道府縣에 전달했다. 그 내용은 다음과 같다. 학령기의 조선인 자녀는 일본인과 마찬가지로 시정촌립市町村立 또는 사립초등학교, 중학교에 취학시켜야 한다. 사립초등학교의 설립은 도도부현 지사의 인가를 받아야 한다. 학령아동·학생의 교육에 대해서는 각종학교의 설치를 인정하지 않는다. 만약 이 방침을 어길 경우에는 학교를 폐쇄시킨다.

이에 재일조선인은 거세게 반발하며 광범위하고 격렬한 반대운동을 각지에서 일으켰다. 가장 격렬했던 것이 '4·24'라고 불리는 한신阪神교육 투쟁이다. 4월 24일 효고兵庫현 청사에는 1만 5천 명이 결집하여 학교폐쇄령을 철회하라고 요구하며 지사실을 점거했다. 그만큼 조선학교를 지키는 것은 조선인에게 중요한 일이었다.

미군은 이 일에 위기감을 느꼈다. 격노한 에이첼버거Eichelberger 장군이 효고현으로 급히 내려가, 효고현에 비상사태를 선포했다. 군과 경찰은 방수放水와 실탄 사격을 하며 참가자를 폭행·체포하여 무력으로 운동을 진압했다. 오사카 부청府廳 앞에서 항의하던 열여섯 살 소년 김태일金太一이 이때 총격을 받아 사망했다. 성냥팔이로 집안의 생계를 돕던 가난한 소년이었다.

중상자가 27명, 체포자는 2천 명 가까이 됐다. 건강이 좋지 않음에도 투옥되어 옥사한 활동가 한 사람 외에, 체포된 사람 중 몇 명이 남한으로 강제송환됐다. 이것은 '일본 국적의 벽'에 갇혀 있는 외국인등록령의 대상자였기 때문에 가능한 조치였다.[10]

이 같은 격렬한 항의 결과, 5월 5일 조선학교 측의 조선인 교육 대책위원회와 문부과학성 사이에 어떤 각서가 오고갔다. 조선인의 교육에 관해서는 교육기본법 및 학교교육법에 따를 것, 사립학교로서 자율성을 인정받는 범위 내에서 독자적인 교육을 하는 것을 전제로 사립학교 인가를 신청할 것 등이다. 도쿄에서는 교섭 끝에 도립조선학교가 설립됐다. 조선학교 측의 힘겨운 승리였다.

조련의 강제해산: 극우단체 해산 규정을 악용한 단체등규정령

그러나 다음 해인 1949년 9월 8일에 조련이 강제해산됐다. 이때 적용된 것이 단체등규정령團體等規定令이었다. 이 전신은 포츠담 선언의 칙령 제101호로, 민주화와 비군사화를 목적으로 한 파시스트·극우세력 단체를 규제하기 위한 것이었다.[11] 제1조 제1항 각 호를 보면 '① 점령군에 대한 반항, ② 침략 정당화, ③ 아시아 지도자 참칭僭稱, ④ 무역·상업·지업 종사에서 외국인 배제, ⑤ 국제적 문화·학술 교류 반대, ⑥ 군사적·준군사훈련 실시, 구舊군인에 대한 은혜·특권 부여 ⑦ 암살 등에 의한 정책 변경 조장 및 정당화 등을 목적으로 하거나, 행위를 하는 단체 결성을 금지한다는 내용이다. 실제로 동아연맹 등 118개 단체가 해산됐다.[12]

① '점령군에 대한 반항'은 좌익 탄압을 가능하게 하는 규정일 뿐만 아니라 ②, ③, ④에 '침략 정당화', '아시아 지도자 참칭', '외국인 배제' 규제가 명기되는 등 반인종주의·반역사부정·반극우 규정을 포함한 것이어서 주목된다.

그러나 GHQ와 일본 정부에 의해서 천황을 비롯한 국가 지도자의 아시아 침략·식민지 지배 책임이 애매해지면서, 이 규정령은 인종주의·역사부정·극우를 규제하는 것이 아니라 반대로 조선인 운동을 탄압하는 인종주의에 이용됐다. 덧붙여서 이 규정령은 현재 파괴활동방지법으로 이어지고 있으며, 그 주요 감시 대상은 조선총련(재일조선인총연합회)이다. 또 조선학교 탄압에 대해서도 교원 적격심사가 이용됐지만 이것도 본래는 군국주의자를 교원에서 배제하기 위해서였다.

조련의 강제해산 절차는 매우 끔찍했다. 단체가 소유하고 있는 재산과 시설은 전부 강제몰수됐고 자료도 빼앗겼다. 간부는 공직추방(회사·노동조합 임원까지 포함해서)됐고, 구성원들이 다른 단체를 만드는 일도 사실상 금지되어 거의 어떤 활동도 할 수 없게 됐다.[13]

조련 해산을 근거로 일본 정부는 조련이 설립한 학교를 폐교로 내몰고, 조선학교 재학생을 공립학교에 수용할 것, 교과서는 국정교과서나 검정교과서를 사용할 것, 조련 관계자를 학교에서 배제하고 교육 내용과 명칭에서 조련을 상기시키는 것은 모두 없앨 것을 명했다.

조련 해산의 손실은 컸다. 강제해산 때에 몰수된 자료들(그중에는 일본의 전쟁책임을 추급하는 데 중요한 증거가 될 수 있는 자료도 상당수 포함되어 있을 것이다)과 토지·건물·자산 등은 지금까지도 돌려받지 못했다. 조련 강제해산에 대해서 여전히 '잘못했다'는 판단이 내려지지 않고 있으며, 명예회복도 안 되고 있다.

이것은 지금까지 일본 사회에서 재일조선인을 비롯한 소수 민족단체의 '공인'에 부정적인 영향을 주고 있다. 총련과 민단(재일본대한민국민단)은 지금도 임의 단체로 법인 자격을 가지지 못했으며, 그 존재는 일본 정부와 자치단체, 그리고 일본 사회로부터도 공인받지 못한 상태다.

일본에서는 민족적 소수자가 결사를 만들고, 커뮤니티와 사회운동을 하는 '결사의 자유'가 허용되지 않고 있다.

1952년 체제의 성립: '인종주의의 벽'을 '국적의 벽'으로 계속 '위장'하는 체제의 성립

1952년 4월 28일, 샌프란시스코 강화조약이 발효되고 일본은 독립했다. 같은 날 '출입국관리령(1982년 출입국관리 및 난민인정법, 약칭 '출입국관리법'으로 개정), 외국인등록법, 법률 제126호를 축으로 하는 출입국관리법제'가 발효됐다. 이것을 '1952년 체제'라고 부른다.[14]

첫 번째 축인 출입국관리령은 국경의 출입국을 관리하는 법령이며, 두 번째 외국인등록법은 국외에서 입국한 외국인을 출국할 때까지 관리하는 법률이다.

일본 정부는 1952년 체제가 성립하는 날, 구식민지 출신자인 조선인·대만인의 일본 국적을 바로 박탈했다. 재일조선인은 하룻밤 사이에 '무국적'자가 됐고, 출입국관리령·외국인등록법의 관리를 받으며 치안 탄압의 대상이 됐다.

세 번째 축인 '법률 제126호'는 국적을 박탈당한 구식민지 출신자를 특별 취급하며, 조건을 붙이면서 당분간은 일본에 머물러도 좋다고 하는 법률이다.

1952년 체제로 식민지 시대의 인종주의 체제가 전후에도 계속 가능해졌다. 이 일은 전후 일본의 인종주의 정책을 이해하는 데 큰 의미를 지닌다(〔그림 7〕 참조). 그 전제로서 우선 전전부터 있었던 재일조선인에 대한 노골적인 인종주의 정책을 파악할 필요가 있다.

조선 식민지 지배에서의 국적과 인종주의

정영환鄭榮桓은 식민지 시대 일본의 조선인 지배의 법적 테두리를 다음과 같이 정리한다.

> 조선인의 지위는, ① '한국병합에 관한 조약'을 근거로 조선인을 제국 신민으로서 일률적으로 일본의 통치권에 포함한다. ② 조선인의 일본 국적 이탈을 방지하기 위해 조선에 국적법을 시행하지 않는다.*

---

* 1899년 제정한 구(舊)국적법에는 국적 이탈 절차가 정해져 있었다. 그 때문에 내지의 일본인에게는 인정되고 있던 국적 이탈을 불가능하게 만들기 위해 한국병합 후에도 조선에는 국적법을 시행하지 않았다. 만약 ②가 없으면, ① 한국병합 조약에 의해 일본 국적을 강제 부여할 경우 조선인은 법적으로 일본 국적의 '벽' 밖으로 탈출하는 것이 가능해진다.

③ 신민 중에 지배 민족과 피지배 민족의 차이를 유지하기 위해 호적으로 조선인·일본인을 계속 구별한다는, 세 개의 축으로 되어 있었다.[15]

요컨대 1910년의 한국병합 조약에 의해 조선을 식민지화하고, ① '일본 국적의 벽'으로 조선인을 가둬두고, ② 그 벽에서 나올 수 없도록 열쇠를 채우고, ③ '국적의 벽' 안쪽에도 '호적'이라는 '인종주의의 벽'을 설치했다. 조선인에 대한 인종주의 법제는 이 같은 속인법을 중심으로 한 것만이 아니다. 113쪽에서도 언급했지만, 조선은 치안유지법은 시행하고, 보통선거법과 국적법은 시행하지 않는다는 '이법異法 지역'이 됐다.

일본의 인종주의 정책을 이해하려면 식민지 시대에 이 '국적의 벽'과 '호적의 벽'(인종주의의 벽)이라는 이중 벽이 어떻게 교묘하게 이용됐는가를 살펴볼 필요가 있다.[16]

일본의 식민지 지배 시대, '국적의 벽'은 조선 민족 전원을 대일본제국 신민으로서 가두어두고, 일본 법률상의 지배 대상으로 삼는 근거로 이용됐다. 식민지 지배의 모든 법령에 조선인 한 사람 한 사람이 위반했을 때, 폭력을 포함하여 가차 없이 제재하는 것이 이에 의해 합법화됐다.

그것은 중국 침략에도 이용됐다. 재일조선인이 생겨난 것과 마찬가지로, 일본의 패전 때까지 400만 명이라고도 하고 600만 명이라고도 하는 조선인이 전 세계에 이산했지만, 중국 둥베이東北 지역에도 200만의 재중조선인이 생겨났다. 일본은 그들 재중조선인을 한편으

〔그림 7〕 1952년 체제의 성립(인종주의 벽의 연속성)

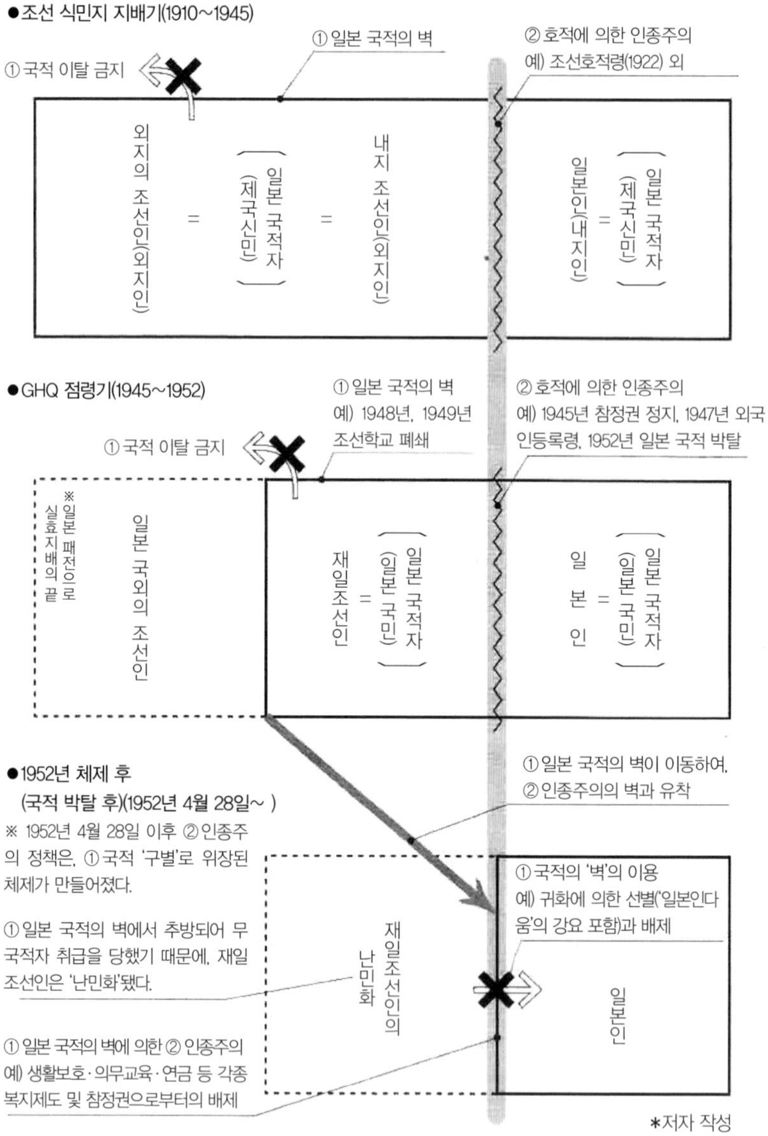

*저자 작성

론 일본 국적자로서 '자국민' 보호를 명목으로 침략 구실로 '이용'하고, 다른 한편으론 그곳에서 조선 독립운동을 하는 사람들을 '토벌'하기 위해 일본군을 파견했다. 조선인의 국적 이탈(중국 국적 취득)이 금지됐던 것이 여기에서 도움이 됐다.

그러나 국적의 벽만으로는 조선인과 일본인 사이에 법적 구별이 없어질 두려움이 있다. 그 때문에 호적이라는 인종주의의 벽을 설치하고(1909년 민적법, 1922년 조선호적령) 내지호적과 외지호적으로 나누어 동시에 이동을 금지하고, 법적으로 둘을 철저하게 구별하는 체제를 만들었다.

결국 식민지 지배는 일본 국적의 벽에 의해 대일본제국 신민으로서의 의무를 강요하며, 동시에 호적이라는 인종주의의 벽에 의해 식민지 출신자의 권리를 제한하는 인종주의 법제로 유지됐다. 이때의 조선인 지배 법제는 전후에도 재일조선인을 대상으로 계속 이어지게 된다.

GHQ 점령기의 국적과 인종주의

일본 패전/조선 해방 후 재일조선인은 자신들을 해방민족(요컨대 연합국 측의 국민)으로 공인해달라고 일본 정부와 GHQ에 요구했다. 하지만 일본 정부는 이를 거부하고, 끝까지 일본 국적의 벽에 가두려고 했다. 해방민족으로 공인할 경우 재일조선인에 의한 식민지 지배의 책임 추급과 민족교육권의 요구를 부정하고 재판관할권에 복종시키는 것이 어려워지기 때문이다. GHQ는 국적 문제에는 애매한 태도를 취했다. 그러나 공산주의의 봉쇄를 위해 일본을 '반공의 성

채'로 삼는 미국의 동아시아 전략의 추진을 우선시하면서 결국은 일본 정부의 주장을 받아들였다.

간단하게 추이를 보면, 우선 1945년 11월 1일 유명한 GHQ의 '초기의 기본지령'(일본 점령 및 관리를 위한 연합국 최고사령관에 대한 항복 후 초기의 기본지령)에는, "대만계 중국인 및 조선인을 군사적 안전이 허용되는 한 해방민족으로서 취급한다. 그들은 본 지령에 사용되는 '일본인'에는 포함되지 않지만 일본 신민이었으며, 필요한 경우 귀관은 적국민으로 처우할 수 있다"라고 명기되어 있다.

요컨대 GHQ에게 재일조선인은 기본적으로 '해방민'이지 일본 신민은 아니다. 그러나 그것은 어디까지나 '군사적 안전이 허용되는 한'의 일이며, '필요한 경우'에는 '적국민'=일본 신민=일본 국적자로서 취급해도 된다는 내용이다. GHQ는 그 후 재일조선인을 전전과 다르지 않은 인종주의 정책의 전제적인 지배하에 두려는 일본 정부의 강력한 요구사항들을 사실상 추인해 나갔다. 조선학교 폐쇄, 조련 해산도 그런 예이지만, 조선학교 폐쇄의 구실 중 하나가 교육기본법에 기초한 일본인과 같은, 즉 '국민'의 '의무교육'이었다.

이 시기에 재일조선인은 전전과 변함없이 '국적의 벽' 내부에 갇혀 있었고, 여전히 그것을 이용한 인종주의 정책으로 탄압받았다.

예를 들어 1945년 12월의 참정권 정지와 1952년 체제의 원형이 된 1947년 5월 2일의 외국인등록령이 그것이다. 패전 직후인 1945년 12월, 개정된 선거법의 부칙 "호적법의 적용을 받지 않는 자의 선거권 및 피선거권은 당분간 정지한다"라는 표현에 의해 재일조선인의 참정권은 정지됐다(호적법은 '내지호적'에 속한 자, 즉 일본인에게만 적용되기 때문에 조선 호적에 속한 조선인의 선거권은 정지됐다). 이것은 천황제 폐지를 주장할 것으로 예상되는 재일조선인을 배제할 목적이었다.

개정 선거법에서는 여성의 참정권이 처음으로 인정됐고, 이 선거에서 선출된 의원들이 일본헌법을 만들었다. 요컨대 일본의 전후 민주주의를 지탱하는 신헌법의 탄생 때부터 재일조선인은 식민지 시기와 같은 호적이라는 인종주의의 벽에 의해 배제됐다.

1947년의 외국인등록령에서도 재일조선인은 일본 국적을 강요받은 채로, 인종주의의 벽(호적)을 이용하여 적용 대상이 됐다.

외국인등록령은 후에 외국인등록법(1952년 4월 28일)과 출입국관리법을 겸한 것이었지만, 외국인(비일본 국적자)의 입국을 원칙적으로 금지했다. GHQ 점령기에 새로 입국하는 외국인을 규제하기 위해서다. 국내에 이미 들어와 있는 외국인에게는 등록을 비롯한 여러 가지 의무를 부여하고, 위반자에게는 형벌을 부과하고, 최종적으로는 강제퇴거(강제송환)를 가능하게 했다.[17] 다만 이것뿐이라면 국적의 벽에 기초한 일반적인 출입국관리법으로 보일 수 있다.

문제는 외국인등록령 제11조에서 "조선인은 이 칙령(외국인등록령)의 적용에 대해서는 당분간 이들을 외국인으로 간주한다"라고 한 점이다(이 시점에 재일조선인은 일본 국적 보유자다). 단, 이 조항이 삽입됨으로써 외국인 일반을 관리하는 출입국관리법제가 조선인 탄압법이라고 할 만한 인종주의법으로 돌변했다. 중요한 점은, 이는 명백한 인종주의법인데도 형식적으로는 어떤 외국인도 국적의 벽에 따라 '평등'하게 취급한다는 일반적 출입국관리법으로 위장되어 있다는 것이다. 이 인종주의 정책의 '평등한' 출입국관리법제로의 위장은 1952년 체제로 완성된다.

일본 국적의 벽에 가두면서 '외국인등록'을 강요한 일본 정부는 재일조선인의 국적란에 일률적으로 '조선'으로 기입했다. '조선적'은 이렇게 일본 정부에 의해 만들어진, 식민지 시대의 조선 호적 등록자를 의미하는 표시였다. 1947년 당시는 남북한 정부가 수립되기 전이다. '조선'이라는 표시를 '북한 국적'으로 착각하는 사람이 많은 것은 이러한 인종주의의 전후사가 숨겨져 있기 때문이기도 하다(그렇지만 일본에 북한 국적 보유자가 없는 것은 아니다).

이렇게 문제가 있는 외국인등록령이 5월 2일, 헌법 발포 전날에 제정된 데는 이유가 있다. 신헌법 발포 이후에 법률은 의회의 심의를 받아야 했다. 만약 의회에서 노골적인 조선인 탄압 법규인 외국인등록령을 심의할 경우 난항이 예상됐다. 따라서 의회를 통과하지 않고서도 발포가 가능한 쇼와 천황의 최후 칙령으로, 헌법 발포 전날에 발포했다.

또 외국인등록령은 인종주의의 벽으로 재일조선인을 잠재적인 '범죄자'로 만들었다. 경찰은 전원이 '잠재적 밀입국자'라는 전제에서 재일조선인을 수사하고, 경미한 죄도 체포하며, 사회운동과 민족단체를 탄압했고, 원한다면 한국으로의 강제송환도 할 수 있었다.

역시 1951년에 제정된 출입국관리령에 대해서도 일본 정부는 외국인등록령과 마찬가지로 "일본인으로 호적법의 적용을 받지 않는 사람"은 "외국인으로 간주한다"는 조항을 부칙에 넣으려고 했다. 하지만 이때는 GHQ의 강경한 반대에 부딪혔다. 국내에 재류하는 외국인을 주로 등록한 외국인등록령에 비교해, 1951년 출입국관리령은 일본으로의 주권 반환을 기대하고, 일반적인 외국인의 출입국관리를 규율하기 위해 미국의 이민국적법('이민귀화법'이라고 번역하기도 한다)을 모델로 해서 만들어진 것이다. 이민자 수를 조절할 목적으로 한, 상세한 퇴거강제 절차를 지닌 일반적인 1951년 출입국관리령을 여권도 비자도 가질 방법도 없이 이미 거주하고 있는 재일조선인과 대만인에게 적용하는 것은 큰 무리였다.[18]

인종주의법을 계속 유지하고 싶은 일본과, 반공주의만 관철하면 되는 미국의 입장이 반드시 일치하지는 않았기에, 결국 출입국관리령의 '간주' 규정은 좌절됐다.

그렇지만 고작 반년 후 일본 정부는 염원하던 대로 출입국관리령을 재일조선인에게 전면적으로 적용하는 데 성공했다. 1952년 4월 28일의 일본 국적 상실 조치가 이와 같은 역할을 다했기 때문이다.

1952년 4월 28일의 일본 국적 상실 조치

샌프란시스코 강화조약의 발효일은 전후 역사상 하나의 기점이 됐다. 일본은 서구의 자본주의 국가들과만 평화조약(단면 강화)을 발효했으며, 동시에 구舊 미일 안보조약도 발효되어 군정하에 있던 오키나와는 일본에서 떨어져 나갔다. 그리고 이날은 구식민지 출신자들의 일본 국적이 박탈된 날이며, 오늘날까지 외국인관리법제의 근간을 이루는 '1952년 체제'가 성립한 날이기도 하다.

국적 상실 조치는 1952년 4월 19일 자에 전달된 한 편의 통첩(법무부 민사국장 통첩 제438호)에 기초한다. 통첩은 "조선 및 대만은 조약의 발효일부터 일본 영토에서 분리되는 것이기 때문에, 이와 함께 조선인 및 대만인은 내지에 사는 사람을 포함하여 모두 일본 국적을 상실한다"라고 했다. 그리고 국적 '상실' 후에 일본 국적을 취득하려면 "일반 외국인과 마찬가지로 오로지 국적법의 규정에 의한 귀화 절차에 따를 것을 요한다"라고 했다. 샌프란시스코 조약에 따라 조선은 독립했고, 원상 복귀가 필요하므로 국적도 '상실한' 것이라고 일본 정부는 말한다.

그러나 이 조치는 몇 가지 문제가 있었다.

① 애초에 샌프란시스코 조약에는 재일조선인 국적에 대해 아무런 규정이 없다. ② 샌프란시스코 조약을 맺은 샌프란시스코 강화회의에는 조선인이 한 명도 참석하지 않았으며, 따라서 그들의 의사도 반영되지 않았다. ③ 국적 선택권이 전혀 인정되지 않았다(다른 구종주국/식민지에서는 인정된 사례가 있다). ④ 헌법 위반이다(헌법 제10조 "일본 국민의 요건은 법률로 이것을 정한다.").

그리고 앞에서 서술한 대로, 국적 박탈에 의해 약 60만 명의 구식민지 출신자는 일본 국적의 벽 안에서 밖으로 내몰리고, 그 결과 GHQ의 강력한 반대로 좌절됐던, 일본 정부가 그토록 원하던 출입국관리령의 전면 적용이 깔끔하게 가능해졌다.

법률 제126호

그렇지만 약 60만 명의 '외국인'은 애초에 '입국'하지 않았기 때문에 이대로라면 출입국관리령에 따른 어떤 재류 자격도 가지지 않는다. 그렇기 때문에 일본 정부는 '포츠담 선언 수락에 따른 외무성 관계 제諸 명령 조치 관련 법률'(1952년, 법률 제126호)을 제정하여, 구식민지 출신자는 당분간(정확히는 '별도로 법률로 정한 바에 의해, 그 사람의 재류 자격 및 재류 기간이 결정되기까지의 기간') 재류 자격 없이 재류해도 좋다는 조치를 취했다. 이 법은 이름이 길기 때문에 '법률 제126호'라고 불린다.

법률 제126호는 재일조선인의 역사와 실정을 언급하며, 그 존재를 공인하고 생활을 보장하려고 하는 차별금지법과 소수자 권리보장법과는 완전히 이질적인 법률이었다. 반대로 무리하게 국적을 잃게 한 재일조선인에 대해 당분간은 일본에 있어도 좋다고 하는, 임기응변적이고 차별적인 조치였다. 법률 제126호의 내용에 대해서는 뒤에서 다시 설명하겠다.

1952년 체제의 성립이 지니는 의미: 국적의 벽과 인종주의의 벽의 유착

① 역사와 존재의 말살

국적 박탈과 1952년 체제의 성립에 관해 다나카 히로시田中宏는 다음과 같이 지적했다.

> 재일조선인의 국적 문제는, 제1차 세계대전 후의 베르사유 조약에 있는 국적 선택 방식을 염두에 두면서 결국은 국적을 일제히 상실하게 만들고 그 후 일본 국적 취득은 '귀화'의 방식으로 대처한다. 그때도 '일본 국민이었던 사람'으로도 '일본 국적을 상실한 사람'으로도 나누지 않고 완결했다.
>
> 그것은 예전에 '제국 신민'이 될 것을 강제했던 대상을 일반 외국인과 똑같은 조건으로 귀화심사를 한다는 것을 의미하며, 멋지게 '역사 말살'이 이루어진 것이라고 할 수 있겠다.

애초에 귀화라는 것은 일본 국가가 완전히 자신들의 취향에 따라 상대를 자유롭게 '선택'할 수 있는 제도다. 앞에서 본 독일에서의 국적 선택은 오스트리아인의 선택에 서독이 따르는 제도로, 일본과는 전혀 정반대다.

이렇게 해서 일단 '외국인'으로 규정해버리면, 나중에는 일본 국민이 아니라는 이유로 국외 추방도 가능하고, 여러 가지 '배제'와 '차별'도 모두 국적에 의해 '정당화'된다. 이런 방식이 기본적으로 지금까지 유지되고 있다."[19]

재일조선인의 역사와 존재 자체가 '없었던 것'이 된다는 점에 주목하길 바란다.

② 일본 국적의 벽과 인종주의의 벽의 유착

1952년 체제가 성립하면서 일본 국적의 벽이 재일조선인을 제쳐두고 이동하여 인종주의의 벽과 유착하게 됐다. 이에 따라 일본 정부는 이제 조선 국적 등의 아파르트헤이트 같은 공적인 인종주의법 및 정책을 만들 필요가 없어졌다. 국민국가에서 당연히 볼 수 있는 출입국관리법제와 국경 관리가 이용하는 '국적의 벽'을 이용하면, 인종주의 정책과 같은 효과를 얻을 수 있기 때문이다.

'인종주의의 벽'이 국적의 벽과 유착하여 마치 인종주의를 '국적 구별'인 것처럼 위장하는 이 1952년 체제야말로 일본의 인종주의 정책을 선진국 사이에서도 가장 보이지 않게 하는 구조 중 하나다.(140쪽 〔그림 7〕).

③ '법 앞의 평등'을 철저히 하면 할수록 인종주의가 강화되는 메커니즘 성립

1952년 체제를 떠받치는 기둥 중 하나인 1951년 출입국관리령의 모델이 된 것은 인종주의법이라는 비판을 받아 대통령이 서명을 거부한 적이 있는 미국의 이민국적법이며, 한국전쟁 시기에 만들어졌다.[20] 이 출입국관리령은 여권과 비자를 가지고 입국하여 재류 자격이 인정된 외국인을 상정하고 있으며, 그렇지 않은 위반자를 강제송환하는 데 초점을 두고 있다.

법령상 '상정 외'인 여권과 비자, 재류 자격을 가질 방법도 없이 이미 일본에 거주하고 있던 60만 명의 재일조선인에게 다른 외국인과 '평등'하게 똑같이 출입국관리령을 적용되면 어떻게 될까?

일본 국적의 박탈은 1952년 체제와 짝이 되어 재일조선인의 '난민화'로 귀결됐다.[21] 정식 재류 자격도 없이, 생존권의 가장 기본적인 요소인 거주·재류권이 강제퇴거될 위협에 놓이는 것만이 아니다. 자신들이 '밀입국자'가 아니라는 것을 입증할 수 없으면, 일본에서 살 수조차 없게 된다. '왜 식민지 지배 책임을 지지 않는가?'라는 물음에 귀를 기울이지 않는 일본 정부에게 반대로 '왜 너희들은 일본에 있는가?'라는 질문을 받아야 하는 처지가 됐다. 예를 들어 전후 독일에서 유대인이 '왜 이스라엘로 돌아가지 않는가?' 하고 힐문당하는 것과 같은 억지스러운 상황이다.

요컨대 '외국인으로서의 평등'을 강조할수록, 재일조선인에 대한 인종주의 정책이 강화됐다.

이렇게 국적의 벽을 따라 '법 앞의 평등' 원칙만으로 인종주의 정책을 가능하게 한 국적 박탈과 1952년 체제는 특별영주 자격 등을 공격하는 '재일특권' 유언비어를 뒷받침하는 법적 기초가 됐다.

1952년 체제가 미친 영향

1952년 체제는 오늘날까지 재일외국인 정책의 기둥으로 존재한다. 그것은 그 후의 반대차별운동에도 큰 영향을 미쳤다. 재일조선인에 대한 인종주의 정책은 출입국관리령 등 국적을 이용하는 형태를 취했다. 오카모토 마사다카가 지적한 대로 "일본의 경우 1980년대 중반까지 재일외국인≒재일구식민지 출신자인 한민족과 중국민족이며, 정부의 구식민지 출신자에 대한 민족정책이 국적 박탈과 그 후의 국적 조항, 동화를 요구하는 귀화제도로 행해졌고, 민족차별이 '국적 구별'로 위장되어 민간에서도 외국인 차별≒민족 차별로 행해져왔다."[22]

따라서 반차별운동 측도 인종주의를 없애려고 해도 인종주의와 유착한 국적의 벽을 어떻게 무너뜨릴 수 있을까 하는 형태로 질문하지 않을 수 없었다. 그 결과 1970년대 이후에 등장하는 많은 시민단체의 차별철폐운동은 취직·복지·주택·참정권 등 각종 권리를 제한하는 '국적 조항의 철폐'를 당면 목표로 삼지 않을 수 없었다. 더 나아가 일반적인 인종주의를 규제하기 위한 규칙(룰) 만들기와, 그것을 위한 새로운 사회적 회로를 개척하는 것은 어려웠다. 또 이 유착의 문제는 사상적으로도 인종주의와 내셔널리즘의 혼동을 야기하여, 이론적인 혼란과 엇갈림을 낳는 요인이 됐다.

1952년 체제 아래 재일조선인의 무권리성

1952년 체제의 문제는 다음 세 가지로 더욱 심각해졌다.

첫째, 일본의 국적법이 혈통주의라는 점이다(1985년 이후에 부모 양쪽 혈통주의가 되기까지 부계 혈통주의였다). 앞에서도 말했듯이 출입국관리령의 모델은 출생지주의 국적법과 일체의 이민 수용을 상정한 미국의 이민국적법이지만, 그중 엄격한 출입국관리 부분만을 가져다 혈통주의 국적법을 가진 일본으로 이식했다. 이 때문에 정주 외국인은 2세 이후 대를 내려갈수록 법적 지위가 불안정해졌다.

둘째, 전후 일본에는 반인종주의법(차별금지법)이 만들어지지 않았다는(제5부 참조) 점이다.

셋째, 소수자의 권리를 보장하는 정책이나 법률도 전혀 만들지 않았다는 점이다.

따라서 전후 일본은 차별금지법도 정주 외국인의 인권을 보장하는 외국인 정책도 전혀 없는 채 입국 관리를 위한 1952년 체제가 그대로 외국인 정책을 대신하게 됐다.

1952년 체제의 입장에서 보면, 일본 국적을 가지지 않은 사람은 누구도 권리가 없다는 것이 대원칙이다. 이것을 잣대로 삼으면, 일본에서 정주하는 외국인이 일정한 권리를 인정받으며 사는 것은 '특권'이 되어버린다. 그 때문에 본래는 차별이라고 할 재일조선인에 대한 각종 '제도'가 지금 '특권'이라며 맹공격을 당하고 있다. 그 원형이라고 할 수 있는 것이 1952년 체제의 세 번째 축인 '법률 제126호'다.

특별영주 자격의 원류가 된 법률 제126호

앞에서 서술한 대로 1952년 체제의 기둥을 이루는 출입국관리령과 외국인등록법은 여권과 비자가 없는 재일조선인 모두를 불법체류자로 만들어버린다. 법률 제126호가 만들어졌지만, 이것도 권리보장이라고는 할 수 없다.

그 대상이 다음과 같이 매우 한정적이기 때문이다. ① 1945년 9월 2일부터 1952년 4월 28일까지 계속해서 일본에 살았던 구식민지 출신자(국적 상실자), ② 그 사람이 1952년 4월 28일까지 낳은 아이에 한한다. 이 기간 내에 한 번이라도 한반도에 다녀온 사람은 제외된다. 또 한국전쟁으로 난민이 되어 가족을 의지해 일본으로 도망온 사람도 예외다. 식민지 시대 한반도와 일본 사이에 국경을 넘는 생활권(가지오 히데키)이 만들어져, 왕래가 잦은 식민지 출신자에게는 너무나도 실정에 맞지 않는 무리한 카테고리였다.

게다가 법률 제126호에 의해 재류 자격 없이 체재할 수 있었던 재일조선인이 1952년 4월 29일 이후에 낳은 아이에 대해서는 어떤 규정도 없었다. 그 아이에게 국적의 벽에 따라서 '평등'하게 출입국관리법을 적용할 경우 불법 체류자가 되어버린다.

그래서 정부는 그 아이를 '특정재류特定在留'라는 이름으로 3년에 한 번 허가를 갱신해야 하는 불안정한 법적 지위로 몰아넣었다. 또 그 아이의 아이(손주)는 허가 갱신이 3년 혹은 1년으로 짧아진 '특별재류' 대상으로 삼았다.[23]

결국 법률 제126호는 법률상의 '이산가족'을 만들어내는 기능을 했다. 가족·친족 내부에서 법적 지위가 제각각이 됐고, 더구나 아들·손자로 대가 내려갈 때마다 법적 지위는 더욱 불안정해졌다.

실제 법률 제126호에 해당하지 않는다는 구실로 강제송환된 재일조선인은 많다. 『재일조선인의 기본적 인권在日朝鮮人の基本的人權』[24]에는 1938년 오사카 태생인 재일조선인 P의 사례가 실려 있다.

그녀는 아버지를 남기고 1946년 가을에 가족과 함께 귀국했다. 그러나 먼저 일본으로 돌아온 오빠를 의지하여 1954년에 '불법 입국'했고, 1960년에 재일 남성(법률 제126호 대상자)과 결혼하여 두 아이를 낳았다. 아이가 학교에 들어갈 나이가 되자 도쿄 출입국관리국에 '불법입국'을 신고했고, 두 아이와 함께 강제퇴거명령서가 발부됐다.

이 강제퇴거명령서 발부를 다투는 행정소송에서, 당시 법무성 입국관리국에 근무하던 마쓰야마 노보루增山登 입국관리 심사과장은 "내가 이해하는 출입국관리령은 일본에 거주하는 외국인의 생활이 안정될 수 없도록 만들어져 있습니다. 매우 불안정하게 만들어졌지요. 안정된 경우는 영주권을 가졌을 경우뿐"(1969년 9월 18일, 도쿄지방재판 민사 제2부)이라고 공언했다.

이 법률 제126호 대상자(와 그 자손)의 법적 지위를 겨우 '안정'시켜주는 것이, 1991년의 출입국관리특례법에 의한 특별영주 자격이다(215쪽에서 설명). 그렇지만 그것도 원칙적으로 사전에 입국허가를 받지 않고 한 번이라도 출국하면 재류 자격을 잃기 때문에 강제송환될 위험이 전혀 없는 것은 아니다. '영주권'이라고 말하기 힘든 위약한 권리였다. 그런데도 특별영주가 '특권'으로 보이는 이유는 무엇인가?

주의할 점은 '법률 제126호'가 1952년 체제에서 차지하는 위치다. '국적의 벽'을 이용한 출입국관리령 및 외국인등록법은 원칙적으로 모든 외국인을 무권리자로 나눈다. 그런데 '법률 제126호'(및 176쪽 23째 줄 이하에서 다루는 협정영주와 특별영주를 포함한다)는 형식적으로는 구식민지 출신자만을 예외로 함으로써, 말하자면 특별대우하기 위한 법률이 됐다.

실질적으로 1952년 체제는 어디까지나 인종주의의 벽을 국적의 벽으로 위장한 출입국관리법제(출입국관리령, 외국인등록법)를 주축으로 한 재일조선인에 대한 인종주의 법제다. 그런데 그 형식만을 보면 **재일조선인 등 구식민지 출신자에게만 다른 외국인에게 없는 출입국관리법제상의 특별대우를 강구하고 있는** 것처럼 보이게 하는 구조를 지닌다.

1952년 체제가 오늘날 '재일특권'의 헛소문의 근거가 되고 있는 이유가 여기에 있다. 출입국관리법이 잣대가 되어, 예외·특별 취급을 하는 것으로밖에 '처우 개선'이 이루어질 수 없는 법적 구조가 실제로는 인종주의 정책의 산물임에도 불구하고, 형식상으로는 특권인 것처럼 위장됐다.

조선학교 보조금 삭감과 1952년 체제

전후 일본 정부가 인종주의와 소수자 권리 보장에 기초한 외국인 정책을 마련하지 않고 있으면서, 그 결과 출입국관리 이외의 분야에서 사실상 외국인 정책을 대신해온 것이 1952년 체제였다. 이 책에서는 이후 권리보장 정책이 전혀 없는 상태로 출입국관리법제(국적의 벽)가 지니는 광범위한 재량권에 의거한 정부의 인종주의 정책 일반을, 넓은 의미에서의 1952년 체제로 포함시키기도 한다.

마지막으로 교육 분야에서 1952년 체제가 어떻게 기능했는지를 살펴보기로 한다.

1952년 체제에서 일본 정부는 재일조선인의 교육권을 공교육에서도 인정하지 않고, 민족교육 권리도 인정하지 않았다.

도쿄에서 조선학교는 공립학교(도립조선학교)로 계속 존속하고 있었다. 그런데 1952년의 국적 박탈 이후, 일본 정부는 손바닥 뒤집듯이 입장을 바꾸었다. 즉 '외국인'에게는 학교 취학의무가 없으며, 취학은 '특혜'라는 입장으로 바뀐 것이다. 그리하여 1953년 2월 11일, 그러한 취지의 통지를 내렸다.

그리고 1955년에 도쿄도는 '외국인'을 위한 교육에 세금을 써서는 안 된다는 논리로, 도립조선학교를 폐교시켰다.

결국, 일본 정부의 조선학교와 조선인(외국인)에 대한 교육정책은 다음과 같았다.

첫째, 교육의 의무와 권리는 일본 국적 보유자에게만 허용된다. 따라서 외국인이 학교에 다니는 것은 '특혜'이므로 언제라도 입학과 취학을 거부할 수 있다. '소란피우지 않겠다'는 서약서를 쓰지 않으면 입학을 허용하지 않는 경우도 많았다.

둘째, 조선학교와 외국인학교는 일본의 교육체계에서 배제됐다.

요컨대 조선인은 (일본 국적이 아닌 한) 특혜로서밖에 일본 학교에도 다닐 자격을 가지지 못하고, 민족교육을 원하면 교육체계 및 보장의 테두리 밖에서 자주적인 교육을 할 수밖에 없다. 이것은 사실상 인종주의에 의한 '격리정책'이라고 할 수 있다. 이런 정책은 현재까지 계속되고 있다.

재일조선인은 그런 상황에서, 일찍이 혁신 자치단체로 활동하며 조선학교의 권리를 향상시키는 투쟁을 해왔다. 그것이 일정한 성과를 거둔 것은 1960년대 이후의 일이며, 각종학교로서의 인가와 보조금도 그 획득물 중 하나였다.

그렇지만 조선학교에 대한 보조금은 미미하다. 명목이나 금액도 제각각으로 평균 금액은 2009년에 공립학교의 10분의 1, 사립학교의 3분의 1에서 4분의 1에 불과하다.[25]

국가가 법률·정책으로 정한 권리가 아니라, 자치단체의 재량에 의해 만들어진 조선학교의 보조금은 너무나 위약한 '권리'였다. 가져야 할 권리에서 보면 당연히 차별정책이다. 그렇기 때문에 보조금이 재특회 같은 인종주의자의 공격 목표가 되면, 쉽게 폐지되거나 축소되어왔다.

다시 말하자면, 그런 '공격'의 기준은 현 정권도 대전제로 하는 1952년 체제다. 혐오표현이 빈번한 상황에서의 인종주의는 재일조선인의 '권리'를 1952년 체제에 맞추어, 정말로 '전혀 없도록' 하려는 것이다.

제3장

조고생 습격사건
(1960년대~1970년대)

이제까지 보아온 인종주의 폭력(간토대지진 때의 조선인 학살과 요리이 사건)의 가해자는 모두 전전에 태어나 군국주의 교육을 받은 세대의 일본인이었다.

그렇지만 지금부터 살펴볼 조고생 습격사건은 전후에 태어나 민주주의 체제에서 교육을 받은 젊은 세대의 학생들이 일으킨 일이다. 그러한 의미에서 1962년 이후에 빈번해진 이 사건은 '전후적 특질'(오자와 유사쿠小澤有作)을 가진 새로운 인종주의 폭력 현상이다.

조고생 습격사건의 사례

이즈쓰 가즈유키井筒和幸 감독의 영화 「박치기!」를 아시나요? 1970년대 교토가 무대이며, 조선학교 여학생과 그녀에게 첫눈에 반한 교토부립고등학교에 다니는 남학생의 연애를 중심으로, 조선고교와 일본 학교 사이에서 전개되는 '항쟁'을 그린 청춘 영화다.

타이틀인 '박치기'(재일조선인이 싸울 때 많이 이용한다고 한다)가 의미하는 대로, 이 영화는 재일조선인과 일본인 학생 사이에서 일어난 '항쟁'을 '싸움'으로서 그리고 있다. 물론 당시 실제로 양자 사이에 싸움이 끊이지 않았을 것이다(일본인끼리도 그랬듯이). 그렇지만 그것은 결코 '대등한' 싸움이 될 수 없었다. 실상은 조선인 측에 대한 비대칭적인 인종주의 폭력 그 자체였다.[1]

「박치기」에는 일본인 학생이 조선고등학교에 축구 친선시합을 신청하러 가는 장면이 나온다. 일본인 학생에게 조고생 범호는 이렇게 말한다.

"가나가와조고의 선배도 호세이2고法政二高에게 죽임을 당했다."

이 사건은 실제로 1962년 가나가와에서 일어났다.

호세이2고 사건

가나가와조고 1학년인 신辛 군(원문에는 이름도 있지만 생략했다. 이하 같음. 열다섯 살)은 동급생 한 명과 함께 호세이대학 제2고등학교의 '2고二高 축제'를 구경하러 갔다. 이 학교 사격부 전시실에서 전시품을 보고 있을 때였다. 공기총을 거꾸로 잡은 호세이2고 2학년 F가 신 군의 등 뒤에서 머리 부분을 총대로 연달아 두 대 쳤다(그 충격으로 총의 몸통이 꺾였다). 옆 교실로 도망친 신 군은 쫓아온 F에게 다시 총의 몸통으로 난타당해 두개저골절 뇌좌상으로 사망했다. F는 포악한 성격으로 사격부에서 쫓겨난 적이 있으며, 살인 동기는 분명하지 않다. 그 후 고쿠시칸國士館고등학교를 거쳐 같은 대학에 입학했다.[2]

이것이 1962년 11월 3일에 일어난 호세이2고 사건이다. 이 사건을 전후해서 조선고교에 다니는 고등학생(일부에서는 중학생도 포함된다)을 겨냥한 집단폭행·린치사건이 10년에 걸쳐 계속 일어났다. 이른바 조고생 습격사건이다.

1963년 여름까지의 사례

1962년부터 1963년 여름에 걸쳐 다른 사례를 살펴보겠다. 총련계 출판사인 조선신보사朝鮮新報社가 출판한 일본어판 주간지 『조센시보朝鮮時報』에는 「빈발하는 살상·방화사건: 한·일 양국 시민에 대한 노골적인 이간 책동」이라는 기사가 실렸다.[3]

도쿄 조선중고급학교 관계 사건

① (1963년) 5월 17일 오후 7시 40분경, 국철(지금의 JR) 중앙선 무사시고가네이むさし小金井역에서 다쿠쇼쿠拓殖대학 제1고등학교 학생 도모토 사부로東本三郎 외 두 명과 대학생으로 보이는 한 명이 저지른 살인미수사건. 조고생 세 명이 플랫폼에서 전철을 기다리고 있었다. 그때 건너편 홈에 있던 다쿠쇼쿠대학 제1고등학교 학생 네 명이 이들을 불렀다. 그러고는 그중 한 명이 칼을 꺼내 들더니 "네놈들 조고생이지?" 하며 갑자기 권 군(16세)을 찔렀다. 근처 쇼와병원으로 옮겨졌으나 간장까지 찔려 과다출혈로 빈사상태의 중상을 입었다. 더구나 칼로 찌르면서 비틀기까지 한 잔학한 사건이었다. 그러나 고가네이경찰서는 가해자가 네 명(증언자 다수)인데도 고등학생 한 명만을 체포하여 형식적인 취조를 하며 범인을 감쌌다. 오히려 피해자를 범

인 취급했다.

② 5월 2일 오후 4시 50분경 국철 야마노테선山手線 시부야역에서 일어난 고쿠시칸 고교생에 의한 집단폭행 상해사건. 시부야역을 나가던 조고생 네 명을, 고쿠시칸 고교생 20여 명이 "조고 놈들이지?" 하고 불러 세워 에워싸더니 검도용 칼 등으로 집단폭행했다. 그중 변 군(15세)은 칼로 오른쪽 허벅지를 찔려 깊이 8센티미터, 상처 부위 5센티미터의 중상을 입었다. 세타가야世田谷경찰서는 사건 조사에 성의를 보이지 않았고, 며칠 후 이 사건에 대해 고쿠시칸고교에서 앞으로 선처책을 협의하겠다고 하며 이 학교를 방문한 도쿄조고 대표자가 이 학교 학생들의 피켓 농성에 포위되어 있는데도 방관했다. 그뿐 아니라 돌아오는 길에 경찰차로 집요하게 미행하면서 오히려 감시하는 듯한 태도를 보였다.

③ 그 밖의 수상한 사건. (가) 3월 7일, 도쿄조고 교사校舍 일부가 대낮에 원인불명의 화재로 소실됐다. 그로부터 이틀 후 우익 정당원이라고 하는 자로부터 조고생에게 수상한 전화가 걸려왔다.

(나) 4월 13일 오후 8시 40분경 일여덟 명의 일본 청년이 이 학교 정문 앞으로 자동차를 몰고 들어와서 막대기, 맥주병, 돌멩이 등을 던지고 도주했다.

(다) 5월 8일 오후 5시경 도쿄도 다치카와立川 시내에서 도쿄조고생 한 명이 일본 학생 몇 명에게 "조고 맞지?" 하며 집단폭행을 당했다. 같은 날 국철 중앙선 전철 안에서 같은 학교 학생 한 명을 몇 명의 불량배들이 둘러싸서, 역으로 끌고 내려와 선로 위로 떨어뜨렸다. 다행히 일본 시민의 도움으로 불상사는 없었지만, 몇 초만 지체했어도 전철에 치일 뻔했다.

(라) 5월 10일 오후 6시경 국철 아카바네선赤羽線 주조十条역 앞에서 니혼日本대학 부잔豊山고교 학생 일여덟 명이 조고생이라고 사칭하며 일본인 노동자를 집단폭행한 사건이 있었다.[4]

기사에서는 3월 16일부터 5월 24일까지 이와 유사한 사건이 24건이나 더 있었다며 열거했다. 그중에는 일본 경찰 당국에 의한 부당심문, 미행, 협박도 들어 있다. 또 일본의 불량학생이 조고생 배지를 뺏으려고 한 사건도 몇 건 있었다.

도쿄 조선중고급학교 한 곳에서만 이 정도이고, 그 밖에 가나가와, 이바라키茨城, 규슈, 아이치, 오사카에서도 폭행·미행·상해·살인·방화·협박 등의 사례가 열거됐다. 주목할 점은 폭력의 수준이다. 5월 17일에 일어난 자상사건의 경우는 칼로 배를 찌르기만 한 것이 아니라 칼을 '비틀어서' 과다출혈을 일으킨 악질적인 범죄였다.

살해에 이른 경우는 앞에서 본 호세이2고 사건(가나가와조고 피해) 이외에도 더 있다. 규슈 오쿠라小倉시의 구舊국철 묘신妙津역 부근을 걷고 있던 열여섯 살의 남학생이 몇 명에게 습격당했다. "예리한 칼에 찔려 출혈과다로 몇 분 후에 사망"한 사건이다. 경찰은 "범인 체포에 성의를 보이지 않았고" 오히려 피해자를 병원으로 옮긴 반 친구 두 명을 "경찰서로 연행하여 늦은 밤까지 취조"[5]했다.

이 사건이 일어난 것은 1962년 7월이다. 조고생 습격사건은 호세이2고 사건 이후에 빈발했다고 하지만, 4개월 전에도 이 같은 살해사건이 일어났었다.

1970년대의 사례

조고생 습격사건은 이후에도 계속됐다. 〔표 2〕에서 보듯이 한일·북일관계 뉴스 등 계기가 있을 때마다 10년 이상 지속적으로 일어났다. 다음은 1970년대의 사례다.

> 1973년 6월 11일 오후 4시 40분경 하교 중이던 조고 2학년인 이 군 등 열여섯 명은 신주쿠역 8번선 플랫폼의 남쪽 출입구 계단을 올라갔다. 그러자 오다큐선小田急線 연결 출구 부근에 있던 고쿠시칸대학 학생과 고등학생 20~30명 정도가 각자 목검, 각목 끝에 못을 박은 흉기, 쌍절곤 등을 가지고 "지금이다. 해치워"라는 지시와 함께 일제히 습격해왔다. 미처 도망가지 못한 이 군은 고쿠시칸 학생 대여섯 명에게 붙잡혀 구타당하고 발로 차여 그 자리에서 정신을 잃었다. 고쿠시칸 학생은 힘껏 발로 차는 등 폭행을 더하며, 역에 있던 높이 70센티미터, 가로 40센티미터, 무게 60킬로그램의 철제 쓰레기통으로 이군의 머리를 내려치고, 높이 70센티미터 정도의 담뱃재떨이로 구타했다. 이 군이 의식불명이 되어 꿈쩍도 못 하자, "도망쳐!"라는 소리를 지르고 고쿠시칸 학생들은 도망쳐버렸다. 이 군은 머리를 열일곱 바늘 꿰매는 중상을 입었다.
>
> 이 군을 구급차에 태운 조고생 열아홉 명이 같은 날 오후 4시 45분경 오다큐선 1층 연결 광장까지 오자, 50명 정도의 고쿠시칸 학생들이 우유병, 콜라병 등을 던졌다. 이때 경찰이 달려왔지만 조고생들을 연행하기 위해서였다.[6]

〔표 2〕 조선 고교생에 대한 집단폭행사건(1962~1973)

연도	사건 수(확인 건)	정치적·사회적 배경
1962	1	'한일회담' 타결운동, 귀국협정 무수정(無修正)연장운동
1963	37	'한일회담' 타결운동, 조국으로의 왕래 자유실현운동
1964	3	'한일회담' 타결운동
1965	3	'한일회담' 타결운동
1966	6	'외국인학교제도' 창설을 위한 '학교교육법 일부 개정법안' 각의 결정
1967	–	재일조선인 귀국협정의 일방적 중단(12월)
1968	14	'외국인학교법안' 국회 상정, 조선대학교 인가운동, 귀국 사업의 재개를 요구하는 운동
1969	19	'출입국관리법안' 국회 상정, 귀국사업의 재개를 요구하는 운동
1970	40	귀국사업의 재개를 요구하는 운동
1971	39	'외국인학교법안', '출입국법안' 국회 상정
1972	33	'외국인학교법안', '출입국법안' 국회 상정
1973 (9월 4일까지)	36	'출입국법안' 국회 상정, 만수대예술단 일본 공연
합계	**228**	

* 유병하, 「조선고교생에 대한 집단폭행사건의 겨냥」, 『통일평론』(통일평론사, 1973년 8월호 수록)에서. 일부 저자 보정.

※ 각 연도의 사건 수를 합치면 '231'건이지만, 그대로 했다.

이 같은 습격사건은 1963년에도 국회에서 문제가 됐다는 것이 국회의사록에 나온다. 그러나 정부는 실효성 있는 대책을 내놓지 않았다. 오히려 조선인 측에 문제가 있다는 차별선동으로 시종일관하며, 피해자인 조선인 학생을 체포하여 조선학교 탄압의 구실로 삼으려고 광분했다.

조고생 습격사건의 개요

이 같은 인종주의 폭력은 얼마나 자주 일어났는가? 일본 정부·자치단체에 의한 독자적인 조사는 전혀 없다. 조선인 단체 측과 인종주의 폭력의 인권 개선을 위해 애쓰는 양심적인 일본 시민이 나서서 조사한 것이 전부다. 아직 충분치 않지만 표를 작성한 유병하에 따르면, 1962년부터 1973년까지 총 228건이 보고됐다([표 2]).

그러나 이 표에는 적지 않은 누락이 있다. 예를 들어 1962년에 발생한 건수는 '한 건'으로 되어 있지만, 앞의 『조센시보』의 기사를 읽으면 살인을 포함한 폭행·습격사건은 규슈 살인사건을 포함하여 적어도 '세 건'을 확인할 수 있다. 게다가 범인을 찾지 못한 방화가 '한 건', 경찰의 학교 습격 '두 건'을 더하면 총 여섯 건이 된다. 그리고 우익 학생의 인종주의 폭력이 단순한 '싸움'으로 처리되어, 기록에도 남지 않은 무수한 사례가 있을 것이다.

또 1973년 7월 4일 중의원 법무위원회의 국회의사록에는, 1966년부터 "고쿠시칸 및 데이쿄상공帝京商工 등 두 학교의 조선인 고교생에 대한 폭력사건은 시민을 포함하여 모두 560번에 이른다"라는 아카마쓰 이사무赤松勇 의원의 발언이 기록되어 있다. 빈발한 조고생 습격사건의 무시무시함을 엿볼 수 있는데, 그 기록은 앞에서 서술한 재일조선인 인권을 지키는 모임 등의 조사에 기초한 것 같다. 이들 사건의 전체상은 지금까지도 정부나 언론에서 전혀 조사하지 않고 있다.

사건의 특징

이 사건들의 특징은 무엇일까? 처음에 만들어진 보고서인 「재일조선 중고생에 대한 인권침해 조사보고서在日朝鮮中高生に對する人權侵犯事件調査報告書」[7]는 다음과 같이 정리하고 있다. 역시 이 조사가 계기가 되어 같은 해에 결성된 '재일조선인의 인권을 지키는 모임'은 그 후 재일조선인의 인권보호운동에 크게 기여하게 됐다.[8]

1. 가해자의 대부분이 일본의 사립고교생, 특히 고쿠시칸고등학교 학생이라는 점.
2. 피해자가 모두 조선중고급학교 학생이며, 범행 동기는 단지 피해자가 조고생이라는 점.
3. 범행이 집단적이고 조직적으로 행해졌다는 점.
4. 범행이 계획적으로 행해졌다는 점.
5. 범행이 대낮에 공공연하게 행해졌다는 점.
6. 범행은 흉기를 사용한 흉악하고 집요한 공격으로 일관됐다는 점.
7. 범행이 연속적·집중적으로 행해졌다는 점.
8. 가해자 측에 반성하거나 후회하는 태도가 전혀 없다는 점.

가장 큰 특징은 상대가 '조고생이라는 것'이 '유일한 범행 동기'(2)인 인종주의 폭력이라는 것이다. 더구나 '범행은 흉기를 사용한 흉악하고 집요한 공격으로 일관하고 있다'(6). 피해자는 단순히 맞는 정도로 끝나지 않고, 칼로 찔려 과다출혈로 생사를 헤매기도 하고, 전철 홈에 떨어져 목숨을 잃을 뻔한 경우도 있었다. 살해사건도 있었다. 단순한 '싸움'으로 끝나지 않는, 심각한 인종주의 폭력이 빈발했다는 것이 명백하다.

나중에 일어난 치마저고리 사건의 인종주의 폭력과 다른 점은 직접적인 폭력을 당한 피해자가 모두 남학생이었다는 것이다. 이것은 여학생이 피해를 입지 않았다는 것을 의미하지 않는다. 여학생의 경우, 가해자로부터 인종주의만이 아니라 성차별적인 언어폭력을 당하거나 휘말린 경우가 보고됐다. 일련의 인종주의 폭력은 이 같은 형태로 성차별을 동반했다.

중요한 사실은 이들 인종주의 폭력이 우발적으로 일어난 사건이 아니라는 것이다. 그것은 "범행이 집단적·조직적으로 행해지고", "계획적으로", "대낮에 공공연하게", "연속적·집중적으로" 행해졌다는 점에서 분명하다.

조고생 습격사건은 모두 폭행이나 상해에 그치지 않았다. 가해자들이 조고생인 척하며 일본인 학생을 폭행하는 '가짜 조고생' 사건도 빈발했다. 앞에서 말했듯이, 조고생 교복에서 배지를 빼앗아 가해의 증거물로 사용된 경우가 많았다.

전후에 새롭게 태어난 인종주의

이들 조고생 습격사건은 큰 사회문제로 다뤄지지 않았다. 공적인 조사와 연구가 없다는 것은 앞에서 말했다. 사건을 이해하려면 주로 당사자·민족단체와 운동단체의 조사 기록에 의존할 수밖에 없다. 고오자와 유사쿠(도쿄도립대학 명예교수)가 귀중한 분석을 시도했다. 피억압 민족의 교육학을 연구한 그는 재일조선인의 민족교육권 옹호운동과 관련하여, 『재일조선인 교육론在日朝鮮人教育論』(1973)이라는 저서를 남겼다.[9] 그는 1970년의 분석에서, 다음과 같이 사건에 대해 분명하게 말했다.

> 재일조선인의 역사는 그 자체가 박해의 역사임에 틀림없지만, 60년의 역사 속에서도 '일본인 고교생에 의한 집단적·계획적인 조고생 폭행사건'은 이때까지 볼 수 없었던 새로운 유형의 박해라는 것을 지적해두고 싶다.

전후 25년째 오자와는 전전부터 계속된 인종주의에도 없던 '새로운 유형의 박해'가 일어나고 있다고 경종을 울리고자 했다. 그리고 '전전과 다른 전후의 특징'으로 세 가지를 지적했다.

> ① 1950년대 생으로 1960년대에 전후 교육을 받은 학생이 '박해의 선두에' 서 있다.
> ② 재일조선인 일반이 아니라 조선고교 학생을 골라 폭행했다.
> ③ 경찰이 학교에 정보를 흘리고, 조고생에 대한 의혹과 불신의 분위기를 조장하며, 간접적인 조직책 역할을 하기 시작했다.

②에 대해서는 해석이 필요해 보인다. 당시 조선고교는 조선 민족이 남북 재외在外를 불문하고 하나라는 입장에서 민족통일을 지향함과 동시에, 재일조선인의 조국은 사회주의 북한이라는 입장을 대외적으로 선명히 했다. 조고생 습격사건이 일어난 시기는 마침 귀국운

동이 일어난 때였다. 그리고 남북한 대립이 가장 격렬했던 당시에 조선고교에서는 지금이라면 생각할 수 없을 만큼 사회주의 조국의 우위성을 강조하며 김일성주의에 의한 사상교육이 강력하게 추진됐고, 대외적으로도 적극적으로 선전했다.

요컨대 조고생 습격사건은 단순한 재일조선인에 대한 인종주의에 머무는 것이 아니라 반공주의의 정치적 폭력이기도 했다.

인종주의가 폭력으로 이어지는 조건

도대체 무엇이 인종주의를 폭력으로 이어지게 한 걸까? 오자와는 사건을 성립시키는 일본인 측을 다음 세 층으로 나눴다.

① 반공주의와 반조선사상으로 직접 행동에 나서는 일부 고교생 집단

② 그 중심에 있는 '조고는 무섭다'고 생각하는, 허위정보에 사로잡힌 고교생 다수

③ 폭행을 방관하는 시민들

조고생 습격사건은 ①이 실행하고(73쪽의 〔그림 3〕 '인종주의 행위의 피라미드'의 4단계), ②가 지지하며, ③이 묵인하는(3단계 이하) 구조였다. ②와 ③에 의한 방관이 사건을 성립시킨다는 오자와의 지적은 혐오표현이 빈발하는 요즘 경청할 만한 가치가 있다.

그리고 ①에 가담한 고교생의 대부분이 '사립고교' 학생들이었다. 도쿄의 경우 고쿠시칸고교를 중심으로, 데이쿄상공, 도시마豊島실업

고, 나카노전파학원中野電波學園 등 이른바 '학력 수준이 낮은 학교'들이다. 그중에서도 이른바 '비행청소년' 집단이 주로 폭행에 가담[10]했다. 1970년대는 일본의 고도성장 시기였고, 편차치偏差値에 의한 경쟁 압력과 관리교육은 크게 변했다. '수준 낮은 학교'로 내몰리고, 거기에서도 '문제아' 취급을 당하는 '이중 교육차별'은 이른바 '비행'청소년들을 양산했다. 습격사건에 가담한 학생들도 그들에게서 나왔다.

그렇지만 '비행청소년'의 불만과 불안이 자연스럽게 인종주의 폭력으로 연결된 것은 아니다. 오자와는 그들을 "우익 내셔널리즘을 받아들이고 '정치적'으로 움직이는 중핵과, 그 조직에 들어가 '기분 내키는 대로' 참가하는 주변"으로 나누어, 다음 두 가지 요인으로 사건을 설명했다.

> ① 주변층의 '비행청소년' 등이 새로운 형태의 인종주의를 익힌다. 게다가 ② '중핵'이 조직책이 되어, 그 학생들을 움직여 인종주의 폭력을 조직한다.

두 가지 요인 중 ①의 주변층에 대해서 살펴보고자 한다. 오자와는 예전부터 있던 '조선 멸시'에는 없는, 새로운 편견('조선 편견')이 젊은 층에 확산됐다고 하며, 다음의 투서를 예로 들었다.

> 학교에 가는 길에 역 앞에서 재일조선인이 전단지를 나눠줬다. 아무 생각 없이 받아들어 읽어보고 놀랐다. 거기에는 '재일조선인 고교생에 대한 일본인 고교생의 폭력'이 자세하게 쓰여 있었다. 이때 나는 자기들 멋대로 말하는 것이라고 생각했다.

내가 살고 있는 (도쿄도) 아라카와荒川구에는 조선인이 많다. 구내의 중학교가 지금 어떤 일을 당하고 있는지 모르는 사람이 많을 것이다. 조선중학교는 한마디로 말해서 산 도둑놈들이다. 이것은 조선인을 말하는 것이 아니라, 중학생을 말하는 것이다. 내 남자친구들도 피해를 입었다. 그것도 나이 어린 학생에게 폭력을 당했다. 물론 완력으로는 지지 않는다. 그러나 먼저 손을 대지는 않았다. 이유를 물어보면, 분하다는 듯이 "고등학생이 뒤에 대기하고 있다"고 했다. 그렇기 때문에 지금 일본 고등학생이 조선의 고등학생에게 폭력을 휘두른다는 것은 결코 근거가 없는 것은 아니지 않을까.

그리고 지금 일본 학교에 다니는 조선 사람도 많이 있다. … 함께 공부하고, 운동하고, 생활하며 나와 사이가 좋았던 S씨도 조선인이다. 그 사람은 졸업하고 나서 당당히 조선고교에 입학했다. 우리 앞집도 조선인이지만 항상 미소 지으며 온화한 인상 좋은 아주머니다. 우리 집에서 귀여워하는 이웃집의 작은 남자아이도 조선인 아이다. …[11]

이 투서는 선의라고 해도 사람은 차별을 한다는 것을 나타내고 있다. '조선중고생은 야만적이고 무섭다.' 이것이 전후에 새롭게 퍼지고 형성된 인종주의였다. 오자와는 이 투서가 "'자신의 친구는 좋은 조선인이지만, 조고생 중에는 난폭한 사람이 많다'고 생각하며, 믿을 수 없는 정보로 소중한 생활에서 얻은 지식을 구석으로 밀쳐내고 있다", "전 국민의 조선에 대한 인식을 전형적으로 보여주는 것이라고 할 수 있다"라고 지적했다.

그러면 '비행청소년'은 어떻게 '조선 편견'을 가지게 됐는가. 그들은 학교 밖에서 싸움을 반복하다가 우연히 조고생을 상대하게 된다.

'당하거나 혼내주면서' '개인적인 체험'이 쌓인다. 그리고 편견이 지니는 '어떤 개별 경험을 가지고 그 집단 전체의 특징이라고 간주해버리는 특유의 변형작용'에 의해, '조고생은 무섭다', '집단으로 되갚아주겠다', '조고생에게 당했으니 되돌려주는 것이다'라는 '전설'이 또래들에게 퍼지고, 결국은 '일반' 학생에게까지 확산된다. 그 '전설'은 반대로 '비행청소년'과 일반 학생의 행동을 묶고, 다른 것도 '조고생 탓으로 돌리거나' 그 '그림자도 무서워한다.' 오자와는 그렇게 분석하고, 다음과 같이 지적한다.

> '조고 편견'을 가진 '비행청소년'들의 행동력에 정치적 사명감을 주입하여 이들을 조직하는 것은 비교적 쉬운 일일 것이다. 그 역할을 맡은 것이 고쿠시칸의 리더들이다. 그로 인해 우발적이었던 일조日朝 고교생 간의 작은 트러블이 계획적·정치적인 폭행박해사건으로 바뀌어 새로운 의미를 갖게 된다.

인종주의 폭력의 조직책: 극우 학생 조직

조고생 습격사건의 열쇠를 쥔 것은 '고쿠시칸의 리더들', 요컨대 우익의 '중핵'들이었다.

고쿠시칸고교는 고쿠시칸대학이 경영하고 있다. 이 대학은 제1차 세계대전 중인 1917년에 고쿠시칸의숙義塾으로 설립됐다. 존왕양이尊王攘夷(천황을 존경하고 외국인을 배척함—옮긴이)를 부르짖던 아시아 침탁의 이데올로그였던 요시다 쇼인吉田松陰을 기리는 요시다신사(도쿄 세타가야구) 근처에 그를 신봉하는 우익세력이 만든 학원이다. 설립

공로자인 도야마 미쓰루頭山滿는 1910년 한국병합에 큰 역할을 한 유명한 우익이다. 이 대학의 설립 취지는 '대일본제국의 기둥이 되는 신념 있는 선비를 양성하는' 것이었다. 말 그대로 설립 이후 국수주의와 자민족 우월주의 및 배타주의적인 사상교육을 하며, 일본의 아시아 침략과 조선 식민지 지배를 철두철미하게 긍정하는 황국사관 교육을 실시해왔다.

고쿠시칸은 GHQ 점령기에는 파시즘 조직이라는 혐의에서 벗어나기 위해 '시도쿠학원至德學園'으로 이름을 바꾸었다가 1958년에 원래의 이름으로 돌아갔다. 그 교육은 전후에도 변함이 없었다. 조고생 습격사건이 처음 보고되고 나서 약 8년 후에 쓰인 '조고생을 해치워라'라는 『주간요미우리週刊讀賣』 1970년 6월 19일 호 17~18쪽 기사는 다음과 같이 전하고 있다.

당시 고쿠시칸대학은 전교생이 기숙사 생활을 했고, 학내에서는 공공연하게 반공우익 교육을 실시하고 있었다고 한다. 매주 학생은 '총장 훈화'를 들어야 했고, 이에 대한 감상문도 써야 했다. 배포된 인쇄물은 한 사람당 한 부씩이었으며, 비밀유지를 위해서인지 학교를 그만둘 때는 의무적으로 반납해야 했다. 입학식에는 군함행진곡에 맞춰 총장이 입장하고, 군복 스타일의 제복을 입은 총장 시바타 도쿠지로柴田德次郎가 '국토'의 자각을 호소하고, 교육칙어를 '봉독'하며, '천황폐하만세'를 외쳤다.

설립부터 사건 당시까지 총장을 맡은 시바타의 '훈화'는 다음과 같다.

"천황폐하는 세계에 유례없는 국화 꽃송이인 천하의 명화名花이십니다. 그런데 이 명화를 겨냥하는 새빨간 벌레가 있습니다. 그것은 공산당입니다."

"밤이나 낮이나 눈을 벌겋게 뜨고 노리고 있는 새빨간 벌레가 전국에 우글우글 들끓고 있다는 것을 알아야 합니다. 발견하면 이를 퇴치해야 합니다."

"(태평양전쟁은) 미국, 네덜란드, 영국, 소련의 강대한 연합군을 상대로 한 노예해방전쟁이었다. 이는 노예가 된 20억 아시아 민족이 해방된 존엄한 대전이었다."[12]

천황 찬미와 반공, 그리고 도쿄재판에도 반하는 아시아 침략을 전면 긍정하는 역사관을 바탕으로 교육했다.

문제는 이 우익 교육이 공적인 교육에 그치지 않고, 학생들의 생활과 실천에도 침투했다는 것이다. 학내에는 우익 조직이 30여 개 있었고, 이들은 학내의 노무관리와 우익 교육에 봉사했다. 당시 우익 교육에 반대하여 어느 교원이 학내 민주화운동을 일으켜 대학 당국으로부터 부당해고와 탄압을 받았을 때, 그 교원은 진검을 손에 쥔 가라데부 학생에게 폭행을 당했다고 한다.

당시 고쿠시칸은 대학과 고등학교 식당을 함께 쓰고 있었다. 『주간 요미우리』 1970년 6월 19일 호에 나와 있듯이, "여기에서 대학생이 고등학생을 '선도감화'하는 것은 총장의 명령"이었다.

"'새빨간 벌레는 부정한 것이다. 부정한 것은 우리 학생들이 그 몸을 불쏘시개로 해서 큰 각성의 불을 피워 그 불로써 다 태워버려라' 라고 고취시키는 일이 식당에서 많았다고 한다. 이러한 교육이 학생들을 '조고 사냥'이라는 집단폭행사건으로 내몬 것은 당연한 결과일지 모른다"라고 기사는 쓰고 있다. 기사에서는 익명을 조건으로 고쿠시칸대학의 학생이 다음과 같이 말하고 있다.

"전학생 모두가 이런 사상에 공명하기 때문에, 공산당-조선고-새빨간 벌레-퇴치. 혹은 다 불태우라는 도식이 성립하는 것도 알 수 있겠지요."[13]

실제로 조고생 습격사건에 가담한 고쿠시칸고등학교 학생은 "우리는 학교에서 조고생을 때려도 된다고 들었다"라고 말한 것이 여러 번 보고됐다. 앞에서 서술한 '재일조선인의 기본적인 인권을 지키는 모임'을 결성하는 준비 모임이 1963년 10월에 제출한 보고서에서는 사건의 배경에 대해 다음과 같이 쓰여 있다.[14]

> 이 같은 이 학교의 성격을 생각할 때, 폭행·살상사건에 대한 이 학교의 완고한 태도도 우연은 아니라는 것을 알 수 있다. 이 학교 학생에 의한 이런 종류의 사건이 많은 것도 결코 비행청소년의 우발적인 사건이 아니라, 오히려 일어날 것이 일어났다고 할 수 있겠다. 고쿠시칸고등학교 학생이 많은 사건의 가해자가 된 원인으로서, 이 학교의 교육방침 또는 학내 분위기가 어느 정도 역할을 했다는 것은 부정할 수 없다.

조고생 습격사건으로 인종주의가 폭력으로 이어진 메커니즘을 정리해보겠다. 오자와는 다음과 같이 말했다.

> 현재는 일본 국민이 가진 조선 멸시가 정부의 조선적시朝鮮敵視 정책을 뒷받침하는 온상에 지나지 않지만, 거기에 반공주의가 들어가면 조선적시 정책을 의도적으로 시행하는 정치집단이 먼저 움직이게 된다. 조선 멸시가 조선 증오를 심화한다.[15]

전후에 새롭게 형성된 인종주의=새로운 조선 멸시('조고는 무섭다')가 형성되고, 여기에 '반공주의'가 결합하면 폭력으로 이어진다. 오자와는 "이러한 조선에 대한 정치의 반동이 먼저 청소년층에서 시작됐다는 점에, 위기의 새로운 깊이가 있다"[16]라고 했다.

인종주의를 조직하는 반공주의운동

반공주의운동과 조고생 습격사건과의 관계를 조금 더 분석하고자 한다.

다시 한 번 〔표 2〕를 보길 바란다. 조고생 습격사건이 빈발할 때는 한일 국교정상화를 향한 한일회담의 재개·교섭·타결과, 조총련이 주도한 귀국·조국왕래실현운동과, 나아가 출입국관리법안·외국인학교법안 등 재일조선인의 치안관리를 강화하려고 하는 법안이 큰 뉴스가 됐을 때다. 이들 테마는 모두 일본의 반공산주의자·우익에게 중요한 '투쟁과제'였다. 이들 조고생 습격사건은 조선인 측에 대한 협박임과 동시에 조선학교와 조총련, 나아가서는 북한의 이미지 실추를 겨냥하여 일어난 것이다.

소련 해체로부터 사반세기가 지나고 있는 현재로서는 상상하기 어려울지 모르지만, 1960년대부터 1970년대는 동아시아에서 냉전 대립이 가장 심각한 시기였다.

1960년대 한국에서는 군부 출신의 박정희가 쿠데타를 일으켜 정권을 잡았고, 그 후 '유신체제'인 독재정치를 펼치며 민주화운동을 피로 탄압했다. 북한에서는 다른 파벌을 숙청하고, 김일성 주체사상을 '유일사상체계'로 삼는 당의 지도체제를 확고히 하며 권위주의를 강화했다. 한국전쟁은 1953년에 '휴전'했지만, 전쟁 상태가 이어지고 있다. 남북 정부는 대일관계에서도 우위를 차지하기 위해 서로 경쟁하면서, 한일국교정상화와 북한에 대한 귀국사업을 둘러싸고 서로 비난하며 저지하려고 했다.

재일조선인은 이 남북의 '사투'에 휘말려 민단과 총련을 비롯해 심하게 분열됐다. 1965년 한일기본조약 체결은 가장 좋은 예다. 한일기본조약은 ① 남북 분단을 고정화하고, ② 식민지 지배 책임을 애매하게 했으며, ③ 피해자 개인의 청구권도 포기시키고, ④ 재일조선인을 갈라놓았다는 심각한 문제를 포함했다.[17]

②와 ③에 대해서 말하면, 한일기본조약 제2조는 1910년의 한국병합조약을 시작으로 구조약·협정에 대해서 '이제 무효'라고 하지만, 한국 측은 당초부터 무효(요컨대 식민지 지배는 위법)라고 한 데 대하여, 일본 측은 당시 유효였지만 현시점에서는 무효(식민지 지배는 합법)라는 입장을 취하며 자국민에게 각각 다른 설명을 했다. 또 일본은 한국에 대한 무상 3억 달러, 유상 2억 달러의 경제 협력을 했지만, 그것은 '독립 축하금'이지 배상은 아니라고 강조했다.

여기에서 중요한 점은 ④ 재일조선인의 분단 강화다. 일본 정부는 한국전쟁 중에 GHQ에서 한국 측의 활동을 인정하도록 촉구하는 형태로, '한국적'으로 바꾸어 쓰는 것을 허용해왔지만, 그것은 '한국적'/'조선적' 모두 '법률 제126호' 계열로서 '난민 이하'의 취급을 하는 것이었다. 그런데 한일조약 후에는 '한국적'에 한해 "국교 수립국의 국민"으로서 다루며, 1966년 1월부터 5년 이내에 본인이 신청하는 경우에 대해서는 '협정영주'를 인정한다고 했다.

거주권과 생존권을 위협하고, 협정영주라는 권리와 '한국적'만을 국교 수립국의 외국적(외국 국적의 벽의 안쪽에서 보호받는 외국 국민 일반)으로 인정한다는 것으로, '한국적'/'조선적'으로 노골적인 차별을 하고 그것을 답습함으로써 재일조선인의 분단과 상호대립을 격화시키게 된 것이다. 일본 정부가 재일조선인 사이에 독자적으로 38선을 긋게 된다.*

역시 협정영주가 영주권으로서 완전한 것은 아니었다. 징역 7년

---

* '한국적'은 국적이고 '조선적'은 국적이 아니라는 설명도 있지만, 이것은 정확하지 않다. 왜냐하면 '한국적', '조선적'은 둘 다 일본의 외국인등록법(현재 출입국관리법)에서 국적법 난의 기재이며, 국적을 의미하는 것은 아니기 때문이다(미국적과 브라질적도 마찬가지다).

헤이그 조약에서 그 사람의 국적은 해당 국적국의 국적법에 의해 결정된다는 것이 원칙이다. 남북한 두 정부의 국적법에서 보면, 재일조선인은 잠재적으로 양국의 이중국적 보유자가 된다. 在日本朝鮮人人權協會, 『在日コリアン暮らしの法律Q&A』, 日本加除出版, 2004 참조. 그것은 일본의 외국인등록령(1947년 5월)에 의해 일률적으로 '조선적'으로 등록하거나 혹은 '한국적'으로 바꾸어 쓰거나 상관이 없다. 실제 동서 독일의 경우 동독이든 서독이든 일본의 외국인등록법에서는 '독일'로 표기해왔다.

그러나 일본 정부는 남북한에 관해서 독일과 같은 통일 표기를 하지 않고, 굳이 '한국적', '조선적'으로 구별하여, 재일조선인의 내부 분열을 선동했다. 실제로 출입국관리 행정의 말단에서는, 외국인등록법·출입국관리법을 악용한 탄압을 할 때 '법률 제126호' 대상자에게 강제퇴거라는 카드를 쓰면서 '한국적'으로 바꾸어 쓸 것을 강요하는 공무원의 인권침해 행위가 다수 보고됐다. 在日朝鮮人の人權を守る會 編, 『在日朝鮮人の基本的人權』, 二月社, 1977 참조. '한국적'/'조선적'이 한반도의 분단을 배경으로, 일본이 독자적으로 그은 38선이라고 한 것은 이 때문이다.

더욱 심각한 점은 이 '한국적'/'조선적'의 식별에 대해 '한국적'만을 국적으로 취급한다는 것이다. 이것은 일본 정부가 (일본 국적이 아니라는 의미에서의) 외국인 중에 외국 국적을 가진 국민(이라고 일본 정부가 인정하는 사람)과, 그렇지 않은 사람을 다시 구별하겠다는 것이다. 이에 따라 '조선적'은 일본 정부에서 일본 국적이 아니라는 의미에서는 외국인으로 취급됨과 동시에, 외국 국적을 가진 사람으로서는 '외국인' 대우를 받지 못한다는 기묘한 입장에 놓였다.

이상 등의 요건에 해당하면 강제퇴거당했다. 또 협정영주자의 손자 세대의 재류 자격조차 보장받지 못하며, 25년 이내에 협의한다고만 했다. 더구나 협정영주를 취득한 후에도 한국에 대한 강제송환은 오히려 증가했다.[18]

조고생 습격사건이 빈발한 것은 이런 시대였다. 우익학생에 의한 인종주의 폭력만이 아니라, 이 시기에는 국제승공연합國際勝共聯合이 조선대학교 앞에서 '연설'하는 가두시위도 빈발했다. 국제승공연합은 1960년대 말에 통일교 교주인 문선명이 한국에 세운, 한일이 함께 활동하는 반공정치단체다. 명예회장이 우익의 우두머리인 사사카와 료이치笹川良一였던 점에서 알 수 있듯이, 한일관계에 깊이 관련되어 있는 정계·재계에도 영향력이 있었다. "승공연합에서 볼 수 있듯이, 전후 일본의 우익이 1960년대 이후 박정희 정권과 밀착하여, 한일 지배층의 반동적인 결합의 별동대로서 활동, 그것이 민간의 조선학교 공격의 선두에 섰다"라고 오자와는 지적했다.[19]

국제승공연합은 설립 다음 해인 1969년부터 혁신 자치단체였던 미노베美濃部 도정都政이 인가한 조선대학교의 인가취소를 요구하는 운동을 전개했다. 학교 앞에서 전단지를 뿌리고 연설 등 가두시위를 했다. 그들은 조총련(한국 보수는 총련을 그렇게 부른다)이 "폭력혁명의 전진기지"이며, 조선대학교 내에서는 "일본공산당과 북한이 폭력혁명을 위한 밑작업을, 치안법권 아래에서 대낮에 당당히 하"고, "간첩 교육, 게릴라 기초 훈련도 하고" 있으며, "민족교육이라는 이름으로 반일공산혁명 교육을 하는 것 자체가 일본 국민에 대한 중대한 도발행위"라고 주장했다.

이 같은 민족교육='반일', '간첩교육'이라는 인종주의는 일본 사회에서 일정한 영향력과 정당성을 가졌다. 왜냐하면 그것이 일본 정부의 공식 견해였기 때문이다.

일본 정부의 민족교육정책: 민족 말살적인 인종주의

조고생 습격사건이 일어나기 시작한 1963년 6월, 자민당의 안보조사회에서는 조선학교 문제에 대해 다음과 같은 의견이 오고갔다.

> **후쿠다 시게루**福田繁 **초등중등 교육국장** (조선학교)는 일체 우리 쪽에서 인정한 것도 아니고, 사실상 그들이 자치적으로 하고 있는 것 같습니다. 이들에 대해서 문부과학성도 도도부현도 전혀 손이 미치지 않는다고 합니다.
>
> **시다 요시노부**志田義信(전 의원) … 그것이 상당히 일본에서 북한 간첩 활동의 온상이 되고 있는 것 같습니다.
>
> **후쿠다 시게루** 그렇기 때문에 1950년경에 그러한 것을 사실 실력으로 폐쇄했지만, 그 후에 또 생긴 것입니다. 이것은 현실적인 문제로서는 치안상의 문제이기 때문에, 그러한 문제를 정리하는 수밖에 없다고 생각합니다.[20]

여기에서 떠올려야 하는 것은, 당시 국가는 이미 1952년 체제에서 교육에 관해서도 외국 국적과 외국인학교를 이중으로 배제하는 체계적인 '격리'정책을 수립했다는 것이다.[21]

그런데 조총련은 귀국운동을 활발히 벌이는 가운데 전국적인 민족운동을 재건하고 있었다. 위의 자민당의 생각은 반공주의를 바탕으로, **1952년 체제로 통제할 수 없는** 재일조선인의 사회 활동과 권리를 위협시하며, 탄압하려는 인종주의였다는 데 주목해야 한다.

이런 인식은 자민당 안보조사회에서 개선되기는커녕, 한일기본조약 체결 전후에 다음과 같이 확고해졌다. 전해에 이어 출판된 1966년 6월 안보조사회의 '우리나라의 안전보장에 관한 중간보고'에 따르면, "간접 침략의 위험은 현재에도 이미 존재한다", "엄중한 경계를 요하는 것으로, 북한 정권으로부터의 파괴적·혁명적인 공작이 있다. 특히 우리나라에 다수 존재하는 북한계 학교는 우리나라에서 반일교육, 혁명교육을 실시하고 있다. 이대로라면 앞으로 우리나라에 중대한 위협이 될 것이다"라고 했다.

여기에서는 재일조선인='북한의 간첩'='간접 침략'이라는 인식이 있으며, 그 한편에 조선학교가 있다. 반공뿐만 아니라 재일조선인이라는 민족집단을 똑같이 적시하는 발상은 말할 것도 없이 인종주의다.

이 생각은 한일기본조약 체결 직전에 내각 조사국에서 내놓은 『조사월보調査月報』 1965년 7월호의 다음과 같은 유명한 기술과도 깊이 관련되어 있다.[22]

> 우리나라에 영주하는 이민족이 계속해서 이민족으로 머물고 있는 것은 일종의 소수민족 문제로서, 앞으로 곤란하고 심각한 문제가 될 것이 분명하다. 그들과 우리 모두의 앞으로의 생활 안정과 행복을 위해 이들에 대한 동화정책을 강조해야 하는 까닭이다. 즉 귀화하게 하는 것이다. … 남북을 가리지 않고 그들이 행하는 재일조선인 자녀들의 민족교육에 대한 대책을 조속히 확립해야 한다.

여기에는 뻔뻔스럽게도 조선인이라는 민족집단을 말소해야 한다는 민족말살(문화적 제노사이드)을 추구하는 인종주의가 엿보인다.

같은 해 12월 정부는 조선학교 문제에 대해 두 가지의 중요한 문부과학성 통첩을 내렸다.

첫째, '일본에 거주하는 대한민국 국민의 법적 지위 및 대우에 관한 일본과 대한민국 사이의 협정에 있어서의 교육관계 사항 실시에 대하여'[23]는 '한국 국민'의 일본인 학교 취학에 편의를 도모한다는 것이다. 그때까지 일본 국적을 가지지 않은 사람은 일본 학교에 취학할 수 없었지만, 앞으로는 '한국 국민'의 취학만 편의를 도모한다는 것이다.

둘째, '조선인만을 수용하는 교육 실시의 취급에 대하여'[24]는 조선학교 등 민족학교를 학교로 인정하지 않는다는 것이다. 다음과 같이 서술하고 있다.

> 조선인의 민족성 또는 국민성 함양을 목적으로 하는 조선학교는, 우리나라에서 각종학교의 지위를 인정받는 적극적 의의를 가지지 못하기 때문에, 이를 각종학교로 인가해서는 안 된다.[25]

요컨대 한일기본조약 전후 일본의 정책은 재일조선인의 자주적인 민족교육을 모두 인정하지 않고, 오히려 '동화'를 유도하는 민족말살적인 인종주의 정책이었다고 할 수 있다. 이 정책의 실시를 시도한 것이 '외국인학교법안'이었으며, 당시 열의가 있었던 조총련과 그에 연대하는 시민들의 반대운동으로 네 번 상정됐으나 모두 폐기됐다.

국가의 대응과 그 후

조선학교와 경찰·언론

일본 정부는 조고생 습격사건에 대해 어떤 대처도 하지 않았다. 한일기본조약 전후에 있었던 정치인의 발언을 살펴보자. 당시의 사토 에이사쿠佐藤榮作 총리는 민족교육에 대해 "식민지를 해방하고 독립한 것이다, 독립된 교육을 하고 싶은 것이다, 그런 것이라면 그 나라에서 하면 된다. 여기는 일본이고, 일본까지 그것을 요구당할 필요는 없다. 나는 그렇게 생각합니다"라고 발언했다(1965년 12월). 이처럼 노골적으로 조선학교의 민족교육을 부정하는 것을 거리끼지 않았다.

또 경찰은 폭력 가해자 측이 아니라, 피해자 측인 조선학교 학생을 체포하는 등 조선학교 탄압에 앞장섰다.

> 이 때문에 조선고교 측에서는 피해를 입어도 학교 내부 사정 같은 것만 골치 아프게 질문하면서 사건은 진지하게 다루지 않는 경찰의 태도에 분개하여, 피해 신고를 적극적으로 하지 않는 분위기가 만들어졌다. 사실 하려고 해도 할 수 없는 실정이라고 보고됐다.[26]

국가, 특히 경찰이 조선인을 적시하는 상황에서 조선인들은 인종주의 폭력을 당해도 피해를 호소할 수 없는 상황이었다.

게다가 경찰·교육기관이 재일조선인에 대한 편견과 차별을 조장하고 선동했다.

1963년 5월경 도쿄사립중고등학교협회가 도내의 사립학교 90개교 관계자들을 불러모아 회의를 열었다. 경시청 이케부쿠로경찰서에서 나온 담당자가 '조선학생에 대한 중상적 강연'을 한 후 '조선인 학생에게 폭력을 당한 사건'을 조사해달라는 요청이 있었다며, 경찰이 작성한 것으로 보이는 피해 상황 조사용지를 배포했다.

같은 해 6월에는 경시청이 '칼을 소지한 중학생 집단의 보도補導에 대하여'라는 통첩을 이 협회에 배포했다. 거기에는 성남회城南會라는 집단의 비행청소년들이 항상 칼을 소지하고 있어서 그 이유를 묻자, "백화점에서 다섯 명 정도의 조고생을 만나 폭행과 협박을 당했기 때문에 '호신용'으로 친구들끼리 돌아가며 소지하고 있다"라고 답했다는 사례가 실려 있었다. 그 후 이 협회는 "조선 고등학생 다섯 명에게 맞은 일을 계기로 자기방어 차원에서 칼을 소지하고 있던 소년이 보도"됐다고 설명하는 통첩을 회원 학교 교장들 앞으로 보냈다.

조고생 측이 폭행을 했고, 그 때문에 '호신용'으로 칼을 소지했다는 '비행청소년'들의 증언만을 듣고 경찰이 공문을 낸 데 악질적인 의도가 있다는 것은 말할 필요도 없다. 그러나 사립학교 측도 그 뜻을 받아들여 통첩을 냈다. 이렇게 조선인에 대한 차별과 편견은 경찰과 교육기관에 의해 조장되고 선동됐다.

1970년 6월 5일에도 경시청은 소부선総武線 노선 근처에 있는 고등학교에 "6월 6일에 조선 고등학생들이 소부선 각 역에서 일본 학생을 습격한다고 하니 각 학교는 주의하라"는 통보를 보냈다. 이에 따라 각 고등학교에서는 하교를 서두르고 학생들을 일찍 돌려보내라는 사친회의 항의가 있었으며 교실이 폐쇄 상태가 되는 등 소란이 일었다.

그 후

조고생 습격사건은 1970년대에 접어들어 서서히 보고되지 않게 됐다.

> 고쿠시칸 학생의 폭행이 일반 시민에게도 미치게 된 1973년, 각 언론이 일제히 '고쿠시칸 또 폭력'이라는 기사를 내며 여론이 들끓었다. 이 때문에 천하의 고쿠시칸도 천장절天長節이나 명치절明治節 식전 행사를 폐지하는 등 태도를 바꿨다."[27]

당시 국회의사록에는 고쿠시칸의 우익교육이 헌법 위반이라는 문맥으로, 학장이 학내 교원을 폭행하고 훈화에서 노골적으로 일본국 헌법을 부정('헌법이 아니라 견법犬法이라고 공언'(헌법과 견법은 일본어 발음이 같음—옮긴이))한 것에 대해 추궁하는 기록이 있다. 그렇지만 조교생 습격사건이라는 인종주의 폭력의 조직화 문제와 아시아 침략 인정이라는 역사부정 교육의 맥락에서는 강하게 추궁하지 않았다.

인종주의는 폭력으로 발전하고 사회를 파괴한다. 당시 조고생 습격사건은 일본인에게까지 피해가 미치는 단계로 발전했다. 따라서 사회문제가 되자 잠재울 수밖에 없게 됐다. 그렇지만 인종주의가 소수자만을 파괴하는 단계에서는 일부 양심적 시민만이 이 문제에 관심을 가졌다.

제 4 장

치마저고리 사건
(1980년대~2000년대 전반)

조고생 습격사건이 잠잠해진 후에도 인종주의 폭력이 없어진 것은 아니었다. 1983년 10월에 일어난 아웅산 테러(북한 공작원이 한국 요인을 폭탄테러한 사건) 직후에는 조총련에 대한 권총난사 사건이 일어났고, 11월 24일에는 등교하던 가나가와조선고등학교 3학년 '여학생을 40미터나 미행하여' '전치 2주의 상처를 입힌' 인종주의 폭력이 발생했다. 12월 6일에는 같은 학교 3학년 다른 여학생이 몰래 잠입해 있던 남자에게 예리한 칼로 대퇴부를 찔려 중상을 입었다.[1]

그 후에도 1987년 대한항공기 폭파사건 같은 일이 일어날 때마다 조선학교 학생에 대한 인종주의 폭력이 빈발했다. 이 중에는 우익의 조직적 범행으로 보이는 사건도 많다. 그것은 지금도 민단과 조총련에 대한 협박 등의 형태로 계속되고 있다.

그런데 1980년대 후반부터는 조직적 배경이 없는 형태의 인종주의 폭력이 눈에 띄었다. 1970대의 노인부터 아래로는 초등학교 저학년 어린이까지 성별에 상관없이 이른바 '보통 사람'이라고 할 수 있는 가해자에 의한 자연발생적 성격이 강한 범죄가 증가하고 있다.

그중 가장 심각한 폭력인 치마저고리 사건을 다루겠다.* 다음은 1994년에 일어난 사례다.

치마저고리 사건의 사례

'두 번이나 찢긴 치마저고리' 피해자: 도쿄 조선중고급학교 고등학교 1학년

"(1994년) 6월 17일 학교에서 돌아오는 길인 오후 5시 45분경이었다. JR에서 지하철로 갈아타기 위해 계단을 올라가고 있는데 어떤 남자가 내 치마를 잡았다. 정신 차리고 보니 뒤쪽이 20센티미터 정도 찢어졌다. 나는 무서워서 차마 뒤돌아보지도 못했고, 그 남자의 얼굴도 몰랐다. 지하철을 타고 나서 무섭기도 하고 치마가 찢긴 것도 슬퍼서 눈물이 멈추지 않았다. 그때 쉰 살 정도의 아주머니가 걱정하며 나를 역까지 배웅해주었다.

그 사건이 있고 나서 한동안은 무서워서 체육복을 입고 통학했다. 그런데 가만히 생각해보니 분하기도 하고 이런 일로 져서는 안 된다는 생각이 들어 치마저고리를 입고 통학하게 됐다. 그로부터 며칠 후 그 장소에서 아마 같은 남자에게 뒤에서 '또 찢는다!'라는 말을 들었다.

---

* 치마저고리 사건의 피해와 원인 분석은 인종주의뿐만 아니라 성차별의 관점에서도 다루어야 하지만, 그것은 이 책의 범위를 넘어선다. 여기에서는 뒤에 나올 혐오표현과 대비하는 데 중요한, 자연발생적인 인종주의의 폭력 측면에만 초점을 맞출 것이다.

그리고 2주일 정도 지난 어느 날 학교에 가기 위해 전철을 타고 출입문 근처에 서 있었다. 전철이 멈추고 많은 사람들이 우르르 내렸을 때, 문 반대쪽에 서 있던 중년 남자가 내 저고리 오른쪽 소매를 찢었다. 찢길 때 쓰윽 하는 소리가 났다. 갈색 점퍼에 갈색 바지를 입고 있었는데, 전에 얼굴을 보지 못했기 때문에 같은 남자인지는 모르겠다. 살펴보니, 저고리 소매가 15센티미터 정도 잘려 있었다. 그 남자는 그대로 전철을 내려 계단을 뛰어내려 도망가버렸다.

전에 저고리를 잘리고 나서 친구와 함께 다니기로 했지만, 그날은 늦어서 혼자 있었다. 전철 안도 무섭지만, 갈아탈 때 사람이 많으면 그 속에 누군가가 또 그런 짓을 하지 않을까 해서 무서운 생각이 든다.

치마저고리를 입고 있어서 표적이 됐을지도 모르지만, 이런 일로 벗고 싶지 않다."[2]

치마저고리 사건의 개요

이 같은 사건이 1980년대 후반부터 자주 발생했다(〔표 3〕).

조고생 습격사건과 비교하면, 치마저고리 사건에는 새로운 특징이 있다. 정리하면 크게 세 가지다.

① 반공주의에 의한 정치적 조직화·계획화라는 배경을 지니지 않은 '보통 사람'이 저지르는 자연발생적인 범행이라는 점.

② 피해자가 여성과 저학년 어린이에게까지 확대되고, 특히 여학생을 겨냥한 성차별 폭력이 급증한 점.

③ 주로 한반도 정세가 불안하거나 한일관계가 악화되거나 언론에서 재일조선인에 대한 맹비난이 쏟아질 때 범행이 집중된다는 점.

다음은 인종주의 폭력사건을 시대별로 살펴보겠다.

1990년대까지: 자연발생적인 인종주의 폭력의 산발기

〔표 3〕을 보면, 인종주의 폭력이 집중적으로 일어났음을 알 수 있다.

1989년 10월의 '파친코 의혹'

1989년 10월에는 20일간 48건이 보고됐다.

직접적인 계기가 된 것은 국회에서의 질의와, 그에 대한 언론 보도였다. 당시 자민당은 사회당의 인기에 대항하기 위해 이른바 '파친코 의혹'을 제기하며 맹비난했다. 파친코 의혹은 사회당이 조선인들로부터 파친코 업체 관련 기부금을 받았다는 것이다(막상 뚜껑을 열자 오히려 자민당 의원 쪽이 압도적으로 많이 받은 것으로 드러났다). 이 의혹에 대해 자민당의 하마다 고이치浜田幸一 의원이 다음과 같은 질의를 했다. 1989년 10월 17일의 중의원 예산위원회에서의 일이다.[3]

하마다 고이치 (조총련은) 위험한 단체인가?

고가 히로유키古賀宏之 공안조사 차장 일본의 공안 유지 측면에서 무시할 수 없는 단체라고 생각하고, 계속 감시하고 있다.

하마다 고이치 매우 위험한 단체라는 것인가?

〔표 3〕 1980년대 이후 조선학교 학생에 대한 인종주의 폭력(치마저고리 사건을 포함)

시기	사건	건수	기간
1989년 10월	파친코 의혹	48건	20일
1994년 4월	핵개발 의혹	약 160건	약 3개월
1998년 8월	대포동 미사일 발사 실험	약 70건	약 반년
2002년 9월	납치사건 공식 인정	1천 건 이상 (간토 321건)	다음 해 3월까지 반년
2006년 7월	미사일 발사	122건	약 1개월
2006년 10월	핵실험	55건	약 1개월

* 김영, 「재일조선인 탄압으로 보는 일본의 식민지주의와 군사화」, 『역사와 책임』, 세큐샤, 2008, 308쪽; 모로오카 야쓰코, 『혐오표현이란 무엇인가?』, 이와나미쇼텐의 자료(2002년 '납치사건' 공식 인정 직후의 사건)를 취합하여 작성.

고가 히로유키 말씀하신 대로라고 생각한다.

다음 날부터 각지에서 조선학교 학생에 대한 인종주의 폭력이 증가했다.

게다가 10월 31일부터 이틀 동안 '파친코 문제 집중 심의'가 이루어지고, 하마다 의원은 국회에서 '우리나라에 대한 반대투쟁'을 '교육하는 학교가 있을 경우, 문부과학성에서는 어떻게 대응하는가'라며 민족교육에 대한 맹비난을 반복했다(그는 답변 말미에 "이 반일·항일사상과 감정을 키우는 방법", "우리나라에 대한 침략 혹은 반일투쟁을 교육하고 있다"라고까지 단언했다.)

이시바시 가즈야石橋一彌 문부과학장관은 "의원님이 생각하시는 것을 저도 잘 알고 있습니다. 참고해서 관리자와 의논하겠습니다"라고 말하며, 인종주의를 비판하지 않고 오히려 조선학교의 교육 내용을 문제 삼는 태도를 취했다. 교육에 대한 부당한 개입을 금지하는 교육 위반법에도 위반되는 그들의 혐오표현은 즉시 차별선동 효과를 발휘하여 다음과 같은 인종주의 폭력사건들을 초래했다.

도쿄 조선중고급학교 2학년(17세, 가명)

1989년 10월 24일 아침 8시경 정기권을 사기 위해 지바현 JR 마쓰도松戸역에서 내리는데, 역의 동쪽 출입구 벤치에 앉아 있던 중년 남성에게 폭행을 당해, 허리부터 무릎까지 치마가 거의 40센티미터 찢어졌다. 당시의 상황을 박 씨는 이렇게 말했다.

"벤치 옆을 지나려고 하는데, 갑자기 남자가 다가왔습니다. 피하려고 했지만, 어깨와 어깨가 부딪쳤고, 나는 '죄송합니다' 하고 사과했습니다. 그런데 그 사람은 내 팔을 잡고 왼쪽 다리를 찼습니다. 깜짝 놀라 피하려고 했습니다. 그러자 이번에는 내 치마를 찢어버렸습니다."

그 사건으로 충격을 받은 박 씨는 열이 나서 나흘이나 학교를 쉬었다. 박 씨와 만난 것은 사건이 일어나고 2주일 후였지만, 그날의 일이 떠올랐는지 눈물을 뚝뚝 흘렸다.[4]

도쿄 조선제3초급학교 1학년(7세, 가명)

1989년 11월 8일 아침 8시경 도부도조선東武東上線의 도부네리마東武練馬역에서 이케부쿠로행 전철을 타려고 한 명미 씨를 점퍼 차림의 남자가 등 뒤에서 들이받았다. 그 바람에 명미 씨는 차 안에서 구르듯이 앞으로 넘어졌다. 그래도 남자는 등을 다섯 차례 정도 밟았다. 다행히 차 안에 타고 있던 일본인 중년 여성이 도와 일으켜줬기 때문에 그 이상의 폭행은 당하지 않고 끝났다.[5]

여학생에 대한 인종주의 폭력은 당시 뉴스가 되고 반향도 불러일으켰다. 그러나 일본 정부는 지금까지 어떤 대처도 하지 않았다. 당시 가이후 도시키海部俊樹 총리는 이렇게 말했다.

"내가 이지메를 한 것도 아니고, 내가 나가서 (이지메한 사람을) 찾아낼 수도 없다. 담당자가 대응하겠지요! … (이지메는) 재일조선인만이 아니라, 일본 초중학교의 문제다."[6]

인종주의/성차별과 이지메를 구별하지 못하고, 폭력을 간과하고 있다는 점에서 인권 의식의 결여가 심각하다. 이것이 한 나라의 총리가 한 발언이었다. 그의 발언은 국제적인 비판을 받았다. 그 뒤 기자회견에서 고토 마사오後藤正夫 법무장관은 "좀 더 말을 가려서 해야 했다"라고 언급했다.

주목할 점은 법무장관이 사실상 '위로부터의 차별선동' 효과(당시 일본이 비준하지 않았다고는 하더라도 인종차별철폐국제조약 제4조 (c)에 반한다)를 인정하는 발언을 한 것이다. 기자가 "국회에서 공안조사청이 조총련을 '위험한 단체'라고 인정한 것이 이지메의 원인 아닙니까?"라고 질문하자 법무장관은 "그럴 수도 있겠지요. 만약 지금까지 일어나지 않았던 일이 일어났다고 하면, 국회에서의 질의응답이 영향을 미쳤다고 말하지 않을 수 없겠죠"[7]라고 분명히 말했다(다만 그 후 "이지메와 발언이 상관관계가 있었는지는 전혀 알 수 없다"라고 발언을 수정하고 책임을 부정했다).

이 사건에 대해 이탈리아 통신사의 도쿄지국장 로버트 매지Robert Madge는 "일본에서 식민지 지배 문제가 40여 년이나 지난 오늘날까지도 뭐 하나 해결된 게 없다는 사실에 놀라움을 느낀다"라고 하면서 이렇게 말했다.

당연한 일이라고 생각합니다만, 이탈리아에서는 패전과 동시에 식민지에 대한 문제가 처리됐다. 예를 들면 이탈리아 국적을 그대로 소유하고 싶은 사람에게는 그런 조치를 취하고, 고국으로 돌아가고 싶은 사람에게는 귀국 조치를 취했다. 이는 침략한 자가 침략당한 자에게 취해야 할 당연한 행위다. 그런데 일본에서는 이 문제가 아직도 백지 상태이며, 그것도 기형이라고 말하지 않을 수 없는데 정부 당국의 선동으로 재일조선인 이지메가 일어났다. 이제 우리가 이해할 수 있는 한계를 넘어섰다. 이번 사건으로 많은 사람들의 기억에 각인된 것은 '조총련은 위험한 단체, 조선인은 무섭다'라는 인식이며, 그런 인식을 조장한 일본 정부는 사죄할 필요가 있고, 많은 사람들이 그런 생각을 해야 한다.[8]

시대 배경

배경에 대해 최소한의 설명을 하자면, 첫째는 파친코 이권 문제다. 당시 이미 10조 엔 규모라고 하는 파친코 산업에 경찰과 NTT(일본전신전화)와 스미토모住友 등을 비롯해 대자본이 들어오려는 발판으로서 선불카드를 도입한다는 소문이 항간에 떠돌았다. 그러나 파친코 산업이 과당경쟁을 불러일으키자 기업 측에서 포기하여 선불카드 도입은 물 건너가는 것처럼 보였다.

거기에 앞에서 서술한 '파친코 의혹' 문제가 일어났다. 이권화하고 싶은 경찰과, 사회당에 네거티브 캠페인을 펼치고 싶은 자민당의 이해가 맞아떨어져, 파친코 의혹이 국회에서 집중 심의를 받게 된다. 결국 오히려 자민당이 더 많은 기부금을 받았다는 사실이 드러나면서 이 의혹은 흐지부지해졌지만, 한편으로 민족교육과 조총련을 맹비난하는 데 이용되어, 그 여세로 선불카드 도입에 이용됐다. 그 후 선불카드 관리회사는 경찰들의 낙하산이 됐다.

이에 말려든 것은 조선학교 학생(특히 여성)을 비롯한 재일조선인이었다.

두 번째는 더 큰 시대의 흐름이다. 1991년 소련 해체 후 한때 세계에 평화와 군축이 찾아왔다고 낙관하는 견해도 있었다. 그러나 직후에 1차 이라크 전쟁과 유고 내전이 일어나고, 1990년대 이후 세계는 '열전熱戰'의 시대로 돌입했다.

동아시아도 예외는 아니었다. 미국은 소련 해체 후에도 아시아에서 미군의 '10만 명 체제'를 유지한다고 선언하고, 미일 안보체제를 재편·강화했다. 1997년의 신가이드라인과 1999년의 주변사태법 제정 이후 미일 안보체제는 더욱 강화되어갔다. 동아시아에서의 권익이 냉전 붕괴 후에 오히려 더 중요해졌기 때문이다.

세계경제에서 아시아 시장의 중요성도 높아졌다. 소련이 해체되고 중국이 더 한층 '개혁개방'을 추진한 결과, 아시아는 단번에 10억인 규모의 '새로운 시장'이 됐다. 중국은 권위주의적인 공산당 지배체제에서 막대한 규모의 농촌 인구에서 온 저렴한 노동력을 바탕으로 적극적인 외자도입을 이끌어내고, '세계의 공장'으로서 경이적인 경제성장을 이루었다. 아시아는 지금 세계경제의 '성장센터'가 됐고, 중국은 일본을 제치고 미국에 이은 세계 제2위의 대국이 됐다.

이 때문에 '초강대국'이라 불려온 미국은 냉전 붕괴 후에도 동아시아에서 발을 빼지 않고 자국의 헤게모니를 유지하여 대국 중국을 견제하는 것을 중요한 전략적 의의로 삼고 있다. 냉전이 종식됐는데도 미군이 한반도와 오키나와를 비롯한 일본에서 철수하지 않고 있는 이유다. 그리고 인적 왕래와 경제 교류가 급속하게 진행된 중국과 대만의 관계에서도 과거와 같은 군사적 긴장이 사라진 이상, 미군·미국이 소련이 없어진 후의 동아시아에 계속 개입할 수 있는 구실이 되고 있는 것이 북한 문제다.

북한 입장에서 보면, 한국전쟁 이후 미국으로부터 핵 위협에 대해 계속 압박받고, 다른 한편으로는 한국과 군사적·경제적·정치적·외교적 우위를 다투지 않을 수 없으며, 반세기 이상이나 '전시체제'를 강요받아왔다. 냉전 붕괴에 의해 소련이라는 동맹국을 잃고, 중국 이외에 협력적인 주변국을 찾을 수 없게 된 북한은 체제 존속을 걸고 미국 및 일본과의 관계 개선을 모색한다.

그렇지만 미국의 아시아 전략이라는 입장에서 보면, 북한은 체제를 승인할 수 있는 상대는 아니었다. 그렇다고 해서 이라크처럼 타도할 수도 없다. 만약 아시아에서 전쟁을 일으키면, 세계경제의 성장센터가 대혼란에 빠진다. 미국은 북한과 '강화도 전쟁도 하지 않는다'는 입장을 취하면서, 한미·미일 군사훈련을 반복하며 중국을 압박하면서 북한의 굴복을 촉구하는 방법을 취해왔다. 북한이 이에 응하지 않고, 체제 유지의 가이드로서 일정한 페이스로 '성과'를 공표하면서 미사일과 핵개발을 추진해온 것은 알려진 바와 같다.

이런 배경에서, 1980년대부터 1990년대에 걸쳐서 일본의 가상적국은 소련에서 북한으로 바뀌었다. 치마저고리 사건은 그 흐름 속에서 나타난 인종주의 폭력이었다.

1994년 4월 '핵개발 의혹'

1994년 4월에 '핵개발 의혹'이 언론에 크게 보도되고 나서, 그해 7월 8일에 김일성·카터 회담 성공까지, 또다시 인종주의 폭력이 증가했다(약 3개월 동안 약 160건). 앞에서 서술한 이외에도 다음과 같은 사례가 있다.

피해자: 도쿄 조선중고급학교 고등학교 3학년(18세)

6월 9일 아침이었다. 그날은 사회과학 견학이 있었기 때문에, 이케부쿠로에서 친구와 만나기로 했다. 전철을 타고난 뒤 몇 번째인가의 역에서 양복 차림의 20대 남성 두 명이 탔다. 전철 안은 출근 시간이라 혼잡했는데, 두 사람은 일부러 차량의 연결 부분이 있는 문 근처에 서 있던 내 쪽으로 왔다. 두 사람은 내 뒤에 아무 말 않고 달라붙듯이 서 있었다.

갈아타는 역에 도착해서 내리려고 할 때였다. 오른손이 어딘가에 끼었는지 당겨도 빠지지 않았다. 이상해서 뒤돌아보자 아까 그 남자 중 한 명이 내 저고리 소매를 잡고, 또 한 명의 남자가 가위로 그 소매를 자르고 있었다. 내가 당기는 것을 놓치지 않고 억지로 잘랐다. 무서워서 몸이 굳어졌지만, 자칫 잘못 소리를 지르면 오히려 위험할 것 같아서 아무 말도 할 수가 없었다.

전철에서 내리자마자 나는 화장실로 뛰어 들어갔다. 저고리 소매는 갈기갈기 15센티미터 정도 찢어져 있었다.

나는 어쨌든 이 상태로 나가면 부끄러울 것 같아서, 빈같고리를 꺼내 급하게 잘린 곳을 꿰맸다. 역원에게 말할까도 생각했지만, 전철에서 내 주위에 많은 사람들이 있었는데도 아무도 말을 해준 사람이 없었던 것을 생각하니 그것도 할 수 없었다. 어쨌든 빨리 친구를 만나고 싶다는 생각에 약속한 역으로 서둘렀지만, 약속 시간이 한참 지나서 친구를 만날 수 없었다. 어떻게 하면 좋을지 몰라 어머니가 일하는 곳으로 전화를 걸었다. 어머니의 목소리를 듣자 안심이 되어 눈물이 왈칵 쏟아졌다.

다음 날부터 나는 폴로셔츠와 청바지 차림으로 등교하게 됐다. 저고리가 잘린 사건이 있고 나서, 나흘 후였다. 아버지가 역까지 바래다주어 계단을 올라갈 때였다. 뒤에서 중년 남성이 뛰듯이 올라와, 내가 입고 있던 청바지의 오른쪽 다리 부분을 가위로 자르고 도망갔다.

그런 일이 이어지자, 나는 혼자서 걷는 것이 무서워졌다. 돌아올 때는 부모님 중 한 분이 역에 마중 나오게 됐지만, 도저히 상황이 안 되는 날도 있었다. 그날 나는 역에서 택시를 탔다. 조금 후 택시 운전사가 "신문에 청바지 기사가 실렸는데, 그거 학생이지?" 하고 물어왔다. 그러고는 "정치 분위기가 이러니, 당해도 싸지!" 하고 말했다. 운전사 이름을 보려고 했지만, 앞에 있어야 할 이름은 가려져 있어서 볼 수 없었다. 택시에서 내릴 때 운전사는 나에게 "나쁜 놈들!" 하고 말하며 사라졌다.

이러한 일이 있다고 해서 학교를 쉬고 싶지는 않았다. 그렇지만 안심하고 전철을 타거나 길을 걸을 수 없었다. 지금의 나는 나 자신을 지키는 일밖에 생각할 수 없다. 사람들이 많은 곳에서 무서운 일을 당했지만, 말을 걸어주거나 도와주는 사람은 없었다. 그것은 나에게 충격이었다. 그렇지만 일본인 중에는 좋은 사람이 있다고 믿는다.

앞에서 소개한 '조선인 학생에 대한 인권침해조사위원회朝鮮人學生に對する人權侵害調査委員會'가 펴낸 『찢겨진 치마저고리: 재발방지 사건 근절을 바라며切られたチマ·チョゴリ: 再發防止 事件の根絶をめざして』에 실린 내용이다.

그 밖에도 고3 여학생이 하굣길에 역에서 중년 남성에게 나이프 같은 것으로 협박을 받고, "두 번 다시 그런 옷을 입지 마"라고 폭언을 들은 사례와, JR 미토水戸역에서 통학버스를 기다리던 초등학교 2학년 여학생이 폭행을 당한 사례가 있다(이 사건은 택시 운전사가 범인을 잡아 경찰이 체포했다). 이케부쿠로역에서 남학생이 몇 명에게 맞아 턱과 팔이 부러지는 사건도 있었다.

보고서 『찢겨진 치마저고리』는 사건의 원인이 "일본 정부 정책에 조선인에 대한 차별의식이 뿌리 깊게 만연해 있기" 때문이라고 하면서, "온상으로 존재하는 차별의식이 구체적인 폭력사건으로 나타난" 이유로 세 가지를 들었다.

① 1994년 전반에, 일본 정부가 '북핵 의혹'을 거론하며 북한을 맹비난하면서 '즉각대응태세'를 확립하려고 했다.

② 일본의 언론이 '차별을 조장하는 왜곡된 보도'를 연일 쏟아냈다.

③ 민족단체에 대한 치안 당국의 '위법적인 수사가 연속적으로 발생'했다(1994년 4월 오사카부 경찰, 6월에 교토부 경찰이 각부의 조총련 본부에 대한 대규모 수사를 실시했다).

요컨대 '온상으로 존재하는 차별의식'이, ① 정부의 북한 맹비난, ② 언론의 차별 보도, ③ 국책 수사로 '촉발되어, 일본 사회에서 조선인 차별이 구체적인 폭력사건으로 발전했다'는 것이다. ③의 교토부 경찰에 의한 국책 수사는 혐의가 없는 것으로 드러났는데도 계속된, 매우 부당한 것이었다. 역시 이 보고서는 "이번 가해자 가운데 젊은 층이 많다는 점에 유의해야 한다"라며, 다음과 같이 경고했다.

> 이상과 같이 오늘날 일어나고 있는 조선인 학생에 대한 인권침해는 단순한 우발적 범죄가 아니다. 일회성 사건도 아니다. 일본 사회에서 반복해서 발생한 민족차별이며, 뿌리 깊은 문제다. 더구나 그것은 일본 정부의 정책으로 재생산된 차별의식에 기반을 두었다. 일본 정부의 오랜 세월에 걸친 정책이 재일조선인에 대한 차별의 원인이 되어왔고, 민족학교에 대한 차별을 허용해왔다. 따라서 이번 사건의 범인이 검거되어, 사태가 진정되어도 그것만으로는 문제가 해결됐다고 볼 수 없다. 앞으로도 비슷한 사건이 반복해서 발생할 가능성이 매우 높다.

경고한 일이 실제로 벌어졌다. 1998년 8월 대포동 미사일이 발사됐을 때, 약 70건(약 6개월 동안)의 사건이 일어났다. 2002년과 2006년에도 마찬가지다(189쪽 〔표 3〕 참조).

1998년에 '치마저고리 사건'이 잇달아 터지고, 1999년 신학기부터 조선학교 측은 '제2의 교복'을 도입하기로 결정했다. 예전부터 여학생 교복이었던 치마저고리 외에 등하교 때에는 재킷 스타일의 '제2의 교복'을 착용함으로써 인종주의 폭력 및 성폭력의 위험으로부터 벗어나려는 '자위책'이었다(이런 '자위책' 덕분인지 재일본조선인인권협회에 따르면, 2003년 1월에 보고된 사건을 마지막으로 더 이상 접수된 치마저고리 사건은 없다고 한다. 문의에 따라 조사해주신 재일본조선인인권협회에 감사드린다).

20세기 말 일본 사회는 민족의상을 인종주의와 성차별 폭력의 걱정 없이 자유롭게 입을 수 있는 분위기가 아니었다.

학생에 대한 폭력과는 다르지만, 1998년에는 지바현 조총련 사무소에서 숙직하던 활동가가 불이 나서 살해된 사건이 일어났으며 현재까지 '미해결' 상태다.

'납치사건' 이후: 자연발생적인 인종주의 폭력이 일상화된 시대로

2002년 9월 17일의 고이즈미 준이치로小泉純一郎 총리의 방북과 북일 평양선언 발표는 본래라면 좋은 의미의 역사적인 일이 됐을 것이다. 식민지 지배 책임을 둘러싸고 계속 적대해온 북일 양국이 첫 정상회담을 가지고 국교정상화를 향해 '새로운 출발'을 했을 것이다.

그런데 북한이 일본인 납치를 공식 인정하고 사죄한 것이 언론에 보도되면서 일본 사회의 인종주의는 유례를 찾아볼 수 없을 정도로 고조됐다. 1천 건 이상의 인종주의 폭력이 다음 해 3월까지 6개월 동안 기록됐다.

일상화된 인종주의 폭력

'9·17'(고이즈미 방북·북일 평양선언, '납치사건' 공식 인정) 후 인종주의 폭력은 1994년과 1998년에 빈발했던 폭력보다 더 심했으며, 변호사들의 조사가 이루어졌다.

오사카에서는 '재일조선인 어린이들에 대한 괴롭힘을 허용하지 않는 오사카 변호사 모임'이 오사카 부내 12개 학교 1,768명을 조사한 결과 416명(23.5퍼센트)의 피해가 보고됐다.[9]

주목할 점은 가해자가 남자 성인(37퍼센트), 남학생(18.4퍼센트), 남자 어린이(15.1퍼센트)라는 것이다. 어른들에게서만이 아니라, 보육시설과 학원에서 또래에게 폭언을 듣는 경우도 많다는 결과다. 게다가 가해자가 여럿인 경우는 40.8퍼센트이고, 단독범인 경우는 54퍼센트로 절반 이상이다. 이는 인종주의 폭력이 단독으로 행해지는 경우가 많음을 보여준다.

간토에서는 '재일조선인 어린이들에 대한 괴롭힘을 허용하지 않는 젊은 변호사 모임'이 간토 지역 조선학교 21개교의 학생 2,710명을 대상으로 실태를 조사했다. 그 보고서[10]에 따르면, 2002년 9월 17일부터 2003년 3월까지 '피해를 입었다'고 답한 어린이가 522명으로 전체의 19.3퍼센트다([그림 8] 참조). 다만 이 조사는 한 명당 한 건으로 했기 때문에, 한 사람이 복수의 폭력을 당한 경우에 두 건째부터는 수치에 반영되지 않았다.

전체적인 피해 경향에 대해, 보고서는 "'약자 이지메라는 실태'를 볼 수 있었으며, '고학년보다 저학년, 남학생보다 여학생의 피해가 더 컸다. 약자를 괴롭히는 반면, 고급 3학년 남학생을 괴롭혔다는 보고는 전혀 없었고, 여성이 고급 남학생을 괴롭힌 경우도 전혀 없었다" 라고 한다.[11] 그리고 고교 여고생의 경우, 단독 범행이 74.6퍼센트로 압도적으로 많았다.

역시 이 보고서에 따르면 "치마저고리를 칼로 찢겼다는, 그런 유의 사건으로 상징적으로 이야기된 것은 몇 건에 그쳤다"라고 했다.[12] 앞

〔그림 8〕 9·17 직후의 인종주의 폭력 피해

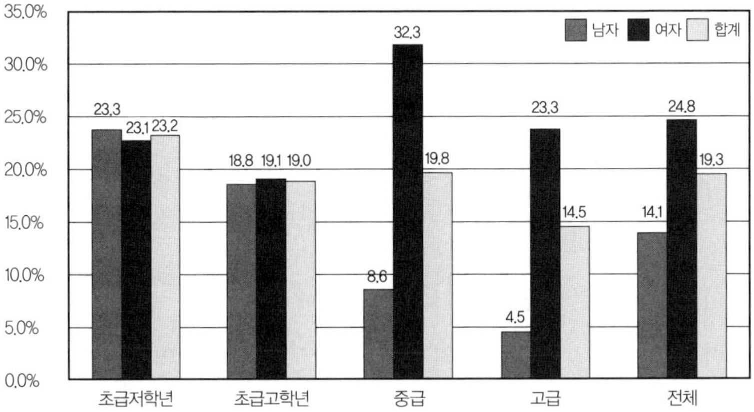

* 재일조선인 어린이들에 대한 괴롭힘을 허용하지 않는 오사카 변호사 모임, 『재일조선인 어린이들에 대한 괴롭힘 실태조사 보고집』, 20쪽에서.

에서 서술한 대로 1999년의 제2의 교복에 의한 '자위책' 이후에도 위와 같은 경향을 볼 수 있는 것처럼, 인종주의 폭력의 대부분이 사회적 약자를 노리는 경향이 있음과 동시에 그 자체로 성차별이 강하게 개입된 범죄임을 시사하는 결과다.

그리고 피해의 80퍼센트는 말에 의한 차별=혐오표현이었다. '혐오표현'이라는 말이 일본에서 보급되기 이전에 이미 피해가 심각했음을 기억해야 한다.

또 피해를 상담한 건수도 부모 112건, 선생님 73건, 친구 101건, 경찰 11건, 상담하지 않은 사람 148건이었다. 많은 사람이 누구에게도 상담하지 않았으며, 경찰에도 거의 상담할 수 없다는 것을 알 수 있다.

간토에서의 조사보고서는 학생의 목소리를 다음과 같이 기록했다.

반드시 일본인이 조선인에게 나쁜 짓을 더 할 것 같아서 무섭습니다. (중급 2학년 여학생)

이 문제로 일본인이 우리를 보는 눈이 180도 달라진 것 같다./ 이제 더 이상 뉴스에 북한 이야기를 하지 않았으면 한다./ 북한에 대한 뉴스는 사실일지 모르지만, 일본의 언론과 일본 사람은 재일조선인, 특히 학생의 괴로움을 모르고 말하고 싶은 대로 하는 것 같다./ 나는 이 문제로 일본인들이 무서워졌으며, 밖에서 놀 때는/ 절대 조선인이라는 걸 들키지 않으려고 일본인인 척한다./ 이제 더 이상 북한 뉴스로 상처받고 싶지 않다./ 재일조선인이 가까운 시일 내에 일본에서 쫓겨날 것 같아서 무섭고 걱정이 돼서 견딜 수 없다./ 나는 지금 일본이 정말 무섭다. (고급 1학년 여학생)

다른 지역에서도 마찬가지다. 예를 들면 아이치현 나고야에서, "전철을 타고 역에 내리려고 했을 때, 쉰 살가량의 남자가 '조센진 이리 와!' 하더니 치마저고리를 끌어당겼다. 혹은 친하게 지내던 이웃 여성이 '식민지 시대에 조센진을 모두 죽여버렸으면 이런 일은 없었을 텐데'라는 피해가 기록되어 있다."[13]

니가타新潟에서는 '9·17' 후에는 학교 측이 등하교 때에 자가용으로 데려다주도록 했으며, 스쿨버스에 쓰여 있던 한글을 지우고, 등하교 때 체육복을 입는 등의 자위책을 실시했던 일도 있다. 학생이 직접적인 폭력을 당한 피해는 보고되어 있지 않다. 다만 학교로 협박전화가 많은 날은 하루 5건 정도, 협박 메일이 200통 이상 왔다. 결국 홈페이지를 폐쇄할 수밖에 없었다.

이렇게 9·17 이후 일본에서는 인종주의 폭력이 급증했다. 그렇지만 실은 간토에서는 9·17 이전의 피해도 동시에 조사했으며, 그 결과 550명이 피해를 당했다는 것을 알 수 있었다(1997년 이전에 피해를 입었다는 사람도 있었다). 요컨대 일본 사회는 1990년대 말에 이미 인종주의 폭력이 일상화됐으며, 2002년 고이즈미 방북 후에 불어닥친 '북한 맹비난' 속에서 폭력이 더욱 급증했다. 그리고 폭력의 대부분은 조고생 습격사건 같은 조직적 범행 또는 복수에 의한 범행이 아니라, 자연발생적인 성격을 띤 '보통 사람'에 의한 폭력이라는 성격을 지니게 됐다.

역시 이들 피해에 대해 일본 정부는 지금까지도 방관하고 있다. 치마저고리 사건에서 범인은 거의 검거되지 않았다. 그뿐인가. 일본 정부는 조총련을 탄압해왔다. 앞에서 설명한 1994년의 핵위기 때 조선학교에 대한 강제수사 등이 그 사례다.

자연발생적인 인종주의 폭력을 일으키는 것: 치마저고리 사건을 초래한 '위로부터의 차별선동'

이들 치마저고리 사건을 시작으로 한 일련의 인종주의 폭력의 특징을 정리하면, ① '보통 사람'에 의한 자연발생적인 범행이 대부분이며, ② 저학년 아동과 여성 등 약자를 겨냥하는, 특히 성차별을 띤 것이며, ③ 한반도 정세가 불안정하거나 북일관계가 악화되거나 재일조선인에 대한 맹비난이 언론에서 행해질 때에 집중적으로 나타났다.

여기에서 치마저고리 사건을 비롯한 자연발생적인 인종주의 폭력을 일으킨 것은 무엇이었는지 조금 더 생각해보자.

조고생 습격사건은 반공주의에 기초하여 직접 조직화된 극우 학생의 범행이었다. 따라서 습격한 범인도 조직과 직접 관계있는 사람이었다.

반면 치마저고리 사건을 일으킨 것은 우익적 배경을 가지지 않은 '보통 사람'이었다. 더구나 대부분이 (간토의 조선고등학교 여학생에 대한 피해에 한정한다면 70퍼센트 이상이) 단독범에 의한 폭력이었다. 조직과 무관한 사람이 벌이는 인종주의 폭력이 동시다발적으로 일어난 이유는 무엇일까.

열쇠는 폭력이 ③ 한반도 정세·북일관계 악화로 인해 빈발하는 점에 있다.

1994년의 보고서 『찢겨진 치마저고리』는 사건이 빈발하는 원인으로 다음 세 가지를 들었다. ① 일본 정부가 북한을 맹비난하고, '즉각 대응태세'를 만들어내려고 했다. ② 매스컴의 북한 맹비난, ③ 당국의 국책조사. 냉전 붕괴 후 일본은 북한을 새롭게 가상적국으로 상정하고, 전후 보상과 국교정상화가 아니라 미국의 아시아 전략에 따르는 형태로 북일 안보를 강화하면서, 동시에 북한을 군사적으로 압박하는 쪽으로 돌아섰다. 그리고 일본 정부는 주변사태법과 유사 법제를 비롯한 전쟁국가화에, 악화된 북일관계와 북한의 핵개발 상황을 최대한 이용했다. 일본 정부의 조총련과 조선학교에 대한 탄압 강화는 재일조선인에 대한 인종주의를 선동하는 결과를 초래했다.

'위로부터의 차별선동'이 치마저고리 사건을 일으켰다.

2006년 제1차 아베 내각은 북일 교섭의 '가이드'로 재일조선인의 인권·조직 탄압을 활용하기 시작했다. 북한과 니가타를 잇는 화물여객선 만경봉호의 입항을 금지했으며, 재입국 허가도 제한되어 고국

왕래의 자유는 점점 침해받았다. 설령 치마저고리 사건이 보고되지 않았다고 해도, 인종주의 폭력은 지속적으로 일어났을 것이다.

조직적 범행이 아닌 자연발생적인 인종주의 폭력의 증대가 어느 정도로 두려움을 주는지는 말할 필요도 없다. 예를 들어 가스가 새는 것을 방치한 결과, 가스가 꽉 차서 화기가 없어도 작은 계기만으로도 자연 발화하여 폭발을 일으킬 수 있는 위험한 단계로 돌입한 상태와 비슷하다.

일본의 혐오표현은 이런 상황에서 등장한 새로운 인종주의 폭력이었다.

제5장

혐오표현: 재특회형 인종주의 폭력 (2007년~현재)

최근 일본에서 활개치고 있는 혐오표현은 인터넷을 통해서 자연발생적으로 조직된 인종주의 폭력이다. 그것은 이제까지처럼 더 이상 익명의 범죄로서 드러나지 않는 폭력이 아니게 됐다. 공공연히 인종주의를 내세워 단체를 결성하고 차별하며 뭔가가 거슬리면 돌변하는 인종주의 폭력이다.

빈발하는 일본의 혐오표현은 세 가지 특징을 가진다. ① 새롭게 자연발생적으로 태어난 계속되는 인종주의 '운동', ② 신자유주의와 친화적인 인종주의, ③ 정치공간과 자유롭게 이어지는 인종주의다. 차례로 살펴보고자 한다.

일본 혐오표현의 특징 ①:
전후 처음으로 재일외국인을 표적으로 한 본격 인종주의 운동

새로운 배외주의 운동:
인종주의를 공공연히 내세우는 운동의 지속적인 등장

조고생 습격사건이나 치마저고리 사건과 달리 일본의 혐오표현의 직접적인 실행자는 노골적으로 재일조선인을 비롯한 외국인에 대한 인종주의를 내세우며 계속 조직된 운동에 참가했다. 히구치 나오토 樋口直人는 "외국인 배척을 주요 목적으로 하는 계속적인 조직화는 현재의 배외주의 운동이 일본에서 처음이라고 할 수 있지 않을까"[1]라고 말했다.

인종주의 운동의 세 가지 원류

히구치는 현재 일본의 배외주의 운동은 "우익 붕괴에서 노하우를, 역사수정주의에서 투쟁 과제를, 인터넷에서 넷우익이라는 동원 가능성(운동의 지지층)을 얻어왔다"라고 지적한다.

1990년대 전반에 결성된 '국가사회주의자동맹'이라는 네오나치 단체는 우에노공원에서 홈리스로 있던 이란인(망명과 이주노동자로 입국했다)을 배제하는 운동을 했다. 이 네오나치 조직에 참가한 간부가 2004년 NPO 법인 외국인범죄 추방운동 단체를 만든다. 지금의 재특회 등 차별단체에 강한 영향력을 가진 세토 히로유키瀬戸弘幸와 아리카도 다이스케有門大輔 등이 이곳에서 활동하고 있었다.

또 교토 조선학교 습격사건의 범인이기도 한 '주권회복을 바라는 모임主權回復を目指す會'의 대표 니시무라 슈헤이西村修平는 일찍이 티베트 문제를 구실로 하는 반중국운동과 관련이 있었다. "이들 '우익들의 붕괴 활동'은 수적으로 적었지만, 가두연설 등 운동에 필요한 노하우를 제공한 점에서 중요"(히구치)하다고 한다.

야쓰다 고이치安田浩一의 르포[2]에 의해, 재특회의 사쿠라이 마코토櫻井誠(당시 회장. 본명 다카다 마코토高田誠) 등이 니시무라의 공격적인 선동을 부른 것이 명백해졌다. 연설 방법과, 기업과 자치체에 대한 협박, 프로파간다 등의 지식과 수법을 여기에서 배웠다는 것은 큰 의미가 있다.

히구치가 지적한 두번째 '역사수정주의에서 투쟁 과제'를 얻어왔다는 것은 새로운 인종주의 운동에서는 역사부정이 '운동 과제'가 됐다는 의미다. 일본군 '위안부' 문제와 조선인 강제연행, 난징대학살 등이 혐오표현의 주요 '소재'인 것을 보면, 잘 알 수 있을 것이다.

세 번째 인터넷 동원도, 설명이 필요 없다. 교토 조선학교 습격사건에서 본 대로, 지금의 혐오표현 현장에서는 자신들의 행동을 비디오카메라로 촬영하여 인터넷에 공개한다. 인터넷에서 차별을 선동하는 것이 목적이라고 할 수 있다. 인터넷에서 '넷우익'에 의해 복사와 붙여넣기를 통해, SNS와 뉴스 댓글에서 증식시키고, 여기에 영향을 받는 사람들을 향해 조직망을 펼친다. 실제로 재특회는 2009년까지 그런 방법으로 급격하게 지명도를 올리고, 메일 매거진 등록 회원수를 늘렸다.

방치하면 끝없이 과격해지는 차별선동 목적의 차별

혐오표현의 가장 위험한 점은 차별을 목적으로 하는 차별이기 때문에, 사회적 제어가 없는 한 끝없이 과격해진다는 것이다. 사실 재특회는 2006년 12월에 설립된 이후 과격한 활동으로 일관해왔다.

재특회의 정식 명칭은, '재일특권을 허용하지 않는 시민의 모임'으로, '재일특권' 폐지가 이 모임의 목적이다. 그들이 말하는 '재일특권'이란, 일본인과 비교한 '특권'이 아니라 (필시 의도적으로 애매하게 표현하고 있지만) 다른 외국인 일반과 비교하여 재일조선인이 부당한 '특권'을 가지고 있다는 것이다. 여기에는 일본인과 외국인 사이에 차별을 두는 것은 당연하다는 생각이 깔려 있으며, 그 차별에서 보면 재일조선인만 혜택을 입고 있으므로 다른 외국인과 '평등'하게 처우해야 한다는 주장이다.

재특회가 공식적으로 주장하는 '4대 재일특권'이 있다. 특별영주자격, 조선학교 보조금, 생활보호 적용, 이름 등이 그것이다. 그런데 이 네 가지는 '특권'과는 정반대의 것으로 일본 정부의 인종주의 정책의 산물에 지나지 않는다. 그 차별에 '특권'이라는 딱지를 붙여 재일조선인이라는 존재의 정당성을 공격하는 것, 이것이 '재일특권'이라는 혐오표현의 핵심이다.

재특회는 10여 명이 모여 발족했으며, 초기에는 학습회 활동이 중심이었다고 한다. 지금 생각해보면 실로 소박하며, 이른바 '시민운동'과 다를 바 없었다. 그러다가 니시무라 등의 수법을 받아들인 과격한 선동을 통해 재일조선인에 대한 인종주의를 부채질하면서 인터넷에서 주목을 받으며 조직화되어갔다. 제1부에서 소개된 2009년의 과격한 교토 조선학교 습격사건이 정점에 달했을 때였다.

현재 인터넷에 유포되고 있는 '재일특권'의 목록에는, 재일조선인은 수도·가스가 공짜라든가, 연 600만 엔을 받으며 놀고먹는다는 내용도 있다. 인종주의를 자기목적으로 삼는 그들에게 진위와 구실은 아무래도 좋으며, 다만 소수자에 대한 공격력이 중요할 뿐이다. 인종주의자들은 절반은 헛소문이라는 것을 알면서도 '재일특권'을 유포하고 차별선동을 해왔다.

템플릿화

두 번째 위험성은 혐오표현이 그 자체로 차별일 뿐만 아니라 차별의 구체적인 방법을 가르치는, 말하자면 텍스트와 템플릿template(양식) 소재로서 기능한다는 것이다.

인터넷에서는 언제라도 차별을 볼 수 있다. 이것은 흉내 내려고 하면 즉각 사용할 수 있는 차별의 템플릿이다. 실제로 혐오표현은 이른바 복사와 붙여넣기로 성립되는 경우가 많다. 그렇기 때문에 원래의 소재가 잘못됐을 경우, 복사도 (때로는 약해지는 형태로) 잘못 재생산된다. 교토 사건의 판결에 게재된 전형적인 예를 들어보겠다.

> 조선진주군朝鮮進駐軍, 이 말을 꼭 검색해주세요. 일본 남자들이 전쟁터에 나가 있는 동안 무시무시한 조선인이 여자와 아이들에게 얼마나 끔찍한 짓을 했는지 분명히 알아주십시오. 조선진주군입니다. 기억해주세요. 조선진주군. 고등학생 여러분, 대학생 여러분, 조선진주군, 스마트폰으로도 검색할 수 있습니다. 해보세요. 삼국인三國人을 검

색해보세요. 무서운 일을 알 수 있습니다.

재일조선인은 일본과 전쟁을 한 사실이 없는데도 종전과 동시에 '조선진주군'을 자칭하며 일본 각지에서 부녀자 폭행, 폭행, 약탈, 경찰서 습격, 토지·건물의 불법점거, 철도 불법승차 등 갖은 흉악한 짓을 다했다.

인터넷에는 이러한 글들과 함께 재일조선인연맹 중앙본부 앞에 곤봉을 든 남자들이 서 있는 사진이 떠돌고 있다. 이들이 '조선진주군'이라는 것이다.

이것은 완전히 거짓말이다. 이 사진은 1949년 9월 8일에, 조련을 강제해산시키기 위해 군경찰이 조련 본부를 접수했을 때의 사진으로, 찍힌 사람은 일본 경찰이다(135쪽 '조련의 강제해산' 부분 참조). 이런 거짓말이 인터넷에서는 영향력을 가진다. 덧붙여서 재특회조차 유언비어라고 인정했다.

게다가 혐오표현은 더 자세하게 차별하는 구체적인 방법을 가르친다. 예를 들어 재특회 오사카 지부가 만든 전단지 '히라카타枚方시 재일외국인 등 고령자 급부금 지급제도에 반대합니다'라는 PDF 파일이 이 모임 사이트에서 무료 공개됐다. 거기에는 히라카타시의 '재일외국인 등 고령자 급부금 지급제도'가 '재일특권'이라는, 유언비어가 자세히 쓰여 있으며, 마지막에 '문의처: 히라카타시 건강부 고령사회실 072-×××-××××'라며 관공서 담당 직원과 연락처가 적혀 있다. 요컨대 공감을 했다면 공무원에게 '항의'하라고 촉구하는 것이다.

폭력을 행사하는 방법에 대해서도 마찬가지다. 혐오표현은 경찰에게 체포되지 않고, 소송을 당하지도 않고, 안전지대에서 안심하고 재일조선인에게 폭력을 행사할 수 있는 수법 중 하나다. 특정 개인이나 단체에 대해 '××을 죽여라'라고 하면, 협박·살인예고로 형사처벌을 받지만, 구체적인 인물·단체의 고유명사만 말하지 않고 '모두 죽여버려' 또는 '홀로코스트 해라'라고 하면 체포되지 않는다. 혐오표현은 그런 방법을 가르치며, 사람들은 그것을 의식적·무의식적으로 배우고 있다.

운동 방법도 가르친다. 전단지 PDF의 무료 배포와, 교토 사건에서 보았듯이 습격 장면을 촬영·공개하여 동영상을 유포하고 SNS에서 그것을 이용하여 인종주의를 선동하는 방식으로 운동하고 있다.

구체적인 조직화 방법도 혐오표현은 시사한다. 『만화 혐한류』는 역사부정과 혐오표현 만화라고 할 만큼 차별선동이 넘친다. 주인공은 '극동아시아조사회'라는 우익서클 소속으로 '토론' 활동을 벌이는데, 재일조선인을 '대등한 논의'로 '대파'한다는 설정이다. 10년 후에 출판된 『만화 대혐한류』에서는 역사를 공부하는 대학의 '좌익서클'을 극우 활동의 거점으로 삼은 서클 회원이 주인공이며, 인터넷에 동영상을 배포하고, 자치단체에 일제히 전화를 걸어 집회를 여는 등의 '운동'을 매우 긍정적으로 묘사하고 있다.

절반은 놀이인 인종주의: 해도 그만, 안 해도 그만인 자유로운 차별

일본의 혐오표현 현장에서는 인종주의, 역사부정, 극우 활동이 반은 놀이로 행해진다. 그들이 반복하는 차별의 대부분은 해도 그만 안 해도 그만인 것이 많다.

제4부에서 말했듯이 구미에서는 인종주의법/규범이 존재한다. 그렇기 때문에 일반 시민이 인종주의·역사부정·극우 활동에 참여하려면 일정한 사회적 장애가 있다. 범죄에 손을 더럽혀 체포와 벌금(유럽), 민사소송에서의 거액의 징벌적 배상(미국), 혹은 사회적 지위와 (정치가라면) 정치생명의 상실, 강력한 사회적 비판을 (정도의 차이는 있지만) 각오해야 한다.

그런데 일본은 누구나 안심하고 인종주의자가 될 수 있다. 선진국 중 유일하게 인종주의가 자유로운 국가이기 때문이다. 그렇기 때문에 일본의 혐오표현에는 유럽이나 미국이라면 결코 극우가 될 '각오'도 할 수 없는 '보통 사람'이 제노사이드 선동을 공공연하게 외치는 가두시위에 대규모로 축제를 즐기는 기분으로 참가한다.* 반차별 규범이 전혀 없기 때문에, 무엇이 차별인지가 '보이지 않는' 것도 하나의 원인이다.

일본 혐오표현의 특징②: 신자유주의적 인종주의

일본 혐오표현의 두 번째 특징은 인종주의 운동이 신자유주의와 친화적이라는 것이다. '재일특권' 유언비어는 재일조선인에 대한 인종주의이지만, 이런 종류의 유언비어는 '피폭자 특권', '재해자 특권',

* 2016년 5월에 성립한 '혐오표현 해소법'에 의해, 가두시위에 일정한 압력을 가하게 됐다. 이것이 시사하는 바는 법률의 효과보다 오히려 작은 압력으로도 그만둘 정도로 가벼운 마음으로 살인 선동에 놀이처럼 참가해온 '보통 사람'이 많았다는 것이다.

'피해자 특권' 등 다양하다. 이들 '××특권'형의 맹비난이라고도 할 만한 약자 공격의 근거는 시장 경쟁 외에서 얻는 복지와 권리를 '부정하고', '교활한' 것으로 간주하는 신자유주의다. 이것은 재특회에 한하지 않고, 가타야마 사쓰키片山さつき 참의원의 생활보호 대상자 맹비난과 하시모토 도루橋下徹(전 오사카 시장)의 조선학교 보조금 삭제를 예로 들 수 있다.

'재일특권'은 '××특권'형 맹비난의 한 유형이기도 하다. 그렇기 때문에 신자유주의에 친화적인 시대 상황에서는 역시 사회적 영향을 미친다.

규제완화, 민영화, 재정 삭감으로 대표되는 신자유주의는 사회를 시장원리에 맡기는 것이야말로 정당하다고 생각한다. 사회주의와 평등의 기준조차 시장 경쟁원리에서 근거를 찾아내려고 하는 사상·실천이다. '재일특권'은 유언비어이며, 오히려 차별 상황을 '특권시'하는 도착倒錯이다. 그러나 시장원리에 의한 평등을 강조하는 신자유주의에서 보면, 그 인종주의는 정당한 '특권 비판'이 된다.

신자유주의적 인종주의의 입장에서는 '사회권'으로 보일수록 또는 '적극적 조치'로 보일수록, 그것은 허용하기 어려운 '특권'이다. 민족교육권이 그토록 적대시되는 것은 신자유주의가 매우 강력하게 작동하는 데다 애초에 민족교육권을 옹호할 수 있는 반인종주의 규범이 존재하지 않기 때문이다.

인종차별철폐국제조약 제2조에는 형식적 차별 철폐(제1항)와, 실질적 차별 철폐(제2항) 두 가지가 규정되어 있음은 앞서 서술했다(68쪽 19째 줄 이하 참조). 신자유주의적 인종주의는 특히 후자를 공격하지만, 나아가 전자와 후자의 논리를 대립시켜 반인종주의 입장을 전자에만 의거하도록 하는 데 주의할 필요가 있다.

따라서 '재일특권'이라는 혐오표현에 대항하기 위해서는 단순히 그것이 유언비어라고 지적하는 것만으로는 부족하다. 재일조선인에게는 영주권, 민족교육권 등 소수자의 **특별한 권리(정당한 특권이라고 해도 좋다)**를 인정하는 것이 당연하다. 그것이 최소한의 평등이라는 수준으로 대항할 수 없으면 '재일특권'이라는 유언비어의 강력한 차별선동에 대항할 수 없다.

일본 혐오표현의 특징 ③: 정치공간과의 연결

일본 혐오표현의 세 번째 특징은 정치공간과의 연결이 강하다는 것이다. '위로부터의 차별선동'의 영향력과, '아래로부터의 인종주의 운동'이라는 두 가지 각도에서 확인할 수 있다. 여기에서는 후자에 대해 살펴보겠다(전자에 대해서는 제5부에서 다루겠다).

'재일특권' 폐지를 내세운 재특회의 출입국관리특례법 폐지 주장을 검토해보자.

재특회 등이 '특권'이라고 주장하는 '특별영주 자격'은 1991년 출입국관리특례법(일본과의 평화조약에 기초하여 일본 국적을 이탈한 자 등의 출입국 관리에 관한 특례법)에 따라 구식민지 출신자에게 부여된 특별한 영주 자격이다. 그때까지 '법률 제126호' 계열의 '한국적'에만 한정되어 있던 '협정영주'(176쪽 17째 줄 이하 참조)와, 1982년에 발효된 난민조약을 계기로 만들어진 '특별영주'('한국적'이나 '조선적'은 불문하고 신청 가능) 등 부당하게 나뉘어 있던 복수의 법적 지위가 비로

소 하나로 된 것이 특별영주 자격이다('법률 제126호'로 그 자손은 특별영주 대상이 됐다).

그 내용도 협정영주처럼 일정한 세대에 한정하지 않고, 출생 후 60일 내에 신청하면 자자손손까지 보장받게 된다. 대폭적인 개선이었다.

그러나 특별영주 자격은 완전한 영주권이라고 하기에는 너무나 부족하다. 첫째, 해당 요건에 제한은 있지만, 국외로의 강제퇴거 대상이 될 수 있었다. 둘째, 재입국 허가의 대상이 된다. 재입국 허가 대상이라는 것을 확인받지 않은 채 출국했을 경우, 특별영주 자격이 사라질 위험이 있다.

중요한 점은 이 같은 특별영주의 빈약함이 1952년 체제에서 유래한다는 것이다. 1952년 체제는 설명한 대로, 인종주의의 벽을 국적의 벽으로 위장한 출입국관리법제의 적용 대상으로 하면서도, 형식적으로는 재일조선인을 특별 취급하며 '처우개선'을 꾀하는(법률 제126호) 구조를 가지고 있기 때문이다. 그렇기 때문에 재일조선인의 법적 지위는 '법률 제126호'·협정영주·특별영주 그리고 현재의 특별영주까지 포함하여, 출입국관리법제상으로는 특별 취급하는 형식을 취하고 있다.

재특회가 주장하는 출입국관리특례법의 폐지 요구를 황당무계하다고 웃어넘길 수 없는 것은 1952년 체제가 가지는 구조 때문이다. 재특회가 주장하는 특별영주 폐지라는 것은 외국인을 무권리 상태로 두는 전자의 출입국관리법제를 잣대로 하면서, 그 대원칙에 따라 후자의 예외·특례조치를 폐지하라는 것이다.

'아래로부터의 인종주의 운동'에 있어서, 인종주의의 벽을 국적의 벽으로 위장한 1952년 체제는 합법적으로 소수자를 공격하고 차별 선동을 정당화하는 무기가 되고 있다. 예를 들면 재특회는 정부에는 특별영주 자격 폐지를, 자치단체에는 '재일특권' 폐지를, 법무성에는 재일외국인에 대해 법률을 '적정하게 집행'하라고 요청해왔다. 재특회의 혐오표현 폭력이 2009년경부터 과격해진 것은 이런 연장선이었다.

2009년 4월 사이타마현 와라비蕨시에서 발생한 필리핀 일가에 대한 배척사건은 그 전형이었다. 체류 기간을 넘긴 외국인은 부모자식 모두 강제송환하라는 것으로, 법무성의 정책을 철저히 시행한다면 그래야 할 것이라는 운동이었다.

교토 조선학교 습격사건도 인종주의가 상당히 고조된 악질적인 형태였지만, 그 바탕에 있는 '정치'는 교토시에 대해 '공원 점유' 상태의 해소와, '재일특권' 폐지를 요구하는 것이었다. 요청을 했는데도 정부와 자치단체가 움직이지 않기 때문에, '우리가 대신 해주겠다'는 논리였다.

2014년 10월 20일에 사쿠라이 마코토가 하시모토 도루 오사카 시장(당시)과 회견한 후, 하시모토 시장은 사쿠라이에게 "재특회는 재일조선인 민족 모두를 싸잡아 공격하지 마라. 불만이 있으면 국회의원과 정부에 말하라"라고 일갈하여 일부 시민들로부터 갈채를 받았다. 그렇지만 하시모토 시장은 밀착 회견에서 동화대책 사업을 예로 들면서 재특회의 목적인 특별영주 자격 폐지를 언급하며, "그것(폐지)은 곧 필요해질 것입니다"라고 말했다. 특별영주 자격의 폐지는, 출입국관리법이 유일한 외국인 정책이 되는 일본에서는 사실상 재일조선인을 한층 더 불안정한 입장으로 내모는 난민화 정책이다. 그렇기 때문에 이것을 용인하는 정치가의 발언은 그 자체로 강력한 차별선동 효과를 가진다.

2015년 7월에는 '재일조선인이 강제송환된다'는 유언비어가 빠르게 퍼지고, 입국관리국의 불법체재 통보 창구에 재일조선인을 차별하기 위한 '밀고'가 수만 건이나 투고됐다. 이는 정치공간에서의 차별선동이 큰 원인이라고 생각한다.

입국관리국 홈페이지의 톱 페이지에는 '정보접수'라는 배너가 있고, 그 링크 앞에는 "입국관리국에서는 안전하고 안심할 수 있는 사회를 만들기 위해 불법체재·위장체재자에 대한 대책을 적극적으로 다루고, 널리 일반 시민들로부터 정보를 받고 있습니다"라고 쓰여 있다. 인종주의자들은 이러한 국가의 자세를 차별선동에 '이용'했다.

피해를 파악하기 어려운 혐오표현: 기존의 인종주의 피해를 배가시키는 효과

마지막으로 혐오표현 피해의 심각성과 그에 대한 파악의 어려움을 언급하고자 한다.

직접 피해

'파악이 어렵다'는 것은 뜻밖일지도 모른다. 앞서 살펴본 많은 사례가 가해행위 사례임과 동시에 직접 피해의 사례이기 때문이다. 또 많은 보도에 의해 직접 혐오표현을 겪은 재일조선인의 피해도 어느 정도는 알려져 있다. 거리에서의 혐오표현이라면 기분이 나빠진다, 견딜 수 없어 토한다, 잠을 잘 수 없다, 원형탈모증이 생겼다, 일본인을 믿을 수 없게 됐다는 것부터, 영업방해를 해서 가게를 접는다, 폭력을 당해 부상을 입었다, 우울증·외상 후 스트레스 장애가 생겼다는 것까지 심각한 피해가 보고됐다.

혐오표현은 피해자에게 "뼛속까지 공포와 두근거림, 호흡 곤란, 악몽, 외상 후 스트레스 장애, 과도한 긴장(고혈압), 정신질환, 자살에까지 이르는 정신적인 증상과 감정적 고통"[3]을 준다. 이것만으로도 피해는 컸으며, 더구나 심각하기까지 하다.

그렇지만 피해는 이 정도로 끝나는 것이 아니다. 왜냐하면 첫째, 많은 재일조선인은 피해를 호소할 수 없는 상황이며, 공적인 피해 조사가 이루어지지 않는 상태에서는 그 이상의 피해를 이야기할 수 없기 때문이다. 둘째, 혐오표현의 피해는 현실의 인종주의 피해를 배가시키는 형태로 피해를 주기 때문이다. 셋째, 애초에 예전부터 있어온 인종주의 피해를 언어로 하는 작업이 여러 가지 이유에서 매우 충분하지 못한 채 남아 있기 때문이다.

최악의 사건이었던 교토 조선학교 습격사건을 예로 들어, 피해가 얼마나 보이지 않았는지를 확인하기로 한다.

교토 조선학교 습격사건의 피해

교토 사건의 피해가 상식적인 '혐오표현 피해'의 틀을 넘는다는 것을 가르쳐준 것은 나카무라 일성中村一成의 르포·비평이다. 내 나름대로 정리해보자면, 사건의 피해자는 '혐오표현 피해'의 훨씬 전 단

계에서 심각한 물리적 폭력과 인종주의 피해를 입었다.[4]

첫째, 교토 사건은 혐오표현 이전에 단순한 폭력이었다. 수업 중인 초등학교에 집단으로 몰려가서 큰 소리로 협박을 한다. 그리고 학교 비품인 스피커를 파괴하는 등 기물파손을 했다. 이런 행위는 '차별' 여부 이전에 형사처벌을 받을 수 있는 범죄다. 그러나 경찰이 달려온 후에도 범죄가 허용됐다. 뿐만 아니라 폭력이 두 번째, 세 번째로 '가두시위'라는 형태로 허용됐다. 게다가 피해자가 고소해도 경찰은 조사하지 않고 8개월이나 방치한 데다 피해자가 강력하게 요구한 명예훼손을 무시하고 모욕죄로 고소됐다. 여기에는 사건이 차별과는 다른 차원에서, 단순한 형사사건이어도 조선인이 피해자이면 방치하는 형태의 인종주의(법의 불평등한 적용)가 있다. 이미 이 단계에서 국가는 맹렬히 비판받아 마땅하다.

둘째, 사건은 조선학교에 대한 정부·자치단체에 의한 인종주의(1952년 체제) 위에서 일어났다. 사건이 '구실'로 삼은 것은 운동장이 없는 학교가 근처 공원을 시와 주민의 합의를 얻어 수업 때 사용한다는 것이었다. 조선학교는 애초에 일본의 공적인 교육체계에서 배제되어 있기 때문에, 기본적인 학교설비를 갖출 수 없는 인종주의 피해를 계속 당해왔다. 공원 사용부터가 국가와 자치단체에 의한 인종주의의 산물이다. 그렇기 때문에 재특회는 안심하고 공원 사용을 '재일특권'이라는 딱지를 붙이고 대낮에 공공연하게 범행을 저지를 수 있었다.

나카무라에 따르면, 사건 전부터 고속도로 연장공사를 위해 대형차가 지나다니는 상황에서 교원들이 안전을 위해 많은 노력을 기울이고 있었다. 사건 이후 습격에 대한 경비노동이 더해지면서 교원들은 과로에 시달려야 했다. 교원이 바빠지는 것은 수업에 지장을 주었다. 공원을 사용할 수 없게 된 학생들은 체육 수업을 충분히 받을 수 없었으며, 그 결과 체력 측정에서 다른 학교와 차이가 벌어졌다. 교육보장에서 배제된 조선학교를 계속 운영하기 위해서, 보호자와 지역의 재일조선인에 의한 무상노동(자원봉사)은 평소에도 빠질 수 없는 것이 됐다. 사건 후의 경비에도 보호자들은 어김없이 참석했고, 세 가지 일을 하고 있던 어느 보호자는 한 가지 일을 그만두어야 했다.

만약 조선학교가 공적 교육보장을 받고 있었다면, 어떻게 됐을까? 당연히 경비원과 임시 교원을 늘릴 수 있다. 운동장도 확보할 수 있다. 위에 서술한 피해는 없었거나 혹은 생겼다고 해도 다른 모습이었을 것이다.

이렇게 몇 겹이나 다른 차원에서 생긴 막대한 피해를 종합적으로 보지 않으면, 간신히 이야기하기 시작한 '혐오표현 피해'를 제대로 이해할 수 없을 것이다.

"권리라는 게 도대체 뭐야? 애초에 우리가 여기에 있을 권리 같은 것은 없지 않았나?"

교토 사건 직후 어느 보호자의 말이다. 피해자에게 괴로운 것은 "여기는 학교가 아니다"라는 말이었다고 한다. 이것은 민족교육권을 계속 부정해온 일본 정부의 인종주의 그 자체일 것이다.

전후 70년이 지난 지금도, 법적 권리가 거의 없는 채로 인종주의 상황에 놓여 있는 것. 이것을 통렬히 자각하지 않을 수 없기 때문에 재일조선인의 '혐오표현 피해'는 그만큼 심각해진다.

제 4 부

구미 여러 선진국의 반인종주의 정책 · 규범을 통해 일본의 어긋남을 가시화한다

이 부에서는 구미 선진국의 반인종주의 가운데 중요한 세 가지 잣대를 배우고자 한다.

첫 번째는 세계에서도 가장 기본적인 반인종주의의 잣대라고 할 수 있는 인종차별철폐국제조약형이다. 이것은 표준적인 인종주의 금지법이며, 인종주의(인종·민족집단에 대한 불평등)와 함께 인종주의 선동을 금지하는 잣대다. 독일을 제외한 유럽과 세계 각국에서 채택하고 있다.

두 번째는 독일형 잣대(이 책에서는 구서독과 그것을 잇는 현 독일)다. 독일은 '나치즘이라는 과거'와의 유사성을 측정하는 것으로 극우를 규제하고, 반역사부정 규범을 만들어 반인종주의 규범을 만들어왔다.

세 번째는 미국의 1964년 공민권법으로 차별금지법을 제정해서 인종주의를 불법화했다는 점에서, 첫 번째의 인종차별철폐국제조약형과 비슷하다. 그러나 차별을 행위와 언론 두 가지로 나누고, 법 규제를 '행위'에 한정하고, '언론'은 보호한다는 특수한 이분법 위에 성립했다.

이들 세 가지 반인종주의의 잣대를 성립 과정과 함께 살펴보겠다. 전후 일본 사회를 이들 세 가지 잣대로 측정하면, 어느 형태의 반인종주의도 없다는 것이 새삼스럽게 명확해질 것이다.

제1장

인종차별철폐국제조약형 반인종주의: 유엔과 유럽(독일은 제외)

1980년대 미국에서 혐오표현이라는 말이 처음 등장하기 훨씬 이전부터, 인종차별철폐국제조약에서는 지금 말하는 혐오표현(차별선동)이 인종주의와 함께 법 규제의 대상이 됐다. 1965년에 '모든 형태의 인종차별 철폐에 관한 국제조약'(인종차별철폐국제조약)을 채택하고, 1969년에 27개국에서 비준을 받고 발효됐다.[1]

그 내용은 다음과 같다. 첫째, 인종주의를 사회가 없애야 할 악惡으로 정의하고, 둘째, 체약국은 인종주의 입법을 포함한 모든 수단으로 철폐할 의무가 있으며, 셋째, 특히 인종주의를 법률에 의해 처벌받는 위법행위·범죄로 규정한다는 것이다. '철폐'에는 차별금지, 방지, 권리 구제, 적극적 차별 시정조치와 인종·민족 간의 상호이해 촉진도 포함한다.

현재 유엔 회원국의 약 90퍼센트에 해당하는 176개국이 이 조약에 가입(2013)했으며, 이는 어린이권리조약 다음으로 가맹국이 많다. 독일은 1969년에 비준했고, 미국도 1966년에 서명했다(비준은 1994

년). 그런 의미에서 인종차별철폐국제조약은 독일형·미국형 반인종주의의 기초가 되는 잣대라고도 할 수 있다.

일본은 미국이 가입한 다음 해인 1995년에 서명하여, 매우 늦은 146번째다. 그리고 이 조약을 이행하는 데도 매우 소극적이며 조약 위반을 오늘날까지 계속하고 있다.

조약 내용을 간단하게 살펴보겠다. 첫째 인종차별(인종주의)의 정의로, 제2부에서 인용해두었다(67쪽 10째 줄 이하). ① 뿌리와 관련된 집단에 대한, ② 사회가 없애야 할 불평등이라는 핵심을 포함한 이 정의는 이 책에서도 인용한 잣대다.

덧붙이면, 인종차별철폐국제조약에서는 '레이스race', 요컨대 인종, 민족 등을 본질적으로 정의하지 않고 '인종주의racial discrimination'(인종적 차별)를 정의했다는 연구가 있다. 제3부에서 보았듯이 인종주의를 필요로 하는 사람들은 본질적인 '레이스'가 없더라도 가공의 '레이스'를 얼마든지 날조해서 차별에 이용한다. 나치를 비롯한 전전의 제국주의에서 '과학'이라는 이름으로 정당화해온 생물학적인 인종학은 당시에도 부정됐다.

둘째, 인종주의 철폐의 의미다. 이에 대해서는 제2조 등에 규정되어 있다. 제2조 제1항에서는, "체약국은 인종차별을 비난하고, 또 모든 형태의 인종차별을 철폐하는 정책 및 모든 인종 간의 이해를 촉진하는 정책을 모든 적절한 방법으로 지체 없이 취할 것을 약속한다"라며 국가의 의무를 규정하고 있다. 구체적으로는 (가) '국가 및 지방의 모든 공적 당국 및 기관'은 이에 따라 행동할 것, (나) 국가는 '어떠한 개인 또는 단체에 의한 인종차별도' 후원·옹호·지지하지 않을 것, (다) 국가는 국가와 자치단체의 '정책을 검토하고', 인종주의를 낳게 한 '어떠한 법령'도 개정·폐지·무효로 할 것, (라) '모든 적절한 방법'(입법을 포함)으로, '어떠한 개인, 집단 또는 단체에 의한 인종차별도 금지하고, 종료시킬' 것, (마) '인종 간의 장벽을 철폐하는 다른 방법의 장려' 등이 규정되어 있다.

그러나 국가의 의무는 그것에만 그치지 않는다. 인종차별철폐국제조약의 특징 중 하나는 인종주의로부터의 보호가 필요한 인종·민족 집단(소수자)에 대해 적극적인 차별 시정조치를 취할 것을 의무화(제2조 제2항)하고 있다는 점이다. 민족교육권을 비롯하여 소수자의 특권에 대해서는 국제인권규약의 자유권 규약 제27조에도 규정되어 있다.

> 종족적·종교적 또는 언어적 소수민족(소수자—인용자)이 존재하는 나라에서, 해당 소수민족에 속하는 사람은 그 집단의 다른 구성원들과 함께 자기들의 문화를 향유하고 자신들의 종교를 믿거나 실천하고 자신들의 언어를 사용할 권리를 부정당하지 않는다.[2]

일본 독자라면 감이 오지 않을 수 있지만, 소수자가 같은 소수자끼리 커뮤니티를 형성하고, 자기 문화를 향유하고, 종교를 실천하고, 스스로의 언어를 사용하는 것은 정당한 권리라는 것이다.

그런데 두 조문을 비교하면 알 수 있듯이, 자유권 규약에서는 "권리를 부정당하지 않는다"는 소극적 표현에 그치고 있는 데 비해, 인종차별철폐국제조약에서는 "특별하고 구체적인 조치를 취한다"라고 적극적인 **의무**로 명시하고 있다. 물론 '역차별'과 악용을 염려한 유보가 붙어 있지만, 일본에서는 조선학교 등의 민족교육권 등 소수자의 권리를 적극적으로 보장하는 데 불가결한 평등의 기준을 제시한다는 중요한 의의가 있다.

셋째, 인종차별철폐국제조약은 인종주의뿐만 아니라 인종주의 선동도 위법행위·범죄로 규정하고, 법 규제하는 것을 체약국의 의무로 규정하고 있다(특히 제4조). 제2부에서 자세하게 소개했으므로 확인에 그치겠지만, 유엔 회원국에서 국제적 표준이 된 반인종주의의 잣대가 이것들을 '위법·범죄화해야 한다'고 되어 있음을 다시 한 번 강조하고 싶다.

반나치즘과 반식민지주의가 낳은 인종차별철폐국제조약

인종차별철폐국제조약은 1962년에 작성이 결의된 후 불과 3년 만에 작성·채택됐다. 이 이례적인 신속함은 유엔이 이 조약에 '절대적 우선'을 둔 결과이지만, 그 경위를 보면 반인종주의 정책·규범 만들기가 유엔에서 얼마나 중대한 의미를 가졌는지를 알 수 있다. 오카모토 마사다카의 『일본의 민족차별』을 바탕으로 살펴보겠다.

당시 유엔에서는 1948년의 세계인권선언에서 정한 획기적인 권리규정(홀로코스트의 반성을 언급하며, 내정불간섭의 논리를 깨고 어느 나라에 속한 사람이든 국제법으로 보호를 받는다는 원칙을 가지고 있다)을 법적 구속력을 가진 조약으로 만들기 위해서, 전후 국제인권법의 주축이 된 '국제인권규약'의 기초 작업을 착수했다. 그러나 1959년부터 1960년에 걸쳐 미국에서 빈발한 무덤 파헤치기를 비롯한 네오나치의 반유대주의 인종주의와 차별선동이 국제 문제가 됐고, 아프리카의 신생독립국 17개국이 1960년 유엔에 가입하여 '아프리카의 해'를 맞이한 유엔은 제3세계 국가들로부터의 반反아파르트헤이트·반식민주의의 목소리를 무시할 수 없었기에 인종차별철폐국제조약의 성립을 '절대적 우선' 과제로 삼았다.

반인종주의는 유엔의 존재 목적과도 깊이 관련되어 있다. 유엔헌장 제1조는 "국제적 평화·안전을 유지할 것. 평화에 대한 위협 방지·제거…를 위한 집단적 조치를 취한다", "평화를 파괴할 위험이 있는 국제적 분쟁·사태의 조정·해결을 평화적 수단, 정의와 국제법의 원칙에 따라 실현한다"(제1항), "인종, 성, 언어, 종교로 인한 차별 없이, 모든 사람을 위해 인권과 기본적 자유를 존중하도록 조장 장려하는 점에서 국제 협력을 달성한다"(제3항)라고 되어 있다.

'세계평화·안전' 유지와 '인종'차별철폐는 서로 관련된 것임을 알 수 있다. 여기에는 전전에 '내정불간섭'을 고수하고, 나치의 홀로코스트로 상징되는 인종주의와 제노사이드를 방치한 것이 제2차 세계대전의 발발을 초래한 하나의 원인이라는 인식이 깔려 있다.

그리고 그에 대한 반성으로서, 전후에는 어느 국가에 속해 있든 인권을 평등하게 보장하는 것을 원칙으로 삼고, '내정불간섭'을 넘어 국제인권법으로 모든 개인을 인권보장의 주체로 인정하고자 했다. 요컨대 인종주의는 "세계평화를 파괴할 두려움이 있는 위협이며, 그것을 방지하는 것은 유엔의 근본적인 목적인 세계평화·안전 유지에 불가결하다는 엄중하고 현실적인 정치 인식"[3]이 있었다.

인종차별철폐국제조약이 부르짖는 반인종주의는 구미라는 자본주의의 중심부에서 일어난 인종주의만을 염두에 둔 것이 아니다. 아파르트헤이트와 식민지 지배라는, 세계적인 착취를 가능하게 한 인종주의를 부정하는 의미도 포함되어 있다. 식민지 지배를 받았던 피억압민족의 민족자결권을 인정한 '식민지 및 그 인민에 대한 독립 부여에 관한 선언'(1960년 유엔결의 제1514호)이 본 조약의 전문에 인용되어 있는 것은 그 때문이다.

인종차별철폐국제조약은 인종주의와 차별선동이 제노사이드와 전쟁으로 이어진다는 진정한 위기감에서 나온 것으로, 유엔 창설의 목적과도 깊이 관련 있는 반인종주의 조약이었다. 구미에서의 반인종주의와 아시아, 아프리카, 라틴아메리카라는 제3세계의 반식민지주의의 힘이 거둔 성과였다.

1966년 유엔 인종차별철폐국제조약에서 정한 반인종주의 규범은 이후 지속적으로 수정·보완되고 있다. 인종차별철폐국제조약에는 인종차별철폐국제조약위원회가 설치되어, 이 위원회가 조약 체결국의 반인종주의 이행 실태를 정기적으로 보고하며 점검하고 있는데, 이것이 반인종주의 규범을 세계에 담보시키는 데 중요한 역할을 했다.

인종차별철폐위원회는 세계적인 인종주의의 동향을 보고받아 조약 해석 기준 등을 제시하는 일반 권고를 제1부터 제35호까지 냈다. 2013년에 나온 최신의 일반 권고 제35호는 '혐오표현과 싸운다'는 제목으로, 인종차별철폐국제조약 그 자체가 혐오표현과 싸울 것을 강력하게 염두에 둔 점, 혐오표현과 싸우기 위해서는 모든 방법이 필요하다는 것을 엿볼 수 있다.

인종차별철폐국제조약은 이 같은 경위에서 차별과 차별선동을 같은 맥락에서 동등하게 규제하는 방안을 취하고 있다.

그런데 독일형과 미국형은 그렇지 않다. 도식적으로 말하면, 독일은 차별선동을 규제하지만 차별금지법을 만들지 않았다. 반대로 미국은 차별금지법을 만들었지만 혐오표현을 옹호했다.

제2장

독일형 반인종주의

유럽인권조약을 위반했다는 지적을 받고 2006년에 차별금지법을 만들기까지, 독일에는 일반적인 반인종주의법이 없었다. 이것은 반인종주의 입법을 기초로 하는 유엔이나 유럽형과는 크게 다르다. 독일은 1999년까지 혈통주의적 국적법을 지닌 '민족국가'라는 사정이 크게 작용했으며, 보기에 따라서는 일본과 비슷하다.

그러나 일본과 결정적으로 다른 점은, 독일은 법으로 인종주의를 규정하지 않았더라도 사실상 반인종주의 정책을 만들어왔다는 것이다. 첫째, 혐오표현hate speech(차별선동)에 대해서는 과거 나치와의 '본질적 유사성'을 잣대로 삼아 구체적인 법 적용과 집행을 하며 규제해왔다.

둘째, 혐오표현 규제를 별개로 다루지 않고, 나치의 처벌, 반역사부정을 위한 역사 연구·교육 개혁 등 종합적인 '과거 극복'의 일환으로 반인종주의 정책 및 규범을 만들어왔다. 독일의 사례는 법이 없기 때문에 아무것도 할 수 없다는 일본의 변명을 허용하지 말아야 할 반증이 된다.

독일은 1960년에 혐오표현 규제를 위한 형법 개정을 했다. 반유대주의적인 선동 활동을 억제하기 위해, '계급선동죄'를 개정한 '민중선동죄'를 도입했다.

> 공공의 평온을 해치는 데 적합한 방법으로, 타인의 인간적 존엄(인간의 존엄)을
>
> 1. 주민 일부에 대한 증오를 도발하는 것.
> 2. 이에 대한 폭력적 조치 혹은 자의적 조치를 선동하는 것, 또는
> 3. 이것을 중상모략하고, 악의로 모멸감을 주고, 혹은 사실이 아닌 것을 비방하며 침해한 사람은 3개월 이상 5년 이하의 자유형(구금형)에 처한다.[1]

위의 민중선동죄에서는 법 규제의 대상이 되는 선동이 '주민의 일부에 대한' 것으로 되어 있다. 원래 법안에서는 '국민적·인종적·종교적 집단 또는 민족성에 의해 규정된 집단'으로 인종차별철폐국제조약에 가까운 것이었다. 그런데 법안 심의 과정에서 '인종'이라는 단어가 나치를 상기시킨다는 비판이 제기되어 위의 문구로 바뀌었다.

'과거 극복'

위의 혐오표현 규제를 포함한 독일의 '과거 극복'이란 무엇인가? 그것은 과거 나치독일의 폭력 지배가 가져온, 생각하기도 싫은 귀결에 대한 전후 독일의 여러 가지 대처를 총칭하는 말이다. 구체적으로

는 ① 나치 불법(구 나치에 의한 불법행위)의 피해자에 대한 보상, ② 나치 체제에서 벌어진 범죄에 대한 사법 소추, ③ 네오나치 규제, ④ 현대사 중시의 역사교육 등 정책 및 제도 면에서의 실천과, '이것을 지탱하는 정신적·문화적 활동의 총체를 의미한다.[2]

앞의 민중선동죄가 '과거 극복'의, 그것도 ③의 일부에 지나지 않는 것은 명백하다.

과거 극복은 '반反프로이센·반反나치즘·반反반공주의'를 내세운 서독의 초대 총리 콘라드 아데나워(1949~1965) 정부에서 추진됐다. 그렇지만 경제성장률 10퍼센트를 기록한 '경제 기적'을 배경으로 대외적인 주권 회복과 국내 사회 통합을 겨냥한 이 정권은 반나치를 내세우면서도 '실제 국가 재건에 있어서는 구 나치파의 복권과 통합'을 꾀했다. 과거 나치 시대에 대한 '근본적 반성'이 없는 상태에서 아데나워의 '이중정책'은 결국 규범과 현실의 차이를 드러나게 했다. 드러난 차이에 대해서 독일 현대사 연구자인 이시다 유지石田勇治는 "1950년대 후반 서독에서는 사회의 여러 현장에서 나치즘과 반유대주의와 관련된 사건이 빈발하고, 스캔들이 되어 국내외의 미디어를 떠들썩하게 했다"[3]라고 한다.

이시다는 『과거의 극복』이라는 책에서 그런 상징적 사건으로 친트 사건을 소개했다. 바덴뷔르템베르크주에 있는 도시 오펜부르크의 고등학교 교사인 친트는 나치 시대에 유대인 대학살과 관련된 친위대 보안부SD 출신이었다. 1957년 4월 그는 술집에서 알게 된 유대인이 강제수용소에 있었다는 것을 알고, "나치가 가스로 살해한 유대인은 너무 적다(더 죽였어야 했나)"라고 떠들어냈다. 피해 남성은 그의 징계 처분을 요구했지만, 친트는 교장과 그 남성 앞에서 "자신이 반유대주의자라는 사실을 숨기려 하지 않았고, 교장도 친트를 징계할 필요성을 인정하지 않았다."

『데어 슈피겔』(1957년 12월 18일 호)에서 이 사건을 다루면서 학교만이 아니라 교육행정, 유대인단체, 교원조합, 정당, 주의회를 둘러싼 일대 스캔들로 발전했다. 바덴뷔르템베르크 주의회는 친트에 대한 징계처분을 신속히 취할 것과 그 소추를 요구했다.

1958년 4월 재판에서 피고인 친트는 검찰이 제시한 반유대주의적 폭언을 인정한 후, "나치에 의한 유대인 박해는 필요했다"는 주장을 되풀이했다. 법정을 나오는 피고인의 주위에는 "잘 차려입은 지방의 유명 인사들이 모여 그를 지지하는 목소리를 내고 있었다."

결국 법정은 친트에게 명예훼손과 '사자死者의 기억에 대한 모독죄'로 징역 1년형을 선고했다. 판결문은 "친트를 네오나치와 극우를 부채질하는 '정신적 방화범'으로 단정하고, '이 사건으로 독일 국민의 명성이 실추됐다'라고 기록했다." 이시다는 말한다.

"친트 사건은 결코 드문 일이 아니었다."

"서독의 지역사회에는 수많은 '친트'가 있었다."[4]

이들 사건은 첫째, 반유대주의자를 자극하고 선동했다. 둘째, 전후 독일 사회가 짊어진 나치즘의 '부負의 유산遺産'(Negative Heritage)이 제대로 청산되지 않았음을 보여준다.

이 같은 사건을 계기로, 독일 시민들 사이에서는 반인종주의·반유대주의의 공적 규범을 시민사회에 뿌리내리게 하려는 움직임이 일어났다.

1959년 크리스마스부터 1960년 2월까지 유대인의 무덤을 파헤치는 사건이 833건이나 일어났고, 이를 심각한 사태로 인식한 연방

의회는 반유대주의 사건을 의제로 삼았다. 그렇지만 정부의 자세는 소극적이었다. 내무장관인 게르하르트 슈뢰더(독일 기독교민주연합)는 "일련의 사건의 배후에는 동독의 그림자"가 있다고 말하며, '부負의 유산'과 관련된 역사교육은 "학부모가 바라지 않는다"는 이유로 어렵다고 변명했다.

반인종주의 규범을 만들자는 움직임은 "오히려 사회 내부의 자발적인 발의에 의한 것이었으며", "연방보다도 주·자치단체 차원에서 정치 지도자가 아닌 무명의 깨어 있는 시민들이 새로운 흐름을 만들어 갔다."[5] 그렇게 해서 교육·사법·형법 세 가지 개혁이 이루어졌다.

이전부터 학교에서는 '7월 20일 사건'(히틀러의 암살미수·쿠데타 미수사건)과 '백장미 저항운동' 등은 가르쳐도 가해 역사는 거의 가르치지 않았다. 그러나 이제 전문교육 관계자들로 구성된 '교육과 학교를 위한 독일 위원회'가 중심이 되어 상설 전국 교육부장관 회의(각 주정부 교육부장관의 조정연락회의)를 소집하여 학교 교육에서 현대사를 중시한다는 방침이 나왔다. 교원들 사이에서도 역사교육에 대한 기운이 높아졌다.

둘째, 사법 개혁이다. 1958년에 독일 루트비히스부르크에 '나치 범죄 규명을 위한 주 사법행정중앙본부'(나치전범추적센터)가 설치됐다. 이 기구에 의해 1960년대에는 아우슈비츠 재판 등 "독일 사법에 의한 대규모 나치 재판이 열리고, 엄청난 양의 증언과 자료가 쏟아지면서 홀로코스트의 세부적인 내용이 밝혀졌다."[6]

셋째, 규범의 강화를 겨냥한 형법의 개정이다. 앞에서 언급한 1960년의 형법 개정에 의한 민중선동죄 신설이 이에 해당한다.

구나치/과거라는 잣대

앞에서 말했듯이 민중선동죄에서는 '일부 주민에 대한' 증오선동이 처벌 대상이 된다. '인간의 존엄을 공격'한 경우에만 유죄이며, 인종주의 금지 규정은 없다. 그러나 독일이 독특한 것은 이 법의 집행 과정에서 구체적으로 나치와의 연속성 및 유사성을 판단 기준으로 삼음으로써 사실상 네오나치 같은 인종주의자를 규제하고 반인종주의 규범을 만들어온 것이다.[7]

예를 들면 1967년 독일연방 통상通常재판소는 시의회 선거 기간 중에 후보자 포스터에 '유대인'이라고 쓴 테이프를 붙이고, 포스터 문구를 "함부르크는 그런 유대인을 선출한다"라고 바꾼 사건에 대해, "피고인은 유대인 주민의 일부에 대한 증오를 부채질했다. 바뀐 포스터 문구는 공중에 대한 특정한, 지각 가능한 사상 표명"으로서, 형법 제130조(민중선동죄) 제1호 위반에 해당한다고 판결했다.

주목할 점은 "여기에서도 유대인 동포를 공적 생활에서 배제하는 것과 같은 요구가, 최종적으로는 수백만 명의 학살로 귀결된 나치국가의 유대인 박해를 이끌었음을 우려해야 한다"[8]라는 판결 문구다. 틀림없이 "재판소가 과거 나치 시기의 프로파간다와의 관련성을 구체적인 판단 근거로 삼고 있다"[9]는 것이다. 그것은 학계에서도 "인간의 존엄에 대한 공격'의 요건 해석으로, '해당 주장이 분명히 나치의 슬로건으로 소급하여, 그것이 유럽에서 벌어진 나치의 유대인 학살을 연상시키는지의 여부가 중요한 판단 기준이 됐다는 지적이 있다"[10]고 한다.

이렇게 독일에서는 법 규제 대상이 되는 극우/인종주의/역사부정/

혐오표현을 판단하는 잣대로서 '과거'가 이용되고 있으며, 이것은 나중에 공적 규범이 됐다.

다만 이렇게 '과거'를 반인종주의의 잣대로 삼는 데는 '과거'가 충분히 진상규명되고, 그 사실이 사회적으로 인식된다는 조건이 필요하다.

사쿠라바 오사무櫻庭総는 "독일의 민중선동죄에 대해서 말하면, 1960년 제정 때는 홀로코스트의 진상규명, 교육개혁 등에 의한 형사 규제 이외의 광범위한 '과거 극복' 정책의 일환으로 행해진, 말하자면, '삼위일체형 입법', '사회적 기반에 따른 입법'이었다"[11]라고 말했다. 그리고 이 같은 접근에는 그 전제로서 "해당 차별에 관한 역사 및 실태가 대규모 조사연구 등을 통해서 사회적으로 인지될 필요"가 있으며, "다시 말해서 차별에 관한 대규모 실태 조사 등이 제대로 수행되지 않은 국가에서는 이 같은 접근을 생각하기 어렵다"라고 지적했다.

사쿠라바는 일본의 아시아 침략·식민지 지배에 대한 전후 보상(특히 진상규명과 사실 인정·역사교육)이 불충분하게 이루어진 점이 반인종주의 규범의 부재로 이어지고 있음을 정확하게 지적했다.

교토 조선학교 습격사건에서는 검찰이 범인을 제대로 기소하려고 하지 않았으며, 끝까지 명예훼손이 아닌 모욕죄 기소에 집착했다는 것이다. 그 이유 중 하나로 생각할 수 있는 것이 혐오표현의 핵심이다. 범인들이 일본의 조선 식민지 지배와 전후의 재일조선인에 관한 역사부정을 발언했기 때문에, 만약 명예훼손으로 기소하면 그들의 발언이 사실인지를 판단해야 한다.[12] 그러나 전후 일본은 '과거'에 대한 심판(재판·판단)이 이루어지지 않았기 때문에, 경찰로서도 그러한 판단이 필요한 기소는 아무래도 피하고 싶었을 것이다. 이 점은 독일과 정반대라고 해도 무방하다. 이 차이는 어디에서 온 것일까?

반나치 규범의 국제적 배경

독일에 반나치 규범이 형성된 것은 전후 유럽의 냉전 구조와 깊이 관련되어 있다.

우선 소련 봉쇄를 위한 유럽공동체(현 유럽연합)와 NATO라는 다국가 간 안전보장체제 형성을 들 수 있다. 경제적으로도 구미의 자본주의 국가들이 두 번의 세계대전을 통해 벌인 식민지 쟁탈에 의한 블록경제(종주국과 식민지의 경제권)를 재검토하고, 미국 달러를 기축통화로 삼는 단일한 세계시장의 형성을 추진했다. 이 같은 환경에서 서독은 '옛날의 적' 프랑스와의 '화해'를 강요당했다.

또 같은 자본주의 진영인 이스라엘과의 우호관계를 강요받은 점, 나아가 다른 분단국가인 동독과 반나치의 우위를 둘러싸고 경쟁하는 관계인 점 등을 들 수 있다.

이에 대해 같은 추축국인 패전국 일본은 대조적인 국제관계에 놓여 있었다.

첫째, 동아시아에서는 같은 소련 봉쇄의 반공주의여도, 유럽연합 같은 '동아시아 공동체'와, NATO 같은 다국가 간 안전보장체제가 형성되어 있지 않고, 미국을 중심으로 한 미일 안보조약 등 두 나라 간 안전보장체제에 '한미, 미국·대만, 미국·필리핀' 등의 형태를 취한다.

둘째, 과거 일본이 침략한 나라 중에서도 중국, 북한, 베트남 등은 같은 자본주의 진영이 아니라, 공산주의 진영이었기 때문에 피해국과 우호관계를 맺어야 하는 부담이 없었다.

셋째, 일본은 미국의 단독 점령으로 동서 분단을 피했기 때문에, 전후 책임을 둘러싸고 동서 독일 같은 경쟁을 벌일 필요가 없었다. 반대로 한반도는 남북 분단으로 적대관계가 되면서 피해국 측이 일본과의 관계에서 우위를 차지하기 위해 서로 경쟁했다. 그 결과 일본은 놀라울 정도로 전후 책임에 대한 외교적 질문을 받지 않고 끝났다.

이처럼 대조적인 측면을 가진 유럽과 동아시아의 냉전 구조가 양쪽 지역에서의 '과거 극복'을 둘러싼 공적 규범의 차이를 결정지었다.

다만 독일의 과거 극복은 국제적 조건에서 '자연스럽게' 태어난 것도, 어떤 '규정 방침에 따라 추진된 정책'도 아니다. 예를 들면 나치의 전쟁범죄에 대한 형법의 공소시효도, 민중선동죄가 제정된 1960년 이후 "이제 슬슬 끝내자"라는 여론과 "계속해야 한다"라는 여론이 심하게 대립되는 와중에 네 번의 '시효 논쟁'을 거쳐 1979년에야 겨우 시효 철폐가 결정됐다.

독일의 '과거 극복'은 '다양한 정치적·사회적·도의적인 요구와 국제사회의 비판에 대응해온 결과의 축적'이다.[13]

그 후 독일의 업데이트

유엔·유럽형과 마찬가지로 독일에서도 반인종주의 규범은 수정·보완되어갔다. 그리고 이 역시 '과거 극복' 정책의 수정·보완과 함께 추진됐다.

그중에서도 세계적인 학생 혁명과 '새로운 운동'의 기점으로 기억되는 '1968년' 이후의 독일 학생운동의 역할은 중요하다.

독일에서는 학생운동 중에서 자신들의 부모 세대가 나치 체제와 어떤 관련이 있었는가가 "일반 가정에서도 중요한 논의 주제가 됐고", "나치 시대를 경험한 부모 세대에 대한 젊은이들의 비판이 더욱 철저해졌다."[14] 그때까지 추궁당해온 직접적인 나치 관계자에게 책임을 묻고, 그 이외의 '국민'에게도 나치 및 인종주의와 어떻게 마주했느냐는 질문을 하기 시작했다.

민중선동죄는 지속적으로 개정됐지만, 주목할 점은 1994년에 홀로코스트 부정죄를 더했다는 사실이다. 이른바 '아우슈비츠의 거짓말'은 법 규제의 대상으로 명문화됐다.

2006년에 겨우 독일은 차별금지법을 제정했다. 그리고 2015년 10월 시리아 난민을 향한 혐오표현을 삭제하지 않았던 페이스북을 독일 사법부가 수사했다. 다음 해인 2016년 1월에 페이스북은 SNS에서의 혐오표현에 반대하는 유럽 규모에서의 대처를 개시했다. 이는 독일에서의 반인종주의가 인터넷 규제와 난민 공격이라는 문제에 대처하고자 하는 노력으로 나타났다.

독일의 사례는 침략전쟁과 제노사이드에 관한 역사의 판결이 반인종주의의 형성에 얼마나 큰 영향을 미치는지를 가르쳐준다. 독일의 학생운동은 '항의운동의 바탕에' 대학과 가정에서 '과거'를 둘러싼 논의가 있었다는 점에서 다른 나라와 분명히 달랐다[15]는 점도, 전후 일본의 사회운동을 생각하는 데 시사하는 바가 크다.

사회적으로 전후 책임을 묻지 않을 뿐만 아니라, 인도네시아에서 위안소를 설치하기까지 했던 해군장교 출신의 나카소네 야쓰히로中

曾根康弘가 총리였던 전후 일본 사회에서는 반인종주의·반역사부정이라는 규범이 전혀 형성될 수 없었다. 90세의 고령자일지라도 독일은 나치 잔당을 감시·체포·처벌하고 있지만, 일본은 나카소네 같은 전쟁범죄자를 처벌할 생각이 전혀 없다. 그들이 일본군 '위안부'에 대한 혐오표현과 역사부정을 반복했다고 해도 거의 문제가 안 된다. 오히려 '잘했다'며 큰 갈채를 받는다.

제3장

미국형 반인종주의

흑인 노예제에서 유래한 강력한 인종주의

미국은 영국에 의한 식민지 시대부터 흑인 노예제가 있었다. 흑인 노예를 다른 재산과 마찬가지로 문자 그대로 소유하는 것이 합법화됐다. 특히 19세기에 미국의 산업을 지탱하던 남부의 농장은 흑인 노예제도의 잔혹한 착취로 이루어졌다. 7년의 노동으로 흑인의 생명을 '소비'하도록 계산됐다고 한다.

노예제로 싸게 대량으로 생산된 면화와 사탕수수는 당시 '세계의 공장'으로 융성했던 영국 제조업의 토대가 됐다. 지금으로 말하면 '글로벌한 자본주의'의 기초였다.

미국 남북전쟁(1861~1865)이 노예제 유지와 폐지를 둘러싼 내전이었다는 것은 잘 알려진 사실이다. 북부가 승리하면서 노예제는 공식적으로 폐지됐다. 그런데 인종의 평등을 달성하려고 하는 연방의회의 시도는 1866년부터 1875년에 걸쳐서 초기의 공민권법이 차차 제정되는 데 성공했지만, 1883년에 그것들은 무효화됐다. 공민권 재판에서 최고재판소가 "공공시설에 있어서 흑인에 대한 차별을 금지하는 것은 헌법이 보장하는 사적 및 개인적 권리와 자유를 제약하게 된다는 근거"[1]라는 판결을 내렸기 때문이다.

이렇게 해서 '분리하지만 평등'하다는 원칙에 기초한 흑인의 법적 격리가 태어났다. 그것은 소유권·판매의 자유에 의해 강력하게 옹호됐다.

법적 격리는 특히 미국 남부에서 심각했다. 1929년에 태어나 유명한 공민권 운동의 지도자가 된 마틴 루터 킹 목사는 어린 시절 사이좋게 지내던 이웃 친구와 다른 학교에 다녀야 했다. 그리고 백인 친구에게 "아빠가 이제부터 너랑 놀면 안 된다고 했어"라는 절교 선언을 들었다.[2] 남북전쟁 후 70년 이상이나 지났는데도 흑인은 모든 사회생활에서 법적 격리를 강요당했다.

흑인은 투표권을 박탈당하고, 재판 배심원이 될 수 없었으며, 경찰도 될 수 없었다. 학교·교회·아파트·묘지·호텔·레스토랑·극장·영화관·이발소·공원부터 버스 좌석·기차·대합실·식수대까지 "거의 모든 곳이 백인용과 흑인용으로 분리"됐고, "그 같은 차별은 주의 법률과 도시의 조례라는 법규에 의해 정해졌다."[3] 흑인과 백인이 악수하거나 함께 식사하는 것조차 법규 위반이었다. 특히 남부에서는 흑인에 대한 린치와 방화, 심지어 살인까지 하는 인종주의 폭력이 잇달아 일어났다. 그런 폭력은 특히 인종주의에 반대하는 사람에게 행했다.

1877년부터 1950년까지 약 4천 명의 흑인이 인종주의 폭력에 의해 살해됐다는 사실이 최근 앨라배마주의 인권단체 '평등정의계획Equal Justice Initiative'의 조사에서 밝혀졌다.[4] 일주일에 평균 한 명 이상 살해되는 상황이 73년 동안이나 지속됐다. 더구나 린치(처형) 중

20퍼센트는 수백 명 혹은 수천만 명의 백인이 지켜보는 가운데 벌어진 '공개 행사'였다고 한다. "관중은 피크닉을 즐기며 레모네이드와 위스키를 마시면서, 희생자가 고문당하고 몸의 일부를 절단당하는 것을 지켜봤고, 시신의 각 부위를 '선물'로 나누어주기도 했다고 한다."[5] 그 '관중' 중에는 선거로 선출된 공무원도 있었다고 한다.

인종주의 폭력이 마치 '공개 처형'의 형태를 취하고 있는 일례는 다음과 같다.

> 1904년에는 미시시피주의 도즈빌에서 흑인 남성 루사 헐버트가 백인 지주를 살해했다고 해서, 아내인 흑인 여성과 함께 수백 명 앞에서 린치당했다. 두 사람은 나무에 매달려 손가락을 절단당하고, 폭도들은 그 손가락을 나누어주었다. 헐버트는 귀가 잘리고 두개골이 부서질 때까지 구타당했다. 게다가 폭도들은 와인 따개로 두 사람의 몸에 구멍을 내어 살점을 파냈다고 한다.[6]

또 살해당한 약 4천 명 중 박탈당한 투표권 회복과 "흑인의 지위 향상을 호소"하거나, 나아가 "보도에서 옆으로 피하지 않아 백인 여성과 부딪쳤다는 사소한 규칙 위반"을 한 사람이 수백 명에 이른다고 한다. 그리고 흑인을 린치로 살해한 일로 "유죄판결을 받은 백인은 한 사람도 없었다."

'공정한 재판의 발언권'은 "현대의 인종차별과 형사사법의 문제는 미국의 폭력이 과거에 뿌리 내린 것이라고 지적"하고 있는데, 맞는 말이다. 인종주의는 해당 국가와 지역의 구체적인 역사적·사회적 조건 속에서 태어나기 때문이다.

1964년 공민권법은 강력한 반인종주의법

흑인 노예제 시대부터 미국 사회에 깊숙이 침투한 인종주의에 대항하기 위해 미국의 흑인들은 공민권 운동을 전개했다. 그 결과 1964년 획기적인 공민권법을 쟁취했다. '공민권'이라는 이름이 붙었기 때문인지 일본에서는 투표권 법률이라고 생각하지만, 이 법은 포괄적이고 강력한 인종주의 금지법이다. 이 점은 다음의 장대한 정식 명칭에 잘 나타나 있다.

> 헌법상의 투표권을 실효하고, 공공시설에서의 차별을 금지하기 위해 합중국 지방재판소에 재판권을 부여한다. 공유시설, 공립교육에서 헌법상의 권리를 보호하기 위해 소송을 제기하는 권한을 사법장관에게 준다. 공민권위원회를 확대하고, 연방 원조 프로그램으로 차별을 방지하고, 고용기회균등위원회를 설치하며, 그 밖의 목적을 위한 법률.[7]

이 법은 모두 11개의 법률로 구성되어 있다. 그 내용을 열거하면 다음과 같다. 투표권의 차별 금지, 호텔·레스토랑·주유소 등 공공사업장에서의 인종 격리 폐지, 공립학교에서의 인종 격리와 차별 철폐와 연방정부와 계약하는 공공사업에서의 차별 철폐, 그리고 특히 중요한 의미를 지니는 고용에서의 차별 철폐와 적극적인 차별 시정조치 등.

1964년의 이 공민권법은 인종차별철폐국제조약(1965)과 유럽 각국의 반인종주의법 즉 1965년 영국의 인종관계법, 1972년 프랑스의 인종차별금지법 등을 앞지른 선구적인 것이다.

혐오표현을 '보호'하는 특수한 맥락: '행위'/'언론'의 특수한 이분법

이 법이 금지하는 인종주의의 정의는 앞서 살펴본 인종차별철폐국제조약과 같은 것으로 집단에 대한 불평등이다. 그렇지만 차별과 차별선동을 모두 규제하는 이 조약형과 결정적으로 다른 점은 인종주의 중 차별 발언이 '언론의 자유'에 의해 '보호'된다는 점이다. 앞서 서술한 독일형과는 다르다.

미국형 반인종주의의 잣대는 옹호할 만한 '언론'을 구제하기 위해서 인종주의를 '행위'/'언론'으로 이분화해왔다. 만약 차별이 '행위'에 해당하면 법 규제의 대상이 되며, '언론'에 그치는 것이라면 보호해야 한다고 했다. 이 특수한 이분법에 따르면 행위를 선동하는 언론이라는 의미의 '선동' 카테고리는 애초에 성립하기 어렵다. 미국형 이분법은 나중에 '혐오표현'이라는 용어가 태어나는 특수한 토양이 됐다.

1960년대 미국에서 차별 발언을 옹호하게 된 배경에 대해 『인종주의자가 될 자유*Freedom to Be Racist*』를 쓴 에릭 블레이치Erik Bleich는 두 가지를 들었다.

첫째, 집단에 대한 명예훼손법(20세기 전반에 제정되어 최대 여덟 개 주에서 성립된 인종과 종교 등 집단에 대한 차별발언 규제법)이 유대인계 커뮤니티의 지지를 받지 못했기 때문이다. 그 이유는 언론의 자유를 국가가 탄압할 위험이 있으며, 당시 유대계 지식인들이 유럽과 달리 미국에서의 네오나치가 실생활에 뿌리내리지 않았다고 판단하여 "위협이라기보다는 오히려 초조한 골칫거리"로 간주했기 때문이다.

둘째, 유대계 커뮤니티뿐만 아니라, 1960년대 공민권 운동과 베트남전쟁 반대운동도 같은 결론에 이르렀다. 집단에 대한 명예훼손법 등의 혐오표현 규제는 물론 흑인 등 소수자에게는 좋은 일이었겠지만, 그들은 당시 "백인지상주의 법에 대항하기 위해 폭넓은 언론의 자유를 필요로 했다."[8]

그 배경에는 미국의 강력한 국가권력의 탄압으로부터 반인종주의 운동과 반전운동을 옹호하는 절실한 요청이 있었다. 블레이치는 "유럽 국가들에서 반인종주의법은 소수자 및 그 지지자들에게 사회적·정치적 지지를 받았다. 반면 1960년대와 1970년대의 미국에서는 그러한 지지를 낳을 수 있는 잠재적 자원이 전혀 존재하지 않았다"라고 말했다.[9] 그렇기 때문에 미국에서는 다름 아닌 소수자 자신(과 베트남전쟁 반대운동가 등)이 "자신의 주장을 가장 강력한 말로 체포될 두려움 없이 표현할 수 있기를 바란다."[10] 이 배경에는 국가에 의한 엄격한 탄압의 리스크가 있었던 것을 들 수 있다.

실제로 공민법권 제정 뒤의 일이지만 FBI는 급진적인 흑인 해방운동 단체로 알려진 블랙팬서당에 흑인 스파이를 침투시켜 경찰과 함께 각지의 지부를 습격하고, 1970년에는 이 조직을 괴멸 상태로 몰아넣었다. 1969년 시카고에서는 스파이의 정보를 가지고 경관이 한밤중에 지부를 습격했고, 내부로 들어가서 경고도 없이 일제히 사격을 가하여, 젊은 지도자 프레드 햄프턴Fred Hampton을 사살했다. 기자회견에서 FBI는 건물 내부로부터 총격이 있어 반격했다고 공공연하게 거짓말을 했다. 나중에 연방정부의 조사에서도 블랙팬서당은 "미국 사상 가장 심한 탄압을 받은 조직"이라고 결론 내렸다.[11]

그런 일에 더하여 때로 격렬한 표현을 사용해서라도 스스로의 권리와 정체성을 표명하는 것은 흑인을 비롯한 소수자의 역량 강화에 중요하다고 생각됐다. 예를 들면 언론부터 일반 백인에 이르기까지 "인종적 증오를 휘두르는 폭력주의자"[12]라고 결론지은 흑인 해방운동 지도자 맬컴 엑스가 초기에 백인을 '악마'라고 부르며, 비폭력주의를 부정하고 백인에 대한 '동화'를 거부하면서, 연설할 때 과격한 언어를 사용한 데는 이유가 있었다. 그것은, 린치 살인을 개의치 않는 격렬한 인종주의에 충격을 받은 흑인이 자신들의 역사와 사회적 가치를 긍정하고 인종주의에 대항하기 위한 주체를 형성하기 위해서 결정적으로 중요하다고 생각했기 때문이다.[13]

사카이 다카시酒井隆史에 따르면, "맬컴은 흑인의 내면에 깊이 자리 잡고 있는 자기증오야말로 흑인 커뮤니티의 무력함의 원인이며, 사람들로 하여금 억압자에게 스스로 무릎 꿇게 하고 예속하게 하는 원천이라고 생각"했으며, 그가 "백인 사회에 대한 적대감을 나타낸 것은 흑인들의 자기증오를 해소시키는 것이 우선적으로 중요했기 때문"이다.[14]

1964년 공민권법이 강력하고 적극적인 차별 시정조치를 취한 것은 이 같은 경위에서였다. 이 법을 성립시킨 린든 존슨 대통령은 다음 해 하버드대학에서 다음과 같이 연설했다.

"오랜 세월 사슬에 묶여 있던 사람을 해방하여, 달리기 출발선에 데리고 가서 '이제 당신은 자유다. 누구와 경주해도 좋다'라고 말할 수는 없다."

"족쇄를 벗는 것으로 '평등의 기회'가 주어졌다고 말할 수 있을지 모르겠다. 그러나 36미터 앞에 주자가 있다. 족쇄를 찬 주자를 36미터 먼저 출발하게 해야 공정한 것이 아닌가? 이것이 평등을 위한 적극적인 조치일 것이다."[15]

그는 기회의 평등만이 아니라 '결과의 평등'이 중요하다고 설명했다. 이것은 당시 매우 진보적인 정책으로, 나중에 유럽에서 만들어진 '포지티브 액션Positive Action'의 모델이 됐다.

이 같은 국가권력에 의한 소수자의 탄압에 저항하여 소수자의 표현의 자유를 철저히 보호한다는 특수한 맥락에서, 미국에서는 행위/언론의 이분법을 필요로 하는 반인종주의 규범이 형성됐다. 그리고 그것은 강력한 소수자의 권리옹호를 동반했다.

그 후 미국

미국형 반인종주의의 잣대도 세분화됐다. 미국에서는 공민권법의 영향에 의해서, 제3부에서 본 (전후 일본의 1951년 출입국관리령의 모델이 됐다) 반공주의 이민국적법이 1965년에 대폭 개정되어 인종별 할당이 폐지됐다. 그 결과 아시아와 남아메리카에서 온 이주노동자가 급증하여, 미국의 인구 구성을 크게 변화시켰다. 그리고 공민권 운동은 흑인 이외의 신구新舊 소수자에게도 결정적인 영향을 미쳐, 다양하고 급진적인 반차별운동이 전개됐다.

1980년대부터 1990년대 사이에 민족집단과 종교, 젠더·섹슈얼리티에 기초한 소수자 집단이 "편견이 동기가 된 범죄에 대한 관심"을 증가시키고, 함께 부상하여 "자신들의 관심을 명확히 하는 강력한 언어로서 '증오범죄hate crime'라는 말을 사용하게" 됐다.[16] 증오범죄는 차별에 기초한 폭력으로, 통상의 폭력보다도 중벌로 다스릴 만한 범죄라는 의미가 포함된 새로운 개념이었다.

이 증오범죄라는 용어도 앞에서 말한 특수한 미국적인 '행위'/'언론' 이분법을 배경으로 하고 있으며, 차별'행위'를 엄벌에 처하기로 논의됐다. 그리고 이것과 쌍을 이루는 형태로 새롭게 만들어진 개념이 '혐오표현'이었다.

혐오표현은 '행위'/'언론' 이분법을 배경으로 한 데다가, 후자인 '언론'에 해당하는 차별 중 심각한 것은 범죄로 다뤄 대처를 요구하기도 했다. 그리고 어쩌면 이분법 그 자체에 이의를 제기하는 소수자 지식인으로부터 제기된 개념일 수 있다. 예를 들어 소수자인 리처드 로렌스 3세는 "인종주의는 100퍼센트 언론임과 동시에, 100퍼센트 행위이기도 하다"라고 주장했다.[17]

증오범죄는 1990년에 연방 차원에서 증오범죄법으로 결실을 맺었고, 지금도 계속 개정되고 있다. 그렇지만 혐오표현은 여전히 법 규제의 대상이 아니다.

혐오표현은 법 규제를 추진하는 입장에서 보면 '언론'이 아니라 '행위'이며, 그 반대파 및 소극파 입장에서 보면 '언론'이다. 중요한 점은 혐오표현이라는 개념이 미국형 반인종주의의 잣대를 수정·보완하는 맥락과 실천 속에서 태어났으며, 논쟁이 되고 있는 다의적인 개념이라는 것이다.

혐오표현이 옹호된다고 해도, 그것은 반인종주의 정책과 규범 형성에 시민들이 무관심하다는 것을 의미하지 않는다. 미주리주 퍼거슨에서 경관이 흑인을 사살한 사건(2014)이 뉴스가 되고, 거기에 항의하는 시위가 금세 1만 명 단위로 조직된 사실에서도 알 수 있다.

게다가 제노사이드 선동은 명확하게 법으로 규제되어 있기 때문에 '혐오표현이 옹호되고 있다'고 단정하기는 어렵다.

또 하나의 중요한 '예외'는 직장이다. 직장에서 차별발언 금지를 위해 싸우는 과정에서 개념화된 것이 성희롱이다. 공민권법은 인종주의만이 아니라 성과 나이 등 고용에서의 차별을 금지하고, 나아가 미국 연방 평등고용기회위원회EEOC가 결성되어 고용차별 금지를 위한 피해 조사와 소송을 할 수 있게 됐다. 이 같은 상황에서 1970년대 이후 직장에서의 언동을 포함한 성차별에 대해 여성들의 투쟁 과정에서 성희롱이라는 개념이 명확해졌다.

일본에서 혐오표현이 증오범죄라는 말을 사용할 때, 이 같은 미국의 특수한 맥락에서 나온 개념이라는 점을 주의해야 한다.

제4장

구미 여러 선진국의 반인종주의와 일본의 현상

구미 여러 선진국의 반인종주의의 공통점: 반인종주의 1.0과 2.0

인종차별철폐국제조약형·독일형·미국형의 반인종주의 정책을 정리하면 〔표 4〕와 같다. 세 가지 유형의 잣대에는 두 가지 공통점이 있다.

첫째, 구미 여러 선진국에서는 1960년대~1970년대를 거쳐 기초적인 반인종주의 정책(입법을 포함한다, 이하 같음)이 만들어졌다. 이 책에서는 그것을 '반인종주의 1.0'이라고 한다.

둘째, 어느 나라에서나 기본적인 반인종주의 정책(반인종주의 1.0)이 제정된 후에도 법 개정을 비롯한 여러 가지 방법으로 반인종주의 규범이 계속 수정·보완됐다.

요시카와 아이코吉川愛子는 1970~1990년대의 '유럽 국가들의 반인종차별법 및 그 이행에 관한 각종 개정'을 다음과 같이 정리했다.[1] 인종차별 금지 대상이 행위의 확대(특히 고용관계), 전문기관의 설치,

〔표 4〕 선진국들의 반인종주의 정책 비교

반인종주의	미국형	유럽·유엔형			독일형	일본형
		영국	프랑스	유엔		
0						인종주의가 보이지 않는다(차별과 구별이 미구분)
1.0	1964년 공민권법	1965년 인종관계법	1972년법	1965년 인종차별철폐국제조약	1960년 민중선동죄(형법 개정) 나치 소추, 역사교육	없음•
2.0	같은 법 개정, 1968년 연방보호법(KKK법), 1990년 증오범죄 통계법, 1994년 증오범죄 판결 강화법 외	같은 법 개정, (1968, 1976, 2000, 2003년 등), 1986년 공공질서법 외	같은 법 개정, (1975, 1983, 1989, 1990, 2002년 외), 1990년 게소법 외	일반 권고 제1~35호 외	같은 법 개정, (1985년 외), 1994년 홀로코스트 부정죄 추가 외, 나치 소추, 역사교육	없음

•는 특히 재일조선인에 관한 것이다. 예를 들어 피차별 부락 문제에 관해서는 1969년에 동화대책사업 특별조치법이 시한 입법으로 제정됐다. 저자 작성.

인종차별에 관한 고충·신청 등의 보고체계 강화, 차별에 대한 벌칙 강화, 법적 수단에 대한 장벽 제거(법적 부조, 입증의무의 경감), 포지티브 액션(적극적 차별 시정 조치), 입증책임의 전환, 인종차별철폐를 위한 계몽 활동, 인종차별 실태를 파악하기 위한 지속적인 조사(정보수집)다.

이 책에서는 이들을 '반인종주의 2.0'이라고 한다. 구미에서 인종주의 2.0은 기본적으로 위와 같은 정책을 바탕으로 하면서 개량·극복하려는 것이다.

일본은 수정·보완은커녕 기본적인 반인종주의 정책이 전혀 없다(2016년 5월 1일 현재). 일본의 상황을 이 책에서는 '반인종주의 제로'라고 부르겠다.

구미 여러 선진국의 반인종주의 2.0이 직면한 과제

구미 여러 선진국의 반인종주의 2.0이 안고 있는 과제는 무엇일까? ① 무슬림 차별, ② 식민지주의, ③ 난민에 대한 대처(국적과 입관법·국경 관리), ④ 자본주의 등 네 가지로 정리하여 간단하게 확인하고자 한다. 세계의 반인종주의는 정책·규범을 어느 정도 강화해도 해결하기 곤란한 국면에 직면해 있다는 것에 주의하길 바란다.

① 무슬림 차별

구미 여러 선진국의 반인종주의에는 이중 기준이 있다. 역사적 맥락에서 반인종주의 1.0과 2.0도 기본적으로는 반유대주의에 대한 저항 혹은 미국에서는 흑인 차별을 향한 것이었다. 그렇기 때문에 그 외의 소수자에 대한 인종주의는 반인종주의의 '예외', 혹은 '빠져나갈 구멍'이 되기 쉽다. 지금 가장 심각한 문제는 이슬람공포증 Islamophobia(이슬람교와 무슬림에 대한 증오, 편견)일 것이다. 특히 2001년 9·11 이후 미국 외에 선진국이 개시한 테러와의 전쟁 수행과 함께, 선진국 각국에서 무슬림에 대한 인종주의가 강력하게 선동됐다. 프랑스의 예를 들어보겠다.

2015년에 풍자 신문 『샤를 에브도*Charlie Hebdo*』가 무함마드를 만화로 그리고, 무슬림에 대한 혐오표현을 한 것(무슬림의 격노를 사고, 결국 습격사건의 방아쇠가 됐다)은 기억에 새롭다. 사실 『샤를 에브도』는 2006년에도 벨기에의 『유란스 포스텐』 지가 무함마드를 풍자하고 무슬림을 조소한 직후 무함마드를 그린 풍자 그림을 실었다. 이에 대해 프랑스의 반인종주의법을 활용한 아랍계 단체가 소송을 걸었지만, 세 번 모두 패소했다. 이것이 반유대 기사라면 다르겠지만, 만약 당시에 반인종주의 규제로서 무슬림에 대한 혐오표현을 억제했더라면 하는 생각이 들지 않을 수 없다.

또 하나의 중요한 문제가 있다. 2004년부터 프랑스 학교에서 무슬림의 스카프 착용을 금지한 것이다. 무슬림 여성이 종교적인 이유로 스카프와 부르카를 착용하는 것을 금지한 것은 이슬람 종교 실천과 문화 향유를 방해한다는 점에서 인종주의라고 할 수 있다. 그런데 문제는 이 금지 규정이 공적으로는 인종주의 정책이 아니라, 공화주의의 정교 분리 원칙에 따른 조치라고 주장한다는 것이다(학교에서는 어떠한 종교에서도 중립이어야 한다).

프랑스에서는 반유대인에 대해서는 반인종주의 규범이 있지만, 무슬림에 대해서는 '정교 분리'로 위장한 인종주의 정책이 통용되고 있는 것이다.

② 식민지주의

둘째, 식민지주의 문제가 있다. 식민지주의를 정의하는 것은 어렵지만, 사전에는 "식민지를 획득하고, 확대하려고 하며, 혹은 유지하려고 하는 정책 혹은 지배 방법. 또는 그것을 지지하는 사상"(일본대백과사전)이라고 되어 있다. 좁은 의미의 식민지주의는 타민족 지배와 식민지 지배를 정당화하는 방법·이데올로기라고 할 수 있다. 일본군 '위안부' 제도와 재일조선인에 대해서 말하면, 일본에 만연한 역사부정의 이데올로기가 식민지주의이기도 하다. 구미 선진국에서도 마찬가지다.

구미에서는 자신들이 과거에 침략·식민지 지배한 미국과 중동, 그리고 아시아에 대한 역사부정이 만연했다. 무슬림에 대한 인종주의의 증대는 이 식민지주의의 문제이기도 하다.

구미의 반인종주의의 경우, 나치의 유대인 학살에 관한 역사부정에 대해서는 반역사부정의 규범이 만들어져 있다. 그렇지만 식민지주의에 관한 역사부정에 대해서는 그렇게 말할 수 없다. 그래서 사회운동 측은 반인종주의 2.0의 맥락에서 홀로코스트 부정에 적용되는 반역사부정 규범을 식민지주의로 확장하고자 한다. 여기에서 프랑스의 알제리 식민지 지배에 대한 역사부정을 살펴보자.[2]

프랑스에서는 1972년에 반인종주의법이 제정되어 ⓐ 1990년 개정의 이른바 게소법Gayssot Law에 의해 홀로코스트 부정죄가 신설됐다. 이 같은 기억을 둘러싼 법은 이 외에 ⓑ 2001년의 1월법(아르메니아인 대학살 공식 인정)과, ⓒ 2001년 5월 토비라Taubira법(프랑스에 의한 흑인 노예무역과 노예제를 '인도에 반하는 죄'로 인정)이 있다. 이것들은 홀로코스트에 대해 쟁취한 반역사부정이라는 공적인 사회적 규범을, 아르메니아·제노사이드와 노예제·식민지 지배에 관한 역사적 기억으로까지 확대하여 보편화하려는 노력의 산물이었다.

그런데 토비라법은 큰 논쟁을 불러일으켰다. 프랑스에 의한 알제리 등 식민지 지배의 역사를 어떻게 기억할지가 문제였기 때문이다. 말할 것도 없이 식민지 지배는 불법이고, 인종주의와 오늘날 남북 격차의 역사적 근원이라는 것이 기본적인 인식이다. 그런데 프랑스 정부는 지금도 알제리를 비롯한 식민지 지배는 합법이라는 입장을 고수하고 있다. 이것은 일본을 비롯한 선진국들도 공통된 태도다.

토비라법은 반격을 받았다. 4년 후인 2005년 2월에 제정된 '귀국자에 대한 국민의 감사와 국민적 지원에 관한 법'에는 "학교 교육은 해외 영토, 특히 북아프리카에 프랑스가 존재했던 긍정적 역할을 인정하고, 이들 영토 출신의 프랑스군 병사의 역사 및 희생에 대해, 그것과 본래 어울리는 위치를 부여할 것"(제4조 제2항)이라고 명시됐다. 식민지 지배를 긍정하고 교육하라는 것이다.

이 법의 제정을 추진한 것은 알제리 귀국자들이었으며, 그들이 프랑스의 극우 정당인 국민전선FN을 창설한 모체가 됐다. 1962년에 알제리 독립전쟁에서 프랑스는 알제리의 독립을 인정하며 대량의 귀국자를 받아들였지만, 그들은 프랑스에서 냉대를 받았다. 그중에서 국민전선을 세운 사람이 초대 당수인 장마리 르펜이다.

2005년 법은 그 후 반발에 부딪혀 결국 위의 제4조 제2항이 삭제됐다. 그런데 이번에는 역사학자로부터 1990년 이후의 기억법(ⓐ, ⓑ, ⓒ) 모두를 폐지하라는 요구가 나왔다. 이유는 정치의 학문 개입 반대라는 논리였지만, 여기에는 복잡한 역학(식민지주의에도 반역사부정을 확장하려고 하는 힘과, 그것을 방지하려고 하는 힘)이 작동했다.

반식민지주의를 둘러싼 기억의 투쟁이 전 세계 각지에서 일어났다. 2001년에 남아프리카공화국에서 열린 더반회의(유엔이 주최한 '인종차별 반대 국제회의')에서, 처음으로 노예제와 식민지 지배에 대한 보상 문제가 제기된 것은 그 상징이다.

③ 난민에 대한 대처

셋째, 심각해지는 시리아 정세, 그리고 아프가니스탄·이라크에서 벌어진 테러와의 전쟁과 내전으로 인해 100만 명 규모의 난민이 유럽으로 몰려들고 있다. 유럽의 난민 수용과 난민에 대한 인종주의에 어떻게 대처할지는 반인종주의 2.0의 큰 과제다. 특히 난민의 수용은 제2부에서 설명한 '국적의 벽'(국적법·출입국 관리 등)을 어떻게 할지에 대한 까다로운 문제다.

④ 자본주의

마지막으로 시장원리와 자본주의에 의해 강화되고 정당화되는 인종주의에 어떻게 대처할까 하는 문제가 있다.

예를 들어 2014년 8월 24일 자 CNN에 보도된 미국 브랜다이스 대학의 2014년 조사에 따르면, 최근 25년간 미국 백인과 흑인 사이의 자산 격차는 약 세 배로 벌어졌다고 한다. 남아프리카공화국에서는 1994년의 아파르트헤이트라는 인종차별정책 폐지 당시에 하루 1달러 미만으로 사는 사람이 200만 명에 이르렀지만, 2006년에는 400만 명으로 두 배 증가했다. 남아프리카공화국 국민의 평균수명은 만델라가 석방된 후 13년이나 짧아졌다.[3]

반인종주의 규범과 정책이 만들어지고 '해방'된 흑인이 심각한 빈곤과 차별에 허덕이고 있는 것은 언뜻 평등하게 보이는 시장원리가 실제로는 불평등하며, 인종주의를 오히려 강화하기 때문이다. 왜냐하면 이윤을 목적으로 상품을 생산하는 자본주의에서는 초과이윤 획득을 보장하는 인종주의를 이용하지 않을 수 없기 때문이다. 인종주의란 글로벌한 자본주의에 있어서 "노동자의 계층화와 매우 불공평

한 분배를 정당화하는 이데올로기 정치"[4]이기도 하다. 신자유주의적 세계경제는 인종주의와 소수자 빈곤을 조장하고 강화하고 있다.

이렇게 구미 여러 선진국에서의 2.0의 과제에는 이중 기준을 시정하는 등 반인종주의 규범과 정책을 더욱 개선해가면서 어느 정도 대응이 가능하게 됐다. 그와 동시에 규범 형성과 정책만으로는 대처하기 곤란한, 근대 자체의 문제(식민주의와 국민국가·자본주의)도 포함됐다. 반인종주의는 단독 이슈로서 투쟁할 수 있지만, 인종주의를 강화하는 사회구조를 바꿔야 하는 근본적인 문제에 직면하지 않을 수 없다.

앞에 든 2.0의 과제(① 무슬림 차별~④ 자본주의)는 가장 해결하기 어려운 것이라고 할 수 있다.

여기까지 오면, 일본이 지금 '반인종주의 제로' 상태로 있는 것이 얼마나 이상한 일인지 알 것이다. 두 바퀴째를 달리고 있는 구미와, 한 바퀴도 달리지 못한 일본은 과제의 차원이 완전히 다를 것이다.

논의의 차원이 다르다:
두 바퀴를 달리는 구미와 한 바퀴도 달리지 못한 일본

앞에서 살펴본 세 가지 잣대를 염두에 두고, 일본의 상황을 검토해보자.

우선 일본에는 첫 번째인 인종차별철폐국제조약형 같은 인종주의와 인종주의 선동을 규제하는 국내법이 없다. 이것은 1995년에 인종차별철폐국제조약을 비준한 후에도 변함이 없다.

두 번째 독일형처럼 '과거'와의 유사성을 잣대 삼아 인종주의를 측정하는 규범도 없다. 일본이 과거에 아시아를 침략하고 식민지 지배했을 때의 여러 가지 전쟁범죄와 이데올로기와의 유사성이라는 잣대로 전후 사회의 인종주의를 규제했다면, 제3부에 소개한 조고생 습격사건을 비롯한 전후의 인종주의 폭력은 대부분이 가시화되고, 법 규제의 대상이 됐을 것이다. 애초에 고쿠시칸 같은, 아시아 침략을 긍정하는 듯한 우익교육은 '과거'와의 유사성이라는 잣대에서 규제되어야 했다. 그리고 아마 헌법 개정의 움직임도 인종주의 선동으로서 위험시됐을 것이다.

세 번째 소수자 측 표현의 자유를 존중하고 적극적 조치를 중시하는 미국형 반인종주의도 일본에는 전혀 없었다. 제3부에서 본 대로, 전후 재일조선인은 오히려 한반도 분단 상황과 일본 정부의 탄압 속에서 표현의 자유가 처음부터 없었다.

적극적 조치에 대해서 말하자면, 재일조선인의 민족교육권 보장이 중요하지만 민족교육권 침해가 인종주의라는 생각이 사회적 규범으로 자리 잡지도 못했다.

일본에서 '혐오표현'이라는 말을 사용할 때의 함정

이 같은 구미와 일본의 과제 차이를 알게 되면 일본에서 혐오표현에 관한 논의가 빠지게 되는 혼란을 이해할 수 있다.

구미의 혐오표현은 반인종주의 1.0을 정비하고 2.0에 몰두하고 있음에도 도저히 대처하기 힘든 인종주의 현상의 하나를 가리킨다. 때문에 반인종주의가 전무한 상황을 어떻게 할까 하는 맥락에서 혐오표현을 논하는 선진국은 일단 없다.

2014년에 번역되어 화제가 된(일본에서는 『혐오표현』이라고 번역됨) 에릭 블레이치의 『인종주의자가 될 자유』가 문제 삼은 것이 바로 이것이었다. 이 책은 〔표 4〕의 정리에 따르면, 반인종주의 2.0 차원에서(차별금지법은 대전제이기 때문에) '표현의 자유 대 혐오표현 규제'라는 물음을 제기하고, 인종차별철폐국제조약형·독일형·미국형의 잣대를 서로 비교 검토한다는 내용이다. 그렇지만 '혐오표현'이라는 말이 반인종주의 제로인 일본에 유입됐을 때, '제로'와 '2.0'의 차이를 언급한 후 논의가 소개됐다고는 말하기 어렵다.

둘째, '혐오표현'이라는 말은 미국형 2.0이 쟁취되는 과정에서 등장했다. 〔표 4〕를 다시 한 번 보길 바란다. 그것은 처음부터 미국에서의 행위/언론 이분법을 전제로 하며, 또 행위=규제/언론=옹호라는 문맥으로 강하게 규정된 말이다. 따라서 미국에서 혐오표현을 둘러싼 논의도 당연히 이런 맥락에서 이루어진다.

행위/언론의 이분법을 전제로 하기 때문에 '선동'이라는 카테고리를 법 규제의 대상으로 삼기 어려운 미국제 '혐오표현'이라는 말을, 이미 반세기 전부터 차별(행위)과 차별선동(언론)을 동등하게 법적으로 규제해온 유럽·유엔에서의 차별선동 현상에 적용하는 것은 맥락 없이 이해할 경우 상당한 혼란을 준다. 각 나라나 지역의 역사적·사회적 맥락을 무시하고 혐오표현이 전 세계적으로 규제됐다고 하는 것은 상당히 무리가 있다.

그러나 각 나라나 지역의 맥락을 짚는다면, '혐오표현'이라는 말을 사용하여 현재 전 세계에서 문제가 되고 있는 인종주의의 차별선동을 표현하는 것은 가능하다. 2013년 유엔 인종차별철폐위원회가 낸 일반 권고 제35호가 혐오표현 박멸을 다룬 것이 그 예다. 차별선동은 발언·언론을 내포하는 표현행위 일반을 포함하므로, 가령 사회가 없애야 할 악이라고 해도 법 규제의 대상으로 삼기 어렵다는 성가심은 세계 공통이기 때문이다.

〔표 4〕의 2.0 칸에 있는 법 개정에, 차별선동에 관한 것이 많은 이유다. 특히 유럽의 극우는 반인종주의 규범과 반역사부정 규범을 피해가기 위해 최근에는 직접적인 차별용어와 역사부정을 사용하지 않고, 종교비판과 동성애 옹호, 반反유럽연합, 반反세계주의 등 포장한 형태로 차별선동을 반복했다.

프랑스 국민전선의 당수 마린 르펜이 "가스실은 사소한 것"이라며 역사부정을 노골적으로 반복한 아버지 르펜과 거리를 두고, 이슬람교 비판과 반유럽연합을 내걸고 지지를 확대하는 노선을 내세운 것은 상징적이다. 네덜란드의 극우 기에르트 빌데르스는 동성애 옹호를 공언한 후 동성애를 금지하는 이슬람교 비판을 통해서 지지를 모으는 전략을 취하고 있다. 유럽에서 문제가 되고 있는 차별선동은 이처럼 '고단수'다.

정리하자면, 서구에서는 혐오표현이라고 할 때 1980년대 미국에서 등장한 행위/언론의 이분법으로 규정된 것으로, 미국에서 사용되는 의미가 우선이다. 게다가 현재 유엔 등에서 사용되는 의미로, 요컨대 반인종주의 정책을 만들어 업데이트했다고 해도, "박멸하는 것이 곤란하고 성가신 인종주의"의 하나로 논의되는 맥락도 나오고 있다.

반인종주의가 전혀 없는 일본에 혐오표현이라는 말을 '수입'할 때는, 그 첫 단계인 반인종주의 1.0을 일본이 쟁취하지 못한다면 구미에서조차 힘들어하는 차별선동에 대처할 수 없을 거라는 전제가 기본적으로 공유되어야 한다. 좀 더 말하자면, 맥락을 언급하지 않고 혐오표현을 논의할 경우 혐오표현은 표현·언론과 관련된 것으로, '표현·언론의 자유' 대 '법 규제'라는 구도에 갇혀, 인종주의를 어떻게 할까 하는 근본적인 물음이 누락되고 만다. 기본적인 인종주의 규제=반인종주의 1.0을 쟁취해야 하는 과제를 혐오표현론이 덮어버리는 것이다.

그런데 정말 얄궂게도 혐오표현은 아마 전후 일본에서 처음으로 '사회가 없애야 할 악'인 인종주의의 대명사로 보급됐다. 요컨대 구미에서 사용되는 '인종주의'라는 말과 같은 의미로 '혐오표현'이 일부에서 사용되기 시작했다.

그렇기 때문에 일본에서 누구나 '혐오표현을 없애라'고 말하게 된 이 상황을, '인종주의를 없애라', '차별을 없애라'라는 슬로건을 내세우며 일본의 맥락에 맞게 반인종주의 1.0을 쟁취하려는 실천이 지금 요구되고 있다.

제 5 부

왜 혐오표현은 계속 빈발하고 있는가:

세 가지 원인

이 부에서는 반인종주의라는 잣대를 사용하여, 왜 일본에서 극도로 추악한 혐오표현이 끊이지 않는가 하는 물음을 생각해보겠다.

혐오표현이 빈발하는 원인은 크게 세 가지다. ① 반인종주의 규범의 결여, ② '위로부터의 차별선동' 압력의 증대, ③ 역사부정이다.

제1장

반인종주의 규범의 결여

첫 번째 원인은 전후 일본 사회에 반인종주의 규범이 전혀 없었다는 것이다. 이것은 앞서 제4부에서 확인했다. 문제는 왜 이전의 반차별운동이 반인종주의 규범을 만들어내지 못했는가다. 이것은 대단히 중요한 물음이다. 그런 일본 국내적 요인 중 반인종주의를 쟁취해야 한다는 이 책의 입장에서 중시해야 할 것이 적어도 두 가지 있다.

한 가지는, 식민지 시대의 인종주의 법제를 출입국관리법으로 이은 1952년 체제가 국가·자치단체의 인종주의 정책을 국적 '구별'로 위장하는 데 성공했다는 것이다. 1952년 체제가 확립되면서 재일조선인을 둘러싼 인종주의는 기본적으로 국적 '구별'로 나타나게 됐다. 반차별 측은 이에 대해 인종주의의 문제로서가 아니라 국적 '구별' 철폐의 문제로서 투쟁하지 않을 수 없었다.

또 한 가지는 전후 일본에 구미와 다른 특수한 기업사회가 성립했다는 것이다. 1952년 체제에 대해서는 제3부에서 말했기 때문에, 다음에서는 기업사회가 반인종주의 규범 형성에 있어서 어떠한 장벽이 됐는지 고찰하겠다. 그리고 유명한 히타치日立 투쟁을 예로 들어, 전후 반차별운동이 반인종주의 규범을 쟁취할 수 없었던 사회적 회로의 결여에 대해 검토하고자 한다.

반인종주의 규범 형성을 겨냥한 일본형 기업사회의 성립

기업사회란 '기업의 경쟁원리가 시민사회 전체를 일원적으로 덮고 있는' '기업 본위의 시민사회'[1]를 말한다.

반인종주의 입장에서 보면 일본의 기업사회는 구미와 비교해도 차별적이다. 이것은 인종주의에만 한정된 것이 아니다. 예를 들면 일본의 정규 사원에게 당연한 연공임금체계는 같은 노동이어도 연령과 성별에 따라 임금이 다르다. 이것이 차별이 아니고 무엇이겠는가? 또 이 책 서두에서도 언급했지만, 일본에서 시판되는 이력서에는 얼굴 사진을 붙이는 칸, 성별·연령(예전에는 국적·본적)을 기입하는 칸이 인쇄되어 있는데, 이것도 구미에서는 차별에 해당한다. 일본의 기업사회에 익숙해져 있는 우리의 상식과 인권감각, 나아가서는 '인간다움'까지 상당히 깊은 곳까지 침범당해 인권침해와 차별에 둔감해졌다.

전후 일본이 기업사회가 되고, 구미가 그렇게 되지 않았던 가장 큰 원인은 노동조합 형태의 차이에 있다. 구미에서는 노조가 산업별로 조직되어(산별노조), 노동시장을 기업 횡단적으로 규제할 수 있다. 그 결과 기업마다 장시간 노동규제와 동일(가치)노동 동일임금 등 최소한의 평등한 기준을 세우는 데 성공했다(산업민주주의의 성립). 그리고 그것을 기조로 하는 시민사회가 성립하는 과정에서 생존권을 비롯해 여러 가지 인권 규범이 사회적으로 쟁취됐다. 제4부에서 본, 구미에서 성립한 반인종주의 규범은 그중의 하나다.

그러나 전후 일본의 노동조합은 구미의 산별노조와 대조적으로 기업마다 따로따로 조직된 기업별 노조의 형태를 취했다. 그렇기 때문에 노동시장의 기업 횡단적 규제력을 가지지 않고, 산업민주주의 같은 최소한의 평등원리를 쟁취하지 못한 채 현재에 이르렀다.

그 결과 직장은 과로사를 초래하는 끝없는 장시간 노동과 차별의 온상이 됐다. 그뿐만이 아니다. 노동자에게서 자유시간을 빼앗고, 사회적·정치적 주체성 확립을 방해하고, 대의민주주의적 인권규범의 성립을 저해하는 근본 원인이 됐다.

1. 민주주의의 위약함과 좌파정권의 부재

일본이 인종차별철폐국제조약을 비준한 것은 1995년이었다. 그전 해에 미국의 비준에 이은 모양새였지만, 미국은 앞에서 서술한 것처럼 조약 이전에 1964년 공민권 이후의 독자적인 반인종주의 체계를 가지고 있었다. 이에 대해 일본은 조약 비준을 불합리하게 늦추었을 뿐 아니라, 1995년 비준할 때 새로운 예산 조치도 강구하지 않고, 차별금지법도 만들지 않은 채로 미국과 마찬가지로 제4조 (a), (b)를 유보했다.[2] 이것이 일본에서 인종차별철폐국제조약의 골자가 빠진 큰 문제였다. 그 후 지금까지 일본은 포괄적인 인종주의 금지법을 만들지 않고 있다. 이 비정상 사태는 왜 이것이 통용되고 있는가?

인종차별철폐국제조약에 비추어 일본의 인종주의 상황을 『일본의 민족차별』(2005)이라는 책으로 정리한 오카모토 마사다카는 "유럽의 경험에서, 인종·민족차별금지법 제정의 열쇠가 되는 것은 입법부=의회의 좌파정당과 시민센터"(359쪽)라고 지적했다.

인종차별철폐국제조약을 맺은 유럽 국가들에서는 영국의 인종관계법(1965), 프랑스의 인종차별금지법(1972), 스웨덴의 인종차별금지법(1986), 스위스의 같은 조약에 대응한 형법 개정(1994) 등이 모두 사회민주주의당, 공산당, 녹색당이라는 좌파 연립정권의 발언권으로 성립됐다. 그것을 지지하는 시민사회의 힘도 일본과 비교가 안 될 정도로 강력했다.

반면 일본에서는 1995년 자사사自社さ(자민당, 사회당, 사키가케—옮긴이) 무라야마 정권 때에 인종차별철폐국제조약을 비준한 것이 고작이었다. 2009년에는 차별금지법 입법을 부르짖던 민주당이 중심이 되어 정권 교체를 이루어냈지만, 입법하지 않고 오히려 조선고교 무상화 제외라는 인종주의 정책을 실시하며 차별을 선동했다.

'시민센터의 힘'이 서구와 일본에서는 압도적으로 차이가 나지만, 그 기반은 역시 노동조합의 힘이다. 오카모토는 서구에서는 "중도좌파 세력의 지지기반"인 노조가 일본에서는 "정규 종업원만을 가입할 수 있는 (일본 특유의) 기업별 노동조합"이라는 한계를 지적한다.[3]

기업별 노조는 비정규 노동자, 여성, 외국인 등 소수집단을 받아들일 수 없었으며, 그 권리를 옹호할 수도 없었다. 그렇기 때문에 유럽과 달리 일본에서는 노동조합을 기반으로 하는 '시민센터의 힘'이 극단적으로 약했으며, 중도좌파정권을 창출하거나 혹은 보수정권의 정책에 영향력을 미칠 수 있는 원칙적인 좌파정당을 만들 수 없었다.

2. 산업마다 최소한의 평등조차 실현할 수 없는 일본의 기업사회

기업사회는 산업민주주의의 성립을 꺼리고, 시민사회에서 최소한의 평등도 허용하지 않았다. 장시간 노동 규제도, 동일(가치)노동 동일임금 원칙도 없다. 노동자는 시장원리에 대항할 거의 어떤 수단도 없다. 이것이 일본의 직장·산업에서의 인종주의를 심각하게 하고, 그에 맞서는 것을 어렵게 한다.

최악의 사례가 '인신매매'라는 국제적 비판을 받는 외국인 연수생 및 실습생 제도다.[4] 중국과 인도네시아 등 동남아시아에서 와서 여권과 휴대전화를 빼앗기고, 시급 300엔(3,000원 정도)이라는 저임금으로 장시간 혹사당하는 젊은 노동자 수는 19만 4천 명이 넘는다고 한다.[5]

그 배경에는 지방의 산업·어업·임업과 봉제업의 피폐가 있다. 그렇지만 산업민주주의가 결여된 지방의 지역산업은 시장원리에 거의 무방비 상태로 경쟁을 강요당하고, 그 결과 폐업을 하거나 지역산업·지역경제의 재생산을 위해 '시급 300엔의 노예'를 혹사하는 인종주의 정책을 '이용'하거나, 선택해야 했다. 하지만 동일(가치)노동 동일임금이라는 평등 기준이 지역산업에도 적용됐더라면 그렇게 대대적으로 시급 300엔으로 혹사시킬 수는 없었을 것이다.*

연수생·실습생 제도는 공식적인 외국인 정책을 만들지 않고 입국관리법으로 대응하는 1952년 체제를 활용한, 국가의 인종주의 정책이라고 할 수 있다. 1980년대부터 기업이 요구하는 노동력 유입에 대해서도, 국가는 공식적인 '현관'을 닫으면서(정책을 만들지 않고), 재량성이 강한 출입국관리법으로 연수·실습 명목의 '뒷문'을 열었다.

기업은 '뒷문'을 자유롭게 열어, 아시아의 젊은이들을 무권리 상태로 '수입'하여 혹사시킬 수 있다. 그리고 이 인종주의 정책의 '이용'을 강요당하고 있는 것은 시장 경쟁력이 없는 지방의 중소 영세기업이다. 이것이 문제 해결을 더욱 어렵게 한다.

『만화 혐한류』 등 출판산업에서의 인종주의와 역사부정의 상품화도 산업민주주의의 부재로 인해 억제할 수 없게 된 예라고 할 것이다. 이윤을 위해서라면 날림공사를 '이용'하는 건축산업과 마찬가지로, 출판산업은 돈벌이를 위해 인종주의를 '이용'하는 출판사를 규제하지 못했다.

요컨대 경쟁과 차별에 대항하기 위한 보편적인 평등원리를 쟁취하지 못한 국가의 기업사회에서는 인종주의가 그만큼 심각하고 해결하기 어려워진다.

기업사회는 장기고용과 연공임금을 주축으로 한 '일본형 고용체제'를 확립했다.[6] 중요한 것은 일본에서는 자칫 노동자에게 유리하고 평등한 것처럼 보이는 이 일본형 고용체제가 여러 차별을 전제로 하거나 내포하고 있다는 점이다. 연공임금체계는 연령과 성차에 의한

---

* 물론 세계화라는 공통의 배경에서, 서구 선진국에서도 이주노동자가 저임금으로 착취당하는 심각한 현상을 볼 수 있다. 연수생·실습생에 대한 가혹한 착취가 모두 동일(가치)노동 동일임금의 부재로 귀결되는 것은 아니다. 그렇지만 동일(가치)노동 동일임금 원칙이라는 최소한의 평등 기준이 산업사회를 관통하고 있지 않다는 것은 시장·자본의 경쟁원리와 차별로부터 어느 노동자도 자신을 지킬 방패가 없다는 것을 의미하기 때문에, 그것이 이주노동자를 비롯해 소수집단의 착취를 더욱 가혹하게 한다. 나아가 이주노동자가 차별에 대항하여 공정한 임금을 요구하려고 해도 의거할 만한 평등의 기준이 존재하지 않기 때문에 매우 심각한 것이다. 앞에 게재한 木下武男, 「同一勞動同一賃金を實現するジョブ型世界」를 참조.

차별을 내포하고 있지만, 애초에 일본형 고용체제는 '아내를 부양하는' 일본인 남성 세대주를 전형적인 노동자 모델로 삼았다. 여성, 장애인, 재일조선인 같은 외국인 소수자는 이 시스템 안에서 종속적인 위치로 내몰릴 수밖에 없다.

재일조선인은 기업사회에서 심각한 취업 차별을 당하고 있으며, 직장에서도 일본 이름을 강요당하는 등 인종주의로 고생해왔다. 그렇지만 동시에 저항의 목소리를 낼 방법도 거의 박탈당해왔다.

3. 차별을 포괄하는 일본형 고용체제가 사회적 규범이 됐다

기업사회의 성립은 차별적인 일본형 고용체제의 논리를 기업과 산업 내에만 머물게 하지 않고 일반적인 사회적 규범이 되게 했다.

"(기업사회에 편입된) 남성은 정규 사원으로 입사하여, 기업마다 차이는 있겠지만 승진·출세하고, 임금이 오르며 안정된 생활을 누리다가 정년을 맞는다. 이것은 상식적인 것이라고는 할 수 없지만 사회적으로 좋은 일인 것처럼 사회적 규범으로 국민들에게 수용됐다." 이것이 기업사회에서 말하는 "안정성이었다"라고 기노시타 다케오木下武男는 지적했다.[7]

차별을 내포하는 일본형 고용체제가 사회적 규범이 되고, 더구나 그것이 사회통합에 의해 강력한 안전장치가 된 것은 반차별운동에 결정적으로 부정적인 영향을 미쳤다.

우선 반인종주의를 포함한 보편적인 반차별과 인권규범(잣대)은 차별을 내포하는 일본형 고용체제와 정면으로 대립한다. 전후 일본에서 인권규범은 일본형 고용체제와 충돌하여 밀려나거나, 일본형 고용의 차별과 모순되지 않게 골자가 빠지지 않으면 성립할 수 없게 됐다.

또 전후 일본에서는 일반적인 인권감각과 '인간다움'도 '기업의 경쟁원리'에 뿌리 깊게 침투하여, 일본형 고용체제에 친화적인 것으로 변질됐다. 예를 들어 과로사와 마타하라(maternity harassment의 일본식 줄임말. 임신·출산을 이유로 본인의 동의 없이 인사 이동시키거나 임신·출산과 관련된 언어적 폭력을 행사하는 '모성 괴롭힘'—옮긴이)는 문제가 되어도, 그 원인인 장시간 노동과 '결혼=퇴직'을 당연시하는 듯한 성차별을 포함한 일본형 고용체제는 표준적인 '인간다움'의 측면에서 '심각한 문제'로 간주되지 않았다.

이렇게 시장원리에 비뚤어진 '전후 일본적 인간다움'은 인권침해에 기묘할 정도로 관용적이며, 때로는 '미덕'으로 간주하고 조장해왔다. 여성은 남성을 보조하는 역할을 해야 한다는 성차별은 '인간다움'에 내포되어 있지 않았던 것인가? 생활보호 대상자에 대한 이상할 정도의 냉혹함은 오히려 시장원리에 침식된 '인간다움'에서 정당화되지 않았을까?

그 같은 '인간다움'이 인종주의에 저항하지 않고, 오히려 항의하는 소수를 이단시하는 쪽으로 이끈 것은 제3부에서 본 다수의 사례가 이야기한다.

그리고 치명적인 사실은, 평등원리의 실현을 방해하는 기업사회에서 일본의 반인종주의 투쟁이 평등을 쟁취하기 위해 일본형 고용체제를 비롯한 시장원리에 친화적인 '불평등한 평등원리'에 의존하지 않을 수 없다는 딜레마에 빠졌다는 것이다. 혹은 보편적인 반인종주의 규범을 쟁취하려고 해도, 이미 강력한 사회적 규범이 된 일본형 고용체제와 충돌한 결과, 일본의 반인종주의 운동은 사회적 규범으로서의 일본형 고용을 '부분 수정'하는 데 그치지 않을 수 없었다. 다음에 살펴볼 히타치 투쟁은 그 예다.

반인종주의 규범 확립에 이르지 못했던 반차별운동

전후 일본 사회에는 재일조선인 당사자와 양심적인 일본인의 연대가 쟁취해낸 차별철폐와 권리 획득이 여럿 있다. 그것들 하나하나는 역사 속에 빛나고 있지만, 히타치 투쟁은 그중에서도 가장 유명한 사례일 것이다.

한국적의 재일조선인 2세인 청년 박종석朴鐘碩은 1970년에 히타치제작소 채용시험에 일본 이름 '아라이新井'로 시험을 봐서 합격했다. 하지만 일본 국적이 없다는 이유로 나중에 합격이 취소됐다. 이 취직차별 사건은 같은 해 12월에 기소됐고, 1974년 6월에 ① 해고 무효, ② 미지불 임금 지급, ③ 위자료 전액 지급을 명령하는 승소판결을 이끌어냈다. 확정된 이 판결에는 다음과 같이 기록되어 있다.

> 피고의 원고에 대한 본건 해고에 의해, 재일조선인에 대한 민족 편견이 예상 외로 심각하다는 것을 새삼스럽게 알게 됐다. 그리고 재일조선인에 대한 '취직차별', 이에 따른 경제적 빈곤, 재일조선인의 생활고가 원인인 일본인의 멸시는 재일조선인 다수자에게서 성실하게 생활할 희망을 빼앗고, 때로는 인격 파괴로까지 이끄는 현상이다. 재일조선인이 인간성을 회복하기 위해서는 한국 이름을 가지고 한국인답

게 행동하고, 한국 역사를 존중하고, 한민족으로서의 긍지를 가지고 살아가는 것밖에 방법이 없음을 깨닫는 심경의 표명이 인정되므로 민족차별로 인한 원고의 정신적 고통에 대해서 동정의 여지가 있다는 것을 말하지 않을 수 없다."[8]

해고 무효 판결문에는 재일조선인에 대한 차별과 그에 따른 경제적 곤궁과 정신적 피해의 심각성, 그런 상황에서 원고가 '인간성을 회복하기 위해' 한국 이름과 한국의 역사 학습과 "한민족으로서의 긍지를 가지고 살아갈" 것을 선택한 것에 대한 공감이 명기됐다.

히타치 투쟁은 다른 측면에서도 주목을 받았다. 그때까지 재일조선인 운동은 민단과 조총련이라는 남북한의 두 입장을 지지하는 조직과 단체에 가입해 싸워왔다. 그렇지만 이 히타치 투쟁은 출입국관리법 반대운동으로 태어난, 두 조직에 속하지 않은 당사자와 양심적 일본인과의 연대로 투쟁했다. 이는 당시 '획기적'이라는 평가를 받았다.

히타치 투쟁을 하는 가운데 각지에서 발족한 '민족차별과 투쟁하는 연락협의회'(민투련)에 대해, 다나카 히로시는 다음과 같이 서술했다. "각지의 지원운동은 히타치 재판을 지지하는 한편, 자신의 발밑에 있는 구체적 차별을 발견하고, 상호 연대하여 교류를 깊이하면서 엄청난 차별의 집적에 도전하게 된다."[9] 그것은 자치단체 공공주택에 대한 입주, 일본육영회(현 JASSO)의 장학금 수급, 일본전신전화공사(현 NTT) 직원 채용, 간사이關西를 중심으로 한 지방공무원 채용 등에 있어서의 차별을 말한다.

"그러면서 이는 일본에서 공민권 운동이 확산되는 양상으로 나타났다"라고 다나카는 높이 평가했다.[10] 확실히 이들 투쟁에 의해 많은 차별이 철폐됐고, 승리를 거둘 수 있었다.

그렇지만 이들 투쟁의 결과는 미국의 공민권 운동과 대조적으로 차별금지법 등 반인종주의 규범 형성으로는 결실을 맺지 못했다. 또 예전부터 외국인등록을 할 때 강제되어온 지문날인에 대해서도 1980년대 후반부터 광범위한 반대투쟁이 이루어졌으며, 1991년에 전면 폐지(실시 1993년)됐지만, 이것도 마찬가지였다. 이들 반차별운동은 왜 반인종주의 규범을 만들어내는 데 실패했는가?

몇 가지 요인이 있겠지만, 중요한 점은 차별로 의심되는 대부분이 국적 '구별'의 벽이었다는 것이다. 히타치의 재판에서는 민족차별(인종주의)의 위법성을 물은 것이 아니었다. 차별금지법이 국내에 없었기에, 기업이 일단 채용을 결정했다는 계약 관계를 근거로, 그 계약을 국적에 의해 파기한 것에 대해 위법성을 물었던 것이다.

제3부에서 지적한 대로 일본의 인종주의는 1952년 체제에서 '인종주의의 벽'이 항상 '국적의 벽'으로 나타났다. 따라서 반차별운동도 민족차별과 인종주의 그 자체를 규제하는 것보다, 국적 구별을 철폐시키기 위한 실천으로서 싸워왔다.

재일조선인의 권리가 대폭 개선된, 1979년부터 1982년의 국적조항 철폐도 마찬가지였다.[11] 예를 들면 이때에 공영주택·국민연금·아동수당 등 복지 입법으로 잇달아 국적 조항이 철폐됐지만, 이것도 국적의 벽을 '부분적으로 철폐'시킨다는 방법을 취했다.

이는 국적의 벽으로 위장된 인종주의를, 국적의 벽을 부분적으로 타파하는 방법을 통해서 사실상 철폐하려고 한 것이었다. 그러나 그렇기 때문에 국적의 벽에 유착하고 있던 인종주의를 규제하는 입법과 정책을 만든다는 목표가 구체화되기 어려웠던 것이다(과제와 요구로서 이야기됐다고 해도). 그 귀결의 하나로 재일조선인을 소수자로 인정하고, 그 권리를 인정하는 법률·정책이 만들어진 적이 없었다.

반차별운동이 반인종주의 규범을 쟁취하는 사회적 회로의 부재

여기까지 보아온 대로 일본의 기업사회에서는 개별의 반차별운동이 아무리 개별의 차별철폐를 쟁취해도, 일반적인 반인종주의 규범·정책·법률의 마련으로 이어지는 사회적 회로가 전혀 존재하지 않았다. 실천적으로 중요하기 때문에 새삼스럽게 정리해두겠다.

첫째, 법률과 정책 차원에서 반인종주의가 성립하지 않았다. 이것은 앞에서 본 시민센터의 힘이 약했기 때문이다.

둘째, 가령 입법의 결실을 맺지 못하더라도, 시민사회 차원에서도 반인종주의 규범은 형성되지 않았다. 앞에서 본 히타치 투쟁 판결에서는 기업 채용의 국적 차별은 금지라는 규범을 형성하게 됐다. 그렇지만 그 같은 차별을 내포한 일본형 고용체제가 반차별과 모순되는 사회적 규범은 결국 만들어지지 않았다.

셋째, 노동사회·산업민주주의 안에서도 반차별 규범은 만들어지지 않았다. 예를 들면 히타치 투쟁이 진행되던 시기에 프랑스의 노조에서는 "라마단 기간에는 컨베이어벨트의 속도를 늦출 것과 이맘(이슬람교 집단 예배 지도자—저자)이 자기 역할에 전념할 수 있도록 배려, 또 기피하는 음식을 고려한 공장 내의 메뉴 개선 등 요구가 나오기 시작했다."[12] 이것은 산업민주주의를 반인종주의의 관점에서 향상시킨다는 의미가 있다. 그렇지만 히타치 투쟁에서 기업의 채용차별 반대 규범이 만들어졌어도 기업 내와 기업을 넘은 산업민주주의에 반차별 규범을 도입시킬 수는 없었다.

재일조선인에 대한 취업차별은 정기 일괄 채용에서는 완화됐을지 모르겠으나, 그 후 취직한 재일조선인이 본명을 말하거나 민족문화를 누리기 위한(예를 들면 제사를 위해 휴가를 내는 등) 반인종주의적 제도 개선은 없었다. 실제로 히타치 투쟁이 승리한 후에도 박 씨는 직장에서 본명을 말하기 어려웠으며, 더구나 노조원들도 이해해주지 않았다고 나중에 술회했다.

이들은 사회적 규범으로 정착한 일본형 고용체제의 차별성을 타파할 만큼의 평등원리를 사회에 내세우는 데까지는 이르지 못했으며, 반차별·반인종주의의 요구가 일본형 고용의 '부분 수정'으로 회수되기 위해서 생겼다고 할 수 있겠다.

그런데 이 일본형 고용체제는 현재 세계화 속에서 흔들리고 있다. 최근 반혐오표현 운동으로서 반인종주의 규범이 싹트기 시작한 것은 일본형 고용체제가 예전과 같은 정당성을 확보할 수 없게 된 것과 무관하지 않을 것이다.* 그러한 의미에서 반혐오표현의 등장은 일본이 전후 처음으로 반인종주의 규범을 형성할 수 있는 역사적인 시기로 돌입했음을 나타낸다.

단, 혐오표현에 그 정도로 큰 비난이 집중된 것은, 제1부에서 지적한 대로, 그것이 어디까지나 기업사회에 친화적인 '전후 일본적 인간다움'에 비추어서도 허용하기 어려운 인권침해로 보였기 때문이다.

일본의 지나친 혐오표현은 전후 일본적 가치를 근거로 반대할 수 있지만, 인종주의에 의해 사회 파괴를 막고 싶다면 그것으로는 충분하지 않다. 전후 인권침해의 잣대가 되어온 '전후 일본적 인간다움'의 왜곡과, 차별을 내포하는 일본형 고용체제라는 사회적 규범의 현실을 돌아보고, 기업사회와 양립하지 않는 인종주의를 비롯한 보편적 인권규범을 새로운 잣대로 쟁취할 필요가 있겠다. 국내에 기준으로 삼을 만한 평등 기준이 부재하는 일본의 반인종주의 운동에서, 인종차별철폐국제조약이 최적의 도구인 이유가 여기에 있다.

그리고 제4부에서 서술한 반인종주의 1.0을 쟁취하기 위해서는, 실은 기업사회 자체의 극복, 요컨대 노동시장을 기업 횡단적으로 규제하고 최소한의 평등원리인 산업민주주의를 쟁취할 수 있는 노동조합의 재건이라는 과제를 동시에 추진할 필요가 있다. 이것은 서구 선진국에는 없는 일본의 독자적인 어려움이다. 동시에 중장기적으로 과제를 해결할 수 있는 결정적인 열쇠이기도 하다.

---

* 최근의 반혐오표현은 여론이라고 할 정도로 대중적으로 확산됐을 뿐만 아니라, (정도(양)는 어쨌든) 구미형의 보편적 인권규범(정의)과 같은 질을 맹아적으로 내포하고 있다(차별은 사회가 없애야 할 악이라는 규범을 내세워, 법률로 이것을 승인해야 한다고 주장한다)는 점에서 획기적인 의의를 지닌다.

이 맹아 단계의 반인종주의 규범이 여론화될 수 있었던 것은 사회적 규범으로서의 일본형 고용체제의 동요 때문이라고 생각한다. 왜냐하면 일본형 고용체제의 규범이 강력하게 작동할 때는 그것과 모순되는 반차별 규범이 들어설 여지가 없기 때문이다(인권 규범이 성립하면 일본형 고용은 성립하지 않는다).

일본형 고용체제 위에 성립한 차별을 둘러싼 일본적 규범을 약간 희화화해서 말한다면, 아마 '(특정한 반인권침해) 규범을 만들어서는 안 된다는 규범'이 될 것이다. 예를 들면 '인권침해와 차별에는 반대한다. 하지만 기본적으로는 교육과 소통으로 해결하는 것이 바람직하며, 특정한 반차별 규칙 만들기와 법률 제정에는 반대한다'는 의견(혹은 '분위기')에 그것은 숨겨져 있다.

이것은 반인종주의뿐만 아니라, 반역사부정에 대해서도 말할 수 있을 것이다. 반인종주의든 반역사부정이든, 사회적 인권규범을 세우지 않으면 사회가 붕괴한다는 위기감은 특히 3·11 동일본 대지진 이후에 확산됐다고 생각한다. 이에 대해서는 다음을 참조하길 바란다. 木下武男, 『格差社會にいどむユニオン: 21世紀 運動原論』, 化傳社, 2007; 後藤道夫, 『收縮する日本型'大衆社會'』, 旬報社, 2001.

제2장

'위로부터의 차별선동'

반인종주의 1.0의 결여는 인종주의의 증가를 방치한 요인을 설명할 수는 있어도, 혐오표현 빈발에 이르는 '인종주의 행위의 피라미드'(73쪽의 〔그림 3〕) 4단계에까지 올라간 인종주의의 강력한 추진 요인을 설명할 수는 없다.

그것을 가능하게 한 것은, 제2부에서 확인한 '위로부터의 차별선동', 요컨대 정치공간에서 시민사회를 향한 차별선동 효과임에 틀림없다. 이것을 가시화하는 데 중요한 것은 제3부에서 다룬 Ⅰ. 조고생 습격사건, Ⅱ. 치마저고리 사건, Ⅲ. 혐오표현, 세 가지 비교다(〔표 5〕 참조). Ⅰ형, Ⅱ형, Ⅲ형의 비교에서 인종주의가 폭력으로 연결된(4단계로서 나타나는) 사회적 회로의 모습이 크게 다를 수 있다.

조고생 습격사건은 반공극우 학생·세력이 선동해서 일으킨 조직적인 인종주의 폭력이었다. 인종주의가 폭력으로 이어졌을 때의 사회적 회로는 극우가 직접적으로 대상 학생에게 가한 차별선동이 주였다.

〔표 5〕 인종주의 폭력의 범행 주체·조직성·목적 등 비교

	Ⅰ. 조고생 습격사건	Ⅱ. 치마저고리 사건	Ⅲ. 혐오표현
시기	1962~1970년대	1980년대 후반~	2007년~
범행 주체	극우 학생, 비행청소년	남녀노소(비극우)	남녀노소(비극우)
범행을 조직하는 주체	있음. 반공극우 학생, 극우단체	없음. 자연발생적. (북일관계에 따른 정치와 언론을 통한 선동의 영향)	있음. 시민 측에서의 자연발생적인 조직화
공공연화, 범행 성명	없음	없음	있음
목적	조선학교·조총련의 이미지 실추	없음(불명)	인종주의

* 저자 작성

그렇지만 치마저고리 사건에서는 범행의 '조직성'을 확인할 수 없으며, 오히려 자연발생적으로 일어난 인종주의 폭력이 대부분이었다. 극우조직에 의한 직접적인 선동 대신에, 북일관계·한반도 정세가 악화될 때마다 정부·언론에서 쏟아지는 북한에 대한 맹비난이 자연발생적으로 인종주의 폭력으로 연결되는 새로운 사회적 회로가 형성됐다.

그리고 최근의 혐오표현 빈발 상황에서는 단발성 폭력에 그치지 않고, 인종주의가 계속적인 극우 활동의 조직화로 이어지는 새로운 사회적 회로가 만들어졌다.

이들 사회적 회로를 발전시켜 주요하게 작동하게끔 한 것이야말로 최근에 비약적으로 거세진 정치공간으로부터의 차별선동임에 틀림없다.

〔표 6〕 위로부터의 차별선동 관련 연표

연도	정치적·사회적 배경
1989년	'파친코 의혹', 치마저고리 찢기 사건의 빈발
1994년 4월	북한의 '핵개발 의혹'
1998년	북한의 '대포동 미사일 사건'
2002년	월드컵 한일 공동 개최, 북일 평양선언·납치 문제
2003년	대학 수험 자격 문제
2006년	제1차 아베 내각 발족(다음 해에 걸쳐 경제제재: 북한 선박 입항 금지, 재입국 허가 제한), 조총련 탄압
2006년 7월	북한 '미사일 발사실험'
2006년 10월	북한 '핵실험'
2007년	재특회(재일특권을 허용하지 않는 시민의 모임) 결성
2009년	필리핀인 일가 습격사건, 교토 조선학교 습격사건
2010년	고교 무상화 개시
2012년 12월	제2차 아베 내각 발족, 고교 무상화 성령(省令) 개정 방침 발표
2013년 2월	오사카 쓰루하시, 도쿄 오쿠보에서의 외국인 배척 시위, 카운터스 행동의 발생·조직화

* 저자 작성

정치공간으로부터의 인종주의 선동

구체적인 예는 제3부에서 다루었다. 치마저고리 사건이 빈발한 1989년에는 '파친코 의혹', 1994년에는 '핵개발 의혹', 1998년에는 '대포동 미사일 사건', 2002년에는 '일본인 납치 문제'가 각각 부각됐다. 정부와 언론에서 북한을 비난할 때마다 인종주의 폭력이 빈발했다. 그리고 이후 인종주의 폭력은 '일상화'된다. Ⅱ. 치마저고리 사건에서 Ⅲ. 혐오표현으로 인종주의 폭력이 발전하는 과정에서 일어난 일본 정부와 정치인들의 재일조선인에 대한 인종주의를 알기 쉽게 나타내기 위해 〔표 6〕을 작성했다.

Ⅱ에서 Ⅲ으로의 시기는 일본 정부가 북한 적시정책과 재일조선인에 대한 차별정책을 강화한 시기와 일치한다. 그다지 알려져 있지 않은 이들 인종주의는 언론 보도와 정치인에 의한 선동을 통해서 시민사회의 인종주의를 선동하는 결과가 됐다.

국가와 자치체에 의한 차별

앞서 지적한 대로 전후 일본 정부는 1952년 체제하에 국적을 통해서 사회복지·교육·거주·참정권 등에서 재일조선인을 배제해왔다.

1952년 체제는 2000년대 이후 세계화의 압력 속에서 어느 정도의 수정이 불가피했다. 값싼 이주노동자와 '우수 인재'를 활용하고자 하는 기업의 요망을 따르기에는, 1952년 체제가 너무나 배외주의적이고 제도적으로 미비했기 때문이다. 인종주의의 벽을 국적의 벽으로 위장한 1952년 체제는 어디까지나 외국인(비일본 국적자)을 '평등'하게 처우한다. 그 때문에 이주노동자와 '우수 인재'를 위해 '권리'를 부분적으로 확장했을 경우에는 예전처럼 재일조선인을 배제할 수 없다. 그렇기 때문에 새로운 격리형 인종주의라고 할 만한 시책이 2000년대부터 이런저런 방법으로 만들어져, 세계화와 함께 1952년 체제에 접목되어왔다. 예를 들자면 끝이 없으므로 정부에 의한 가장 심각한 인종주의라고 할 수 있는 고교 무상화 제외를 다루고자 한다.

조선고교 무상화 제외라는, 정권의 노골적인 인종주의

2009년에 민주당 정권이 내세운 고교 무상화는 교육복지가 빈약한 기업사회 일본에서 획기적인 정책이었다. 유엔 사회규약 제13조를 기본 이념으로 삼아 "교육기회 균등에 기여할 것을 목적으로 한다"(제1조)라고 주창한 것이다. 빈부의 격차 없이 누구나 교육받을 수 있게 하기 위해서는 교육의 무상화(교육의 탈상품화)를 하지 않으면 안 된다. 중등교육(고교) 무상화를 규정한 이 제13조를 유보한 것은 일본과 마다가스카르뿐이었다는 사실이 보여주듯이, 일본은 선진국이면서도 교육이 고도로 상품화된 기업사회이며, 그것이 어린이와 소수자의 교육권을 침해해왔다. 사실 이 무상화법이 제정된 다음 해 사립고등학교를 경제적 이유로 중퇴하는 학생이 약 40퍼센트나 감소하는 등 큰 효과를 거두었다.[1]

그렇지만 이 무상화법이 획기적이었던 것은 교육복지의 관점에서만이 아니었다. 조선학교를 비롯한 외국인학교도 일본 공사립학교와 구별 없이 다룬 최초의 정책이었던 것이다. 고교 무상화법은 사회권규약이 부르짖는 '교육에 대한 모든 사람의 권리를 허용한다'는 보편적인 교육권에 입각하고 있다. 이것은 1952년 체제에서 국적과 외국인학교라는 이중배제를 하고 있던 교육정책에서의 인종주의와는 전혀 다른 논리의 정책이었다.

그런데 시행 직전인 2010년 3월에 극우 의원들의 반대에 부딪혀, 같은 해 4월 시행 때에는 유일하게 조선학교만 무상화 대상에서 배제되는 믿기 어려운 사태가 일어났다. 이유로 든 것은 북한과의 외교관계였다. 납치의원연맹과 극우 의원이 조선학교 배제를 주장할 때마다 등장하는 구실이 북한과의 외교관계와 '납치 문제의 미해결', 조총련과의 '관계'다. 그렇지만 그것이 어린이 교육관과 전혀 무관하다는 것은 말할 필요도 없다.

또 고교 무상화법은 정책의 입안 단계에서 조선학교뿐만 아니라 중국 학교와 국제학교와 일부 브라질 학교도 당연히 포함하는 것을 상정했으며, 실제로 예산도 외국인학교에 다니는 학생 수까지 계산해서 그대로 국회에서 승인됐다. 처음부터 외국인학교까지 대상으로 한 법률이 제정됐는데도, 어떻게 조선학교만을 겨냥해 인종주의적 격리가 실시된 것인가? 어떤 법적 근거도 없는 방법으로 조선학교는 배제됐다.

우선 민주당 정권 때는 법안 심의 과정에서 "외교상의 배려에 의해 판단해야 하는 것이 아니라, 교육적인 관점에서 객관적으로 판단해야 한다"는 것이 정부의 통일된 견해였는데도, 극우 의원들의 비위를 맞추느라 단호하게 법 적용하는 것을 회피했다. 그리고 법의 시행 후에 '고등학교 등 취학 지원금 지급에 관한 검토 회의'를 발족하고, 조선학교에 대한 지급 적부를 '검토'하기로 했다. '법치국가'인 이상 무슨 일이 있어도 어린이의 교육권에 '외교상의 특혜'를 적용할 수 없기 때문에, 사실상 배제하면서도 겉으로는 '검토'라는 형식으로 '판단'하는 모양새를 보였다. 이 같은 취급은 다른 외국인학교에는 해당하지 않았으며, 조선학교에만 특별하게 '심사'가 이루어졌다.

구체적으로는 '고등학교 과정에 준하는 과정을 두는 것이 허용될지'(동법 시행규칙 제1조 제1항 제2호 ハ)의 여부가 문제가 됐다. 조선학교가 이 규정에 해당하는 것은 자명했지만, 심사는 쓸데없이 지연됐다.

그리고 2010년 11월에 북한의 연평도 포격사건이 일어나자, 민주당 정권은 '외교상의 위협'을 구실로 심사를 '동결'한다고 발표했다. 심사를 하고 적용 여부를 판단하는 것이라면 법적 절차에 따른다고 할 수 있겠지만, 이 '동결' 조치는 '초법적 조치'였다. 국가는 스스로 만든 법률을 파기하면서까지 조선학교를 차별했다.

그 후 간 나오토菅直人가 총리를 사임하기 직전에 지시하여 심사는 계속됐지만, 판단이 내려지지 않은 채 정권 교체가 이루어졌다. 2012년 12월에 자민당의 제2차 아베 정권이 발족했다. 아베 정권의 문부과학장관인 시모무라 하쿠분下村博文이 취임 직후인 12월 28일에 '납치 문제에 진전이 없는' 것을 구실로 조선학교를 고교 무상화에서 배제하는 방침을 발표하고, 고교 무상화법과 관련된 성령省令의 개정을 단행했다.

인종주의 목적 이외에 아무 의미도 없는 '심사'를 구실로 3년 이상이나 적용을 연기한 조선고교는 이 성령 개정으로 '심사' 근거가 되는 규정(동법 시행규칙 제1조 제1항 제2호 ハ)이 없어졌고, 또 그때까지 심사 기준에 적용하면 '인정 기준에 부족하다'는 근거를 들어 고교 무상화 대상으로 인정되지 않는다는 통지문을 받았다.

이처럼 노골적인 인종주의 격리정책도 없을 것이다. 너무나도 파렴치한 방식으로 조선고교를 제외한 2013년 2월은 마침 혐오표현이 과격해진 시점과 일치한다.

그렇지만 이 같은 인종주의 정책은 하나의 예에 지나지 않는다. 위의 성령 개정으로 아베 정권이 철폐시킨 심사 규정, '동법 시행규칙 제1조 제1항 제2호 ハ'라는 틀 자체가 실은 차별의 산물이었다는 것은 잘 알려져 있지 않다.

대학입학 자격부터 배제된 조선고교

그 틀이 등장한 것은 2003년 여름이었다. 당시 큰 사회문제가 된 외국인학교 졸업생에 대한 '대학입학 자격' 차별 문제를 계기로 문부과학성이 새롭게 만든 틀이었다.

대학입학 자격이란 대학입시를 치르기 위한 자격이다(수험 자격이라고 말하는 게 더 알기 쉽겠다). 조선학교는 이미 보아온 인종주의 정책에 의해 이 자격이 인정되지 않았다. 그래서 조선학교를 졸업해도 대학입시를 치를 수 없고, 대학입시 자격을 취득하기 위해서는 고등학교 졸업 인정 검정시험(구 대학입학 자격 검정=검정시험)을 별도로 치러야 했다. 하긴 1999년 이전에는 검정시험을 치를 자격조차 인정받지 못했다.

당시는 세계화가 진행되는 가운데, 외국에서 국내로의 투자를 불러들이는 규제 완화 압력을 배경으로 일본 정부가 2003년도부터 외국인학교 중 구미계 국제학교에만 대학수험 자격을 인정하는 '탄력화'를 선보이려고 했다. 영어로 교육하는 학교를 대상으로, 구미의 세 군데 민간 평가기관의 인정 기준을 그대로 채용하여, 거기에 적합한 국제학교만을 대상으로 한 것이었다. 이 때문에 무인가학교만 대상이 되고, 조선학교를 비롯한 아시아계 외국인학교는 자동적으로 대상이 되지 않았다. 노골적으로 차별하는 이 정책에 각 방면에서 맹렬한 항의가 쇄도했다. 그 결과 이 안은 '동결'됐다.

그 대안으로 문부과학성에서 나온 2003년 9월의 새로운 방침은 원안 그대로 ① 국제학교 등 외에, ② 본국의 시스템(외국에 있어서 해당 외국의 정규과정(12년)과 동등한 수준의 외국인학교 졸업생)과, ③ 기타(대학의 개별 심사에 의해 고등학교 졸업과 동등하거나 그 이상의 학력을 가졌다고 인정되는 자)를 추가했다는 것이다. 어디까지나 이 조치는 세계화와 함께 대학입학 자격의 '탄력화'(규제 완화이며 차별 시정은 아니다)에 지나지 않으며, 새로운 방침도 기존의 방침에 ② 본국 시스템과, ③ 기타 시스템을 추가한 것에 지나지 않는다.

문제는 ②의 본국 시스템에 국교가 없는 대만과 북한이 해당하느냐의 여부였다. 결과는 대만계 중화학교는 인정받은 한편, 조선학교는 ③의 범주로 내몰렸다. 이것은 차별 말고는 그 무엇도 아니었지만, 결국 이 방침이 적용됐다.

2004년도부터 적용된 이 세 가지 유형은 2010년도부터 고교 무상화의 대상이 되는 외국인학교의 틀로서도 사용됐다(①·②·③이 イ·ロ·ハ항으로 나열됐다). 조선학교는 ③이기 때문에 'ハ'에 해당한다는 것이었다. 특별한 '심사'를 연기함으로써 인종주의를 실현시키면서, 나아가 아베 정권부터는 'ハ' 조항을 완전히 삭제하며 격리를 완성시켰다.

이렇게 1952년 체제(국적의 벽)는 세계화 속에서 규제완화에 대응하여 변용하면서 그러한 차별을 계속 낳았다.

그리고 이 인종주의 정책은 커다란 차별선동 효과를 발휘했다. 혐오표현이 빈발하기 이전부터 일본의 인종주의를 비판해온 형법학자 마에다 아키라前田朗는 "일본 정부가 사회를 향해서 '조선인은 차별해도 된다'고 선동하며, '차별 면허'를 발행하고 있다"라고 적절하게 비판하고 있다.[2]

2016년 3월에 문부과학성이 조선학교가 있는 지자체에 보낸 보조금 재검토를 재촉하는 통지는 그에 대한 가장 적합한 사례일 것이다. 그리고 국가의 메시지를 노골적으로 짐작하여 처리하는 것이 자치단체였다.

자치단체에 의한 조선학교 배제

조선학교에 지급된 자치단체의 보조금이 최근의 사태를 맞아 삭감·감액됐다. 2012년부터 알고 있었지만, 오사카부, 오사카시, 도쿄도, 사이타마현, 지바현, 미야기宮城현, 미토시, 가나가와현, 후쿠오카시, 히로시마현, 히로시마시, 야마구치현, 센다이仙臺시, 니가타시, 욧카이치四日市시, 시모노세키시 등이 보조금을 중단했다.[3]

여기에 탄력을 더한 것이 고교 무상화 제외였다. 자치단체 담당자는 국가가 제외를 결정한 것을 보조금 삭감·감액의 근거로 들었다. 국가가 공식적으로 결정했으니 이제 자치단체와 담당자는 마음 놓고 재일조선인에 대한 차별을 정당화할 수 있게 됐다.

기존에 받고 있던 보조금도 고교 무상화 제외를 결정하기 직전인 2009년 당시에 전국 평균인 일본 공립학교의 약 10분의 1, 사립학교의 3분의 1에서 4분의 1 정도에 불과했다.[4] 말하자면, 대상이 되는 학생 규모도 적고, 보조금은 자치단체의 재정 전체에서 보면 거의 의미 없는 지출에 지나지 않으며, 삭감·폐지에 의한 '재정상의 이익'은 거의 없는 것이나 마찬가지다. 따라서 마음만 먹으면 얼마든지 지급 가능한 보조금을 억지로 삭감·폐지했다. 이런 조치만으로도 차별선동 효과는 더욱 커지고, 사회를 파멸로 이끌 위험도 높다.

보조금만이 아니다. 2013년 4월에 도쿄도 마치다町田시는 초등학교에 배포한 방범벨 경보기를 조선학교에만 배포 중단했다. 거센 항의를 받아 결국 배포 중단을 철회했지만, 마치다시는 끝내 사과하지 않았다고 한다. 이것은 "조선인은 범죄를 당해도 상관없다"라는 메시지 이외에 아무것도 아니다. 덧붙여 담당자는 '시민정서'를 이유로 들었다고 한다.

동일본 대지진과 후쿠시마 제1원전 사고에 관한 지원과 복지에 대해서도 차별이 있다. 예를 들면 후쿠시마현 고리야마郡山시에 있는 후쿠시마 조선초중급학교는 공립학교에 빌려주는 방사선 측정기 대여를 거부당했다. 이유는 '각종학교이기 때문'이란다. 미야기현이 3·11 대지진 직후에 피해 입은 센다이의 조선학교에 취한 조치는 보조금 삭감이었다.

제2부에서 지적한 대로 인종주의는 생사를 가른다. 재난 때 조선학교에 대한 차별은 재해 때 사람을 '살려야 하는' 집단과 '죽여야 하는' 집단으로 나누고, 조선학교 학생과 재일조선인을 비롯한 재일외국인은 '살려야 할' 인간이 아니라고 하는 가이드라인을 제시한 것이나 다름없다. 간토대지진 당시 조선인 학살이 일어났을 때, 경찰이 만든 '조선인 식별법'이 생/사 판별의 매뉴얼이 됐음을 떠올려야 한다.

더욱 심각한 것은 이들 자치단체에 의한 차별은 국가에 의한 선동차별을 배경으로, 극우 활동의 압력에 굴복하는 형태로 나타난다. 그리고 이는 인종주의 운동의 성과가 된다. 새로운 '조선학교 사냥'은 이제 폭력을 필요로 하지 않는다. 그것은 전화·팩스 공세부터 SNS에서의 혐오표현 확산 등 간편한 수단으로 행한다. 강력한 차별선동과 신자유주의의 압력, 『산케이신문』에 의한 실황 보도, 자치단체 담당자의 '자주 규제'라는 요소가 더해지면서 약한 자를 괴롭히는 만큼 간단히 '성과'가 나온다. '혈세'가 부당하게 사용된다는 인상을 주는 주민들의 감사청구監査請求는 그들의 강력한 무기다.

또 이러한 극우·배외주의자로부터의 압력은 리더가 인종주의를 실행하는 데 '변명'으로도 사용된다. 가나가와현의 구로이와 유지黒岩祐治 지사는 이 시기에 보조금을 중단하면서, "방패가 되는 기분이 없어졌다"라고 공언했다. 이것은 "배외주의에 물든 사람들의 압력에 행정이 굴복하는, 혹은 동조하는" 것이며, 이런 조치가 "배외주의자들을 점점 양산하는" 것은 명백하다.[5]

2015년 12월에야 사이타마현의 변호사모임은 사이타마현의 보조금 중단에 대해 시정을 요구하는 '경고'를 발했다. 여기에서는 "납치 문제 등의 미해결을 이유로 신청인(조선학교)의 사립학교 운영 보조금 지급을 동결한 것은 적극적으로 차별을 조장할 수 있는 매우 중대한 인권침해"라고 하며, 경종을 울렸다.

사이타마현 우에다 기요시上田清司 지사는 2013년 2월 13일 정례 회견에서 "일본인 납치 문제가 아무 진전도 없고, 거듭되는 미사일 발사와 핵실험 등 이제 참는 데도 한계가 있다. 사이타마 초중급학교의 운영비 보조금을 2013년도 일반회계 당초 예산안으로 올리지 않을 것을 결정했다"라고 공언했다. '납치', '핵', '북한'을 핑계 대면 차별해도 좋다는 차별선동의 메시지가 이렇게 정치공간에서 몇 번이나 반복됐다.

이시하라 신타로의 발언: 정치인·정당에 의한 최악의 차별선동 사례

국가·자치단체에 의한 차별만이 아니다. 더 심각한 것은 정치인·정당의 차별선동이다.

가장 악질적인 사례는 2000년의 이시하라 신타로石原愼太郎 도쿄 도지사의 '삼국인三國人' 발언 사건이다.

이 사건은 자위대 앞에서 재해 때의 외국인에 대한 치안출동을 호소한, 인종주의·제노사이드 선동이었다는 것만으로도 심각했다. 무엇보다도 유엔으로부터 인종차별철폐국제조약 위반이라고 비판받은 이시하라의 혐오표현을 시민사회 쪽도 결국 용인하고 충분히 비판하지 않았다는 것이, 이후 정치인들의 혐오표현 '방출' 상황을 만들어냈다는 의미에서 결정적이었다.[6]

이시하라는 2000년 연초에 "(9월 3일 방재훈련에서는) 불법 입국한 외국인에 의한 재약탈이 신주쿠나 이케부쿠로에서 일어날지도 모른다"는 것을 상정한 "전차나 장갑차로 거리를 봉쇄하는 훈련"을 자위대 삼군을 동원해서 하고 싶다고 말했다.[7]

4월 9일에는 육상 자위대 제1사단의 창설기념식전 인사에서, "오늘날 … 불법 입국한 많은 삼국인, 외국인이 매우 흉악한 범죄를 반복하고", "큰 재해가 일어났을 때에는 심각한 소요사태까지 일어날 수 있기" 때문에, 육군자위대가 출동하여 치안유지를 수행해주기를 바란다고 발언했다.

'삼국인'이란 재일조선인이 전후 암시장에서 불법·악행을 저질렀다는 근거 없는 헛소문과 관련 있는 말로, 전후에 새롭게 만들어진 혐오표현이다. 그가 이 말을 사용한 시점도 문제이지만, 자위대 앞에서 발언했다는 것이 심각했다. 재해 때에 외국인과 재일조선인은 모두 적이 된다는 훈시는 엄청난 인종주의 선동이었다. 더구나 전전의 반성으로 규정된 자위대의 본래 임무에서 벗어난 치안출동을 도지사가 뻔뻔하게 요청했다.

이시하라는 그 후 도청에서 가진 기자회견에서 '삼국인'에는 "입국하여 불법체류하고 있는 외국인도 포함"되며, "도쿄에 많이 있는, 불법입국한 신원이 확실하지 않은 사람들이 반드시 소요사건을 일으킬 것이다", "도쿄에서 일어나는 범죄는 점점 흉악해지고 있다. 누가 저지르고 있는가 하면 전부 삼국인"이라며 혐오표현을 반복했다.

이 발언이 보도되자마자 즉시 시민사회에서 차별선동 효과가 나타났다. JR 오사카역 구내에서 "오사카 거리를 더럽히는 삼국인, 일본에서 나가라" 등의 낙서가 계속해서 발견됐다. 도쿄에서는 입국관리국에 "근처에 외국인이 살고 있어서 무서우니 잡아가 달라"라는 전화가 걸려왔다. 독일인 유학생에게는 "이시하라 도지사가 외국인은 범죄자라고 했다. 당신도 범죄자다. 이 나라에서 빨리 나가라. … 돌아가기 싫으면 죽어라"라는 익명의 협박장이 배달됐다.

이 문제는 국회에서도 다루어졌다. 2000년 4월 19일 중의원 외무위원회에서, 후지다 유키히사藤田幸久 의원은 "인종차별철폐국제조약 제4조 (c)에 위반되는 게 아니냐?"고 질문했다. 이에 당시의 고노 요헤이河野洋平 외무장관은 4조 (c)에 저촉되는지는 판단해봐야 한다고 일단 답변했지만 이시하라는 도의회 민주당 간부에게 보낸 4월 19일 자 문건에서 "앞으로도 차별의식의 해소와 인권시책의 추진에 적극적으로 노력하겠다"고 표명했다. 이로써 지사에게는 차별 조장·선동의 의도가 없었던 것으로 판단하고, 의도를 가지지 않고 행한 경우에는 조약 위반이 아니라는 독자적인 해석을 내놓아 면책됐다.

이것은 치명적이었다. 반인종주의법으로서의 인종차별철폐국제조약 효과를 무시한 것이었다.

이 문제는 일부 지식인들과 NGO에 의해 유엔으로 넘겨졌다. 2001년 3월 유엔 인종차별철폐위원회는 이시하라의 발언을 '차별적인 발언'으로 판단하여, 일본 정부에게 정부 해석과 4조 (c) 위반에 따른 행정적·법률적 조치를 취하지 않는 것에 유감을 표명하고 재발 방지 조치를 요구했다.

그러나 이시하라는 처벌받지 않았으며 그 후에도 추악하고 흉악한 혐오표현을 확신범처럼 반복했다.

유엔의 권고 이전에도 2000년 9월 3일에 도쿄도의 '종합방재훈련'에 7,100명의 자위대원과, 차량 1,900대, 항공기 120대, 함선 22척이라는 '삼군'을 동원하여 긴자銀座 등 도쿄도 내 10여 곳에서 과거 최대 규모의 '훈련'을 했지만, 그때 "가상일지도 모르는 외국으로부터의 침범"을 언급하며, "우리의 힘으로 우리를 지킬 기개를 가지자"라고 주창했다.

유엔의 권고 후인 2001년 4월 8일에는 1년 전과 같은 자위대 훈련 주둔지에서의 창설 기념식전에서 "불법으로 입국한 많은 외국인이 비열한 범죄를 반복하여, 도쿄 치안이 위기에 처해 있다. … 만약 수도 도쿄에 큰 재해가 닥쳤을 때 어떻게 할지 … 적극적으로 생각해야 한다"라고 발언했다.

『산케이신문』은 2001년 5월 8일 자 「일본: 국내의 방위글」이라는 기사에서 "처참하게 얼굴 가죽을 모두 벗긴" 살인사건 범인은 중국인이라고 쓰면서, 이러한 민족적 DNA를 표시하는 범죄가 만연하여, 결국 일본 사회 전체가 오염될 우려가 있으므로 "몰려오는 사람들을 배제(중국인 배척)"해야 한다고 주장했다.

2003년 7월 22일 자 『아사히신문』 조간 도쿄판 '이시하라 지사의 발언록'에는, "(죄를 범한 외국인을) 체포해도, 이상한 인권변호사가 오거나 통역이 필요했다"라는 발언 내용이 있었다. 위와 같이 사회를 보호하기 위해 '타 인종'을 발견하면 근절해야 한다는 무서운 생물학적 인종주의 선동을 이시하라는 그 후에도 몇 번이나 반복했으며, 사회는 그것을 방치했다.[8]

이시하라의 혐오표현을 규제·처벌하지 못한 것은 그의 확신범적인 차별선동의 반복을 허용하는 데 그치지 않는다. 다른 정치인이 혐오표현을 반복하는 것을 허용하고, 조장·선동하는 효과로 나타났다.

예를 들면 2003년 7월에는 자민당의 에토 다카미江藤隆美가 "한반도에 만일의 상황이 벌어질 경우 수천 수만 명이 배로 몰려온다. 국내에는 불법체류자 등 도둑과 살인을 저지르는 놈들이 100만 명 있다"라고 발언했다. 그는 "신주쿠의 가부키초歌舞伎町는 삼국인이 지배하는 무법지대다. 최근에는 중국과 한국과 그 밖의 나라에서 온 불법체류자들이 무리를 지어 강도짓을 하고 있다. 이런 나라가 있는가?"라고도 발언했다. 같은 해 11월에는 마쓰자와 시게후미松澤成文 가나가와현 당시 지사가 "중국 등에서 유학이라며 학생들이 비자를 받아 들어오지만, 실제로는 모두 도둑"이라고 떠들어댔다. 2004년에는 아소 다로麻生太郎가 도쿄대학 강연에서 "창씨개명은 조선인이 이름을 달라고 해서 시작된 것"이라는 역사부정 혐오표현을 했다.

이시하라의 계속되는 발언에 대해 오카모토 마사다카는 다음과 같이 지적했다.

> 외국인 범죄 보도를 확대 재생산해온 미디어는 지난해 이시하라 발언을 '삼국인'이라는 차별용어 때문에 비판했기 때문에, 그 용어를 사용하지 않는 같은 취지의 발언에 대해서는 비판의 초점을 잃고 보도가 현저히 축소됐다.[9]

이 지적은 매우 중요하다. 일련의 사건은 차별을 비판할 때 노골적인 차별어의 유무라는 형식적인 잣대의 기계적인 적용만이 아니라, 그 발언이 사회적으로 어떠한 차별선동 효과를 가지는가 하는 잣대에서 인종주의를 측정해야 한다는 것을 보여주는 통한의 교훈이 됐다. 일반적인 사회 규범으로서 반인종주의의 심각성을 성립시키기 위한 사회적 회로를 만들기 위한 노력 없이 차별어만을 없애려고 한다면, 특히 빠지기 쉬운 덫이다.

배외주의·인종주의 선동에 의한 집표 구조의 성립: 극우 의원·정당 발호의 배경

위로부터의 차별선동이 강력하게 작용해온 결과, 1990년대 후반부터 새로운 정치구조가 탄생했다. 배외주의·인종주의를 이용해서 극우 의원·정당이 표를 모을 수 있다는 정치적 구조다. 그것은 특히 2002년 '납치사건' 이후 일상화됐다고 해도 무방하다.

가장 알기 쉬운 사례는 아베 신조다. 아베는 "납치로 총리가 됐다"라고 할 정도로, 북한의 납치사건을 지렛대 삼아 배외주의를 선동해서 인기를 얻은 정치인이다.

다시 한 번 말해두자면, 북한이 일본인을 납치한 사건은 명백히 국가에 의한 인권침해다. 그것은 북한이 같은 시기에 일으킨 한국인 납치사건과, 레바논과 유럽을 비롯한 모든 외국으로부터 민간인을 납치한 사건과 마찬가지다. 그것들은 조고생 습격사건이 일어난 시대, 한반도의 남북분단이 가장 격렬했던 시대에 북한이 일으킨 인권침해 행위다. 사건의 진상규명이 이루어져야 하고, 국가의 책임을 명확히 해야 한다.

문제는 이 납치사건을 일본 정부와 여당·야당의 극우 의원들이 자신들의 정치에 최대한 이용하고, 그 결과 인종주의·배외주의를 선동한다는 것이다. 2002년 납치 문제 이후 북한에 대한 강경한 자세를 취할수록 지지도가 올라가고, 표를 얻을 수 있는 구조가 만들어졌다. 그리고 극우 의원·정당은 모두 이것을 이용했다.

이 책을 집필하는 중에 구마모토熊本에서 대지진이 일어났다(2016년 4월 14일). 그 직후 SNS에서 "조선인이 우물에 독을 넣었다"라는 혐오표현의 선동이 있는 것을 보고 경악을 금치 못했다. 마음속 깊이 두려웠던 것은 후쿠오카현 유쿠하시行橋시의 시의원 고쓰보 신야小坪愼也가 "'조선인이 우물에 독(을 넣은 일)'으로 큰 소동이 일어난 인터넷 우익과 좌익들에게 말하고 싶다!"라는 제목의 글을 블로그에 공개하고 "조선인이 독을 넣었다는 헛소문은 어쩔 수 없다"라며 공공연하게 옹호한 것이다. 그것만이 아니다. "치안이 불안할 경우에는 자경단도 조직해야 할 것이다. … 그러나 의심하기 시작하면 모든 것이 의심스럽고 죄 없는 사람을 처단하거나 린치를 가할 위험도 존재한다. 그런 사태가 일어나지 않기를 바라지만, 재해 발생이라는 극한 상황에서는 어떻게 변할지 모른다"라고도 적었다. 결국 그 글의 요지는 이런 것이다. 재난 지역에는 자경단을 조직하라. 그리고 재해 상황에서는 집단린치나 살해가 일어나도 어쩔 수 없다. 왜냐하면 '외국인을 두려워하는 것은 당연한 일'이고, '가장 가까운 외국인은 조선인'이다.

고쓰보의 혐오표현은 16년 전 이시하라의 발언을 능가하는 것이었다. 이시하라는 평상시 재해 때의 일을 상기시켜 선동했다. 그렇지만 고쓰보는 구마모토에 여진이 계속 발생하던 시기에 뻔뻔하게도 제노사이드 선동을 했다.

앞에서 다루었듯이, 일본은 반인종주의 제로인 기업사회다. 대의민주주의가 기능하지 못하고 '위로부터의 차별선동'과 극우·인종주의 선동에 의한 득표가 성공하는 상황에서 가장 두려워해야 하는 것은 고쓰보 같은 지방·국회의원들의 극우 활동이다. 일본은 극우·인종주의자가 의원으로 자유롭게 활동할 수 있는 유일한 선진국이다. 그만큼 이들 극우 정치인들을 감시하는 것은 매우 중요해졌다. 이 과제에 어떻게 마주할지는 제6부에서 다루겠다.

'위로부터의 차별선동'과 '재일특권' 공격

재일조선인의 특별영주 자격의 폐지는 인종주의자가 가장 잘 써먹는 '목표'다. 재특회의 목적도 이것이며, 구체적으로는 출입국관리특례법의 폐지다. 그러나 이런 주장을 하는 것이 재특회 등 민간 인종주의자 집단이나 개인만은 아니다. 영향력 있는 우익 의원도 특별영주를 공격 대상으로 삼고 있으며, 유권자의 표를 모으기 위한 수단이 되고 있다.

제3부에서도 다루었지만, 하시모토 도루 오사카 시장(당시)은 재특회 회장 사쿠라이 마코토와 회견한 다음 날 이렇게 말했다. "언제까지나 특별영주권을 인정하는 것은 아무래도 좀 그렇다. 영주 자격을 일원화하는 게 낫다."

당시 반인종주의 진영에서도 하시모토의 자세를 옹호하는 목소리가 많았던 것이 기억난다. 사쿠라이와의 회견 때 하시모토는 감정을 드러내며 사쿠라이의 망언에 응수했다. 확실히 인종주의자에 대해서는 잘못됐다고 그 자리에서 비판해야 한다는 의미에서는 그의 대응이 맞다(그 같은 태도를 그 자리에서 취하지 않는 다른 정치인은 논외이지만).

그러나 나는 얼어붙었다. 재특회의 특별영주 자격 폐지 주장에 하시모토는 노골적으로 공감하는 태도를 보였다. 더구나 그것을 국정에서 호소하라고 공공연하게 선동했다.

특별영주 자격의 폐지를 정치적으로 주장하는 것은 합법적인 행위로 '인종주의'가 아니다. 그렇지만 그 내용은 인종주의다. 왜냐하면 이 책에서 말해온 것처럼, 일본은 1952년 체제에 의해 출입국관리법으로 외국인을 일률적으로 관리(국적 '구별'로 위장해서)하는 인종주의 정책을 펴왔기 때문이다. '특별영주'는 예외를 인정한 것이므로 하시모토 등은 그런 예외를 폐지하려고 사회를 향해 선동한 것이다 (217쪽 2째 줄 이하 참조)

요컨대 하시모토는 '죽여라' 등의 폭력을 포함한 혐오표현을 규제해야 하지만, 형식적으로는 차별에 해당하지 않는 방식으로 '특별영주' 자격 폐지를 정치운동 안에서 해야 한다는 차별선동을 했다. 합법적으로 재일조선인을 차별하는 방법을 보여주는 사례와도 같지만, 놀랍게도 이에 대한 비판은 나오지 않았다. 현재 혐오표현을 반대하는 지식인들 사이에서도 마찬가지다.

이 문제가 '보이지 않는' 이유는, 앞서 지적한 대로 반인종주의가 차별 금지에 그치지 않고, 소수자의 권리(특별한 권리)를 보호하지 않으면 실질적 평등을 달성할 수 없다는 사회적 규범이 일본에 존재하지 않기 때문이다. 그렇지만 이 수준에서 반인종주의를 위해 싸우지 않으면 재특회 등의 혐오표현에는 반대할 수 있어도, 하시모토 도루 등이 선동하는 1952년 체제를 활용한 '합법적인 차별'에 대항할 수 없다. 그 결과 '위로부터의 차별선동'이 시민사회의 인종주의를 부추기는 강력하고 두터운 사회적 회로가 '보이지 않은' 상태로 작동하게 된다.

이 재일특권에 대한 공격은 조선학교 보조금 삭감 '운동'에서도 적극적으로 이용됐다. 앞서 서술한 사이타마현의 우에다 지사처럼, '북한'을 구실로 삼은 보조금 삭감은 노골적인 차별이기도 하다. 가장 중요한 것은 형식적 차별만이 아니라 신자유주의에 의한 예산 삭감을 구실로 인종주의가 정당화되고 있는 점이다. '세금 낭비'라는 명목으로 조선학교 보조금 삭감·폐지가 실행되고 있기 때문에, 그야말로 단순한 차별 반대로는 대항하기 어렵다.

구미와 일본의 차이:
위로부터의 노골적인 인종주의 선동이 가능한 일본

'위로부터의 차별선동' 메커니즘은 물론 일본에만 있는 것이 아니다. 그러나 일본과 구미 사이에는 결정적인 차이가 있다(〔그림 9〕 참조).

제4부에서 본 것처럼, 구미에서는 기본적으로 인종주의·역사부정·극우가 정책·법률·사회 규범을 통해 규제됐다. 따라서 노골적인 인종주의·역사부정·극우가 정치공간에 들어갈 수 없다(적어도 겉으로는). 특히 "서구에서는 인종차별(인종주의—인용자)과 역사수정주의를 의심받으면, 정치 지도자는 정치 생명을 잃기 쉽다. 실제로 (오스트리아의 극우 정치가—인용자) 외르크 하이더는 '제3제국의 적절한 고용정책' 발언으로 주지사에서 파면당했다. (극우가 아닌—인용자) 우익 포퓰리스트 정당조차 '인종차별주의racism'라는 비판을 극구 피하려고 노력한다."[10]

여기에서 구미와 일본을 대비시켜 〔그림 9〕를 작성했는데, 그림에 반영되지 않은 중요한 차별선동 메커니즘은 물론 있다. 예를 들면 구미에서도 ① 선거 입후보자와 의원의 불체포특권을 극우가 이용해서 노골적으로 차별을 선동하는 경우도 있다(미국의 트럼프 현상 등). 게다가 ② 제4부 '구미 여러 선진국의 반인종주의 2.0이 직면한 과제'(254쪽)에서 서술한 대로, 구미의 반인종주의에도 이중잣대가 있으며 특히 식민지주의에 관해서는 일본과 비슷한 '위로부터의 차별선동'도 있다(프랑스의 무슬림 차별 등).

감히 〔그림 9〕 같은 그림을 이용한 이유는, 일본에는 ① 반인종주

〔그림 9〕 정치공간으로부터의 차별선동

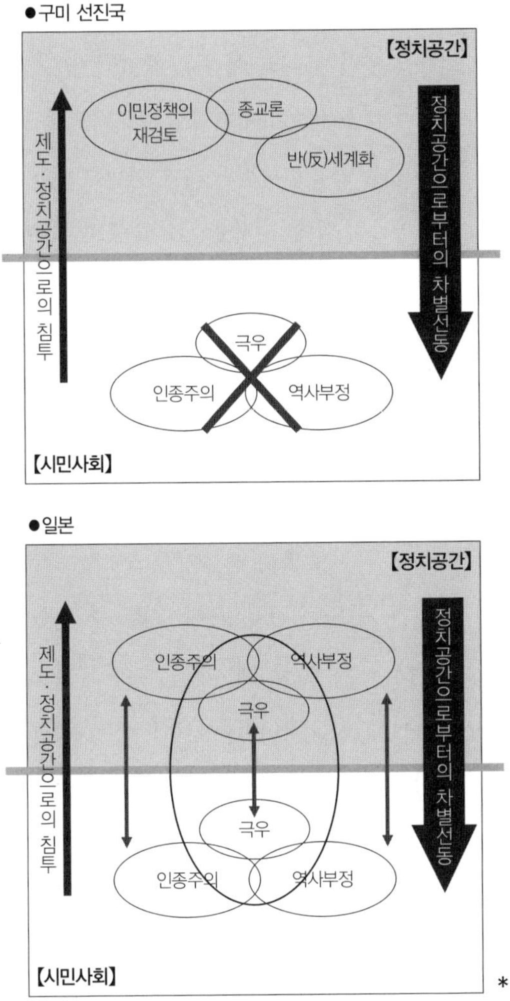

* 저자 작성

- **위 그림:** 구미 등 선진국에서는 정치공간에서의 인종주의와 역사부정을 표면상 허용하지 않고 있으며, 극우세력도 기본적으로는 마찬가지다(정치공간으로 침투할 경우에는 '극우는 아니라'고 주장하고, 이민·반(反)세계화·종교론으로 인종주의·역사부정을 변환.
- **아래 그림:** 일본에서는 전전의 침략전쟁·식민지 지배가 처벌을 받지 않았으며, 극우를 정의할 수 없다. 반인종주의·반역사부정의 규범도 없다. 그렇게 때문에 정치공간에서조차 인종주의·역사부정·극우가 제멋대로다. 그들은 시민사회와 정치공간을 횡난하는 형태로 소식 가능하며, 그 결과 정치공간으로부터 시민사회를 향한 차별선동 효과가 강해 시민사회에서 인종주의가 폭력으로 이어지는 사회적 회로가 고도로 발달한다.

의·반역사부정·반극우규범(법률로서 제도화될 정도로 높아진 것)이 전혀 없기 때문이다. 따라서 ② '위로부터의 차별선동'이 사회적 비판을 받지 않고 방치될 뿐만 아니라 아예 가시화되지도 않는다. 게다가 ③ 그 효과는 양적으로도(혐오표현의 규모 및 횟수) 질적으로도 (극우활동의 조직과 활동 형태, 반차별 규범의 파괴, 차별에 대한 사회적 장벽의 낮음, 가해자들이 주장하는 차별의 '정당성'과 그에 따른 추악함과 흉악함, 그리고 주위 '시선'의 관용 등) 매우 크다고 생각하기 때문이다. 두 가지 차이를 경시할 경우 반인종주의 1.0을 쟁취한다는 눈앞의 과제를 착각하게 되고, 실천하는 데 매우 큰 손실을 가져올 수 있다.

〔그림 9〕에서 염두에 둔 것은 유럽에서의 극우 규제와 '우파 포퓰리스트' 현상이다. 이것은 일본의 상황(아래 그림)과는 상당히 이질적인 측면을 가진다. 고가 미쓰오古賀光生는 서구에서는 '우파 포퓰리스트' 정당이 그 나라의 "주요 정당과 크게 다른" 주장을 함으로써 "독자적인 지지층을 확보할 수 있는 데" 비해 일본에서는 "예를 들면 출입국관리정책과 대외인식 등에서 배외적인 주장을 해도, 자민당을 비롯한 기성 정당과 거의 차이가 없다"라는 중요한 지적을 했다.[11]

극우의 조직화와 관련하여 중요한 점은, 전후 일본에는 반극우 규범이 없으며, 좌익과 극우를 구별하는 잣대조차 존재하지 않는 것이다. 그리고 제3부에서 보았듯이, 전후 일본 정부의 인종주의 정책은 재일조선인에 대해서는 거의 변화 없이 일관됐다. 이는 극우가 '극우'라고 생각되는 일 없이 사실상 인종주의 활동을 지속할 수 있는 한편, 우익과의 차이도 보이지 않게 했다. 이러한 것도, **국가도 차별하고 있으며,** 더구나 차별금지법도 만들지 않고 소수자의 권리보장도 하지 않고, 아시아 침략의 역사도 부정하는 데다가 **보수인 채로 서**

구에서 규제되는 극우 수준의 차별의 자유가 정치공간과 시민사회 모두에 보장되어 있는 이상, 굳이 우익과 차이가 있는 극우를 형성할 필요성이 없기 때문이다. 재특회 등 극우는 '재일특권' 폐지라는 황당무계한 '요구'를 내세우는 것 말고, 우익과 자신들의 차이를 설명할 수 없다(그렇지만 그것이 국가의 인종주의 정책으로서의 1952년 체제를 활용하고, 그 철저한 적용을 요구하는 형태로 시민사회에서 인종주의 선동이 가능하다는 의미에서는 실천적인 요구이기도 하다). 가끔 '반정부'인 유럽의 나치와 달리 재특회 같은 일본의 극우가 기존 정권의 차별정책에 찬동하여, '더 차별하라'며 차별정책의 철저함을 요구하는 것도 위의 조건이 있기 때문일 것이다.

이렇게 반인종주의·반역사부정·반극우 규범이 없이, 우익과 극우가 구별되지 않고 맞닿아 있는 특수한 상황이 존재한다는 의미까지 포함하여, 〔그림 9〕의 아래 그림에서는 극우를, 시민사회와 정치공간을 횡단하는 타원으로 강조해서 그렸다.

다른 한편 반인종주의와 관련하여 중요한 점은, 서구에서는 우파 포퓰리스트가 정치공간에 침투할 때 스스로를 '인종주의자/극우가 아니다'라고 말하지 않으면 안 된다는 것이다. 이것은 반인종주의 규범/법이라는 사회적 장벽이 인종주의 1.0만이 아니라 2.0 수준으로 구축되어 있는 것과 무관하지 않을 것이다. 연방 차원의 혐오표현 규제가 없는 (직장 등 예외가 있다) 미국에서조차 트럼프가 심각한 혐오표현을 선거 활동에서 반복한 사회적 대가로, 백악관·정치인·언론·할리우드 스타·노동조합·NGO·시민단체와 개인 등으로부터 맹렬한 비판을 받았다.

그렇지만 만약 일본에서 트럼프 같은 인물이 선거에 출마한다면,

유감스럽게도 그 정도의 사회적 비판은 쏟아지지 않을 것이다. 제노사이드 선동을 비롯한 여성·장애자 등에 대한 차별선동을 되풀이한 이시하라 신타로가 압도적인 지지를 얻으면서 세 번이나 도지사가 될 수 있었던 사실이 그것을 입증한다. 또 일본 정치인 중에는 트럼프 못지 않은 혐오표현 발언자가 너무 많다.

일본에서는 반차별 규범이라는 사회적 장벽이 거의 전무하기 때문에, 선진국에서 유일한 '인종주의자들의 천국'이다. 따라서 길거리와 직장에서 반은 놀이처럼 차별 범죄를 저지를 정도의 악질에 그치지 않고, '위로부터의 차별선동' 효과도 여느 나라와 다른 조건에서 매우 악질적으로 나타났다고 생각한다. 〔그림 9〕를 통해 알 수 있는 것은, 일본의 극우가 언뜻 보면 유럽의 극우와 같은 '고등전술'(이민정책의 재검토, 종교론, 반세계화)을 채택하고 있는 것처럼 보여도 실제로는 전혀 이질적인 의미를 지닌다는 점이다. 물론 세계화를 배경으로 선진국 내부에서 대두되고 있는 인종주의라는 막연한 수준에서 말하면, '공통의 맥락'은 있을 것이다. 그렇지만 일본의 혐오표현에서 볼 수 있는 난민에 대한 비난과 정책 재검토론은 유럽의 경우와는 '맥락'이 다르다.

'출입국 관리 및 난민인정법'이라는 법률의 명칭이 보여주듯이, 난민인정법을 출입국관리법 속에 포함시킨 일본에서 난민으로 인정된 사람은 고작 27명(2015)이다. 그런 일본에서 난민배척운동이 대두된 것은 왜일까? 그것은 결코 반차별 규범에 억눌려 있는 '고등기술'이 아닐 것이다. 차별에 대한 장벽이 너무 낮기 때문에 반은 놀이처럼 혐오표현이 가능한 상황에서, 1952년 체제로서의 출입국관리법을 차별의 무기로 삼는 상황이 방치되고 있는 것을 생각하면, 난민을 거의 받아들이지 않은 이 나라에서 추악한 난민배척운동이 일어나는 이유를 충분히 짐작할 수 있다.

이것은 가끔 유럽이나 미국에서는 AA(어퍼머티브 액션)와 PA(포지티브 액션) 비판이라는 형태를 취하는 차별선동이, 일본에서는 '재일특권'이라는 혐오표현으로 나타나는 구도와 같다.

미국에서 트럼프가 무슬림 입국 금지를 주장하거나 프랑스에서 국민전선이 대두되고 있는 것은 확실히 극우가 정치공간으로 침투하고 있는 것과, 그에 따른 차별선동이 심각하다는 것을 보여준다. 그렇지만 주의할 점은 이들 현상이 오히려 '일본화'라고 할 만하는 것이다.

인종주의 규제도 역사부정 규제도 극우 규제도 그 무엇도 아닌, 선진국에서 유일하게 인종주의가 자유로운 일본처럼 구미도 서서히 변질되고 있다.

제3장

역사부정

일본에서 혐오표현이 증가하는 세 번째 요인은 역사부정이다. 1990년대 이후 정치공간에서 빈발하는 역사부정이 정치공간으로부터의 차별선동을 보강하고 있다. 또 반인종주의 규범이 없는 것처럼 전후 일본에는 독일과 같은 반역사부정 규범도 없다. 그 때문에 역사부정의 대두에 대해 규제를 전혀 하지 않았다.

역사부정과 혐오표현

역사부정이란 나치에 의한 유대인 학살(홀로코스트) 등 근현대사의 노예제, 식민지 지배, 침략전쟁, 제노사이드 같은 심각한 인권침해를 부정·왜곡·미화하는 행위 또는 사상을 말한다.

일본에서는 '역사수정주의'라는 말로 소개되기도 하지만, 이 책에서는 두 가지 이유로 '역사부정'이라는 말을 사용하겠다. 첫째, 구미에서는 역사를 부정하는 측이 자신들을 정당화하기 위해 '수정주의'라고 자칭하는 경우가 많으며, 그것을 비판하는 측은 자칭 '수정주의자'를 '부정론자'라고 불러왔다.[1] 둘째, 일본의 아시아 침략·식민지 지배에 대해서는 전쟁범죄라는 사회적 판단이 충분하게 이루어지지 않았고, '과거'의 기억이 공적인 기억으로 인정받지 못하고 있다. 요컨대 일본에는 구미의 '수정주의'가 공격 대상으로 삼는 '과거 극복'과 반역사 규범에 해당하는 '수정'할 만한 사회적 기반이 존재하지 않는다.

역사부정은 인종주의와 깊은 관련이 있다. 역사부정의 규제는 인종주의를 규제하는 데 매우 중요한 과제다. 제3부에서 보았듯이, 홀로코스트 부정 등 역사부정은 독일을 비롯한 유럽에서는 명백하게 형사범죄에 해당한다. 왜냐하면 역사부정이 인종주의와 제노사이드를 강력하게 선동한다고 인식되기 때문이다.

전후 동아시아의 냉전 구조

왜 일본에서는 같은 패전국인 독일과 달리 반역사부정 규범이 확립되지 못했는가? 그것은 제4부에서 독일과의 비교에서 설명했듯이, 동아시아의 냉전 구조에서 기인한다.[2]

패전 직후 일본에 대한 배상청구는 엄격했다. 애초에 무조건 항복을 요구한 포츠담 선언에는 전쟁 재군비가 가능한 산업을 허용하지 않는다고 명기되어 있다(제11항). 1945년 10월의 미국 조사단 보고(미국의 대일배상정책·예비적 성명)에서도, 다음과 같이 기록되어 있다.

> 요컨대 일본의 배상은 동아시아 전체의 경제적 안정을 바탕으로 정치적 안정을 이끌어내려는 문제로, 패전국 일본에게 손해배상으로 전쟁 승리의 몫을 거두는 것이 주목적은 아니다. 미국으로서는 일본이 지불할 수 있는 금전·재화·산업설비·서비스 등 어떤 것을 가지더라도 일본 군국주의를 타파하기 위해 희생된 많은 인명을 배상할 수 없다. 따라서 미국으로서는 동아시아 부흥을 목적으로 삼아야 한다고 생각했다. 부흥한 동아시아 속에 일본 존립은 허용하지만, 앞으로 군림이나 지배는 허용하지 않겠다.[3]

요컨대 미국에게 일본의 배상 문제는 정의의 문제도 인권의 문제도 아닌, '동아시아 전체의 경제적 안정을 통해 정치적 안정을 이루어내겠다'는 통치전략의 문제였다. 그리고 거기에서 중시된 것은 일본이 아니라 중국이었다. 이 보고서에는 구체적으로 "배상청구권을 가진 모든 나라에 일본의 산업 설비를 분배하고, 이 나라들의 경제부흥과 동아시아 전체의 경제계획에 도움이 되게 한다. 주변 국가들의 원재료를 가공하는 데 가장 중요한 공정 설비는 모두 일본에서 철거한다"[4]라고 쓰여 있다.

일본의 생산설비를 중국으로 이전하고, 중국 중심의 아시아 경제권을 만들어, 아시아의 정치적 안정을 도모해 소련을 봉쇄하려고 했다.

일찍이 1946년 12월에는 맥아더 3원칙으로 '전쟁 포기', '봉건제도 폐지'와 함께 '천황을 원수元首로 하는' 천황제 존속이 발표됐다. 말할 필요도 없이 아시아에 대한 침략전쟁·식민지 지배의 최고 책임자는 쇼와 천황이다. 미국에 협력적이고 점령 행정 수행에서 유능

함을 인정받은 그는 미국의 주도권하에서 전쟁책임을 면제받았다. 같은 추축국인 이탈리아의 무솔리니는 레지스탕스에게 죽임을 당하고, 독일의 히틀러는 자살했다. 일본의 쇼와 천황만이 전후에도 살아남았으며, 1947년 5월 3일의 신헌법 이후에도 상징적인 천황으로 존속했다.

상징천황제를 납득하지 못한 국제사회에서 인정받으려고 내세운 것이 헌법 제9조였다. 이는 전쟁을 포기한다는 것으로, 언뜻 보면 급진적인 선언으로 국제사회의 반발을 눌렀다.

천황 면책만이 아니라 대일배상도 완화됐다. 실제로 군수산업설비가 철거되는 등 '중간배상'은 실행됐지만, 배상방침은 완화되어 1948년 5월에는 배상철거중단을 선언했다(맥코이 성명).

전략 변경에는 중국의 국공내전國共內戰에서 공산당 쪽의 승리 가능성이 높아지고 있고 한반도 정세도 불안정한 상황에서, 배상으로 일본의 경제부흥이 늦어질 경우 "냉전의 최전선인 아시아의 불안정 요인이 된다는 의견"(이타가키 류타板垣龍太)이 작용했다.

이런 가운데 1948년 11월에 내려진 도쿄재판의 판결은 매우 불충분했다. 도조 히데키東条英機 전 총리 등 A급 전범 일곱 명이 사형선고를 받았지만, 다른 지도자들의 책임은 불문에 부친 것이다.

애초에 제소된 전쟁범죄는 1928년 이후의 침략전쟁에 지나지 않으며, 그 이전의 전쟁범죄와 식민지 지배 책임은 전혀 묻지 않았다. 일본군 '위안부' 제도도 몇 가지 개별적인 경우에 대해서는 유죄 혹은 증거자료가 채택됐지만, 전시 성폭력으로서는 재판되지 않았다. 당시 재일조선인 단체·조총련이 식민지 지배의 책임자인 쇼와 천황을 처벌하라고 요구했지만, 묵살됐다.

1949년 중화인민공화국이 수립되고 1950년 한국전쟁이 발발하면서, 미국은 일본의 국제사회 복귀를 서둘렀다. 전면 강화(모든 연합국이 참가)보다 단면 강화(자본주의 진영만 참가)가 추구됐고, 1951년 9월에 미국 샌프란시스코에서 일본과의 평화조약(샌프란시스코 강화조약)이 체결됐다. 강화조약에서 일본 정부는 도쿄재판의 판결을 무조건 수락하게 됐지만, 너무나 불충분한 전쟁범죄 재판이었다. 따라서 일본 사회에는 공적 규범이 형성될 수 없었다.

강화조약에는 52개국이 참가했지만, 소련·폴란드·체코가 서명을 거부했고, 영국의 식민지였던 인도·버마(오늘날의 미얀마)는 출석을 거부했으며, 중국·대만과 남북한은 초대받지 못했다.

그리고 강화조약은 일본의 경제부흥 우선이라는 구실로 무배상 원칙(청구권 포기)이 채택됐다. 피해국이 희망할 경우에는 화폐가 아니라 물품과 노동력 배상을 두 나라가 교섭해서 개별적으로 청구하라고 했다. 일본은 거의 전후 보상을 하지 않았는데, 이는 샌프란시스코 강화조약에 근거한 것이었다.

강화조약이 체결되던 날, 일본은 '전 국토 기지 방식'을 취한 미일 안보조약을 체결했다. 일본은 관민을 설득하여 한국전쟁에 협력하면서 '한국특수'로 경제부흥을 이루었다. 또 미일 안보조약은 미국에 의해 점진적으로 추진된 오키나와의 군사기지화를 법적으로 추인하게 됐다. 이렇게 해서 한반도 분단과 상징천황제·헌법 제9조·오키나와의 기지화가 세트를 이루어 동아시아 냉전 구조가 만들어졌다.

이상이, 앞에서 본 1952년 체제의 성립과 동시에 일어난 일이다. 문제는 역사적 사실(인식과 위법 이전의 문제)의 진상규명이 이루어지지 않은 채 현재에 이르렀다는 것이다.

대對이스라엘 관계와 동독, 유럽공동체 회원국과의 관계에 의해 규정된 서독과 달리, 미국의 헤게모니 아래 놓인 전후 일본은 아시아 국가들과의 관계에서 과거와 마주해야 하는 상황을 피할 수 있었다. 1965년의 한일기본조약이 그렇고, 1972년의 중일 공동성명이 그렇다.

재일조선인에 대해서 말하자면, 한일 두 나라에 있어서도 그 인권(이동의 자유 보장과 증오범죄에 대한 대처 등)에 대해서는 거의 다루어진 적도 없었다.

전후 일본에서는 반역사부정의 움직임이 미약했지만, 역사부정운동에 대한 강한 동기부여도 보수파에게는 없었다. 그러나 1990년대에 아시아의 피해자들이 침략 피해를 고발하면서 역사부정은 극적으로 이루어지게 됐다.

1990년대 이후, 역사부정의 대두

일본의 아시아 침략 때의 피해자가 일본 정부에 책임을 요구하는 목소리를 낼 수 있게 된 것은 1990년대에 들어서부터였다. 1988년에 한국에서 전두환 정권이 타도되는 등 아시아 국가들이 잇달아 민주화되어가는 가운데 피해자들이 겨우 목소리를 낼 수 있게 됐다. 이것을 가리켜 다카하시 데쓰야高橋哲哉는 「이제 전후가 아니다」에서, "전후는 이제야 겨우 시작됐다"[5]라고 썼다.

‘위안부’ 문제의 충격과 영향

상징적인 사례로 일본군 ‘위안부’ 문제를 들겠다.

‘위안부’ 문제가 일본에서 사회적 이슈가 된 것은 1991년 여름 김학순 등 한국의 ‘위안부’ 세 명이 일본 정부를 고발하면서다. 김학순은 실명을 밝히며 피해를 고발했다.

1991년 김학순의 고발은 국회에서 노동 관료가 일본군 ‘위안부’는 ‘민간업자’가 ‘데리고 갔다’고 하며, 정부 책임을 전혀 인정하지 않는 답변(역사부정)을 한 것이 계기가 됐다.

이 고발은 일본뿐 아니라 국제사회에 충격을 주었다. 그리고 이 목소리에 호응하여 소수의 양심 있는 일본인들의 활동이 벌어졌으며, 늦었지만 일본 정부의 책임을 묻는 운동이 시작됐다.

1992년에는 주오中央대학의 요시미 요시아키吉見義明가 일본군의 조직적인 관여를 나타내는 증거를 발표했고, 이로 인해 일본 정부는 책임을 부정할 수 없게 됐다. 정부에 의한 피해자 인터뷰를 포함한 조사를 실시하여, 1993년에는 고노 요헤이 관방장관이 담화를 발표했다.

이것은 피해자가 자기 의사에 반해 ‘위안부’가 된 것과, 위안소 설치 등에 ‘군의 관여’를 인정하고, 역사 연구·조사·교육을 통해서 ‘위안부’ 문제를 기억하겠다는 공식적인 발표였다는 점에서 전진한 것이었다. 그러나 ‘군의 관여’에 대해 애매하게 해석할 여지를 남겼고, 명확하게 법적 책임을 인정하는 것은 아니었다. 그래도 고노 담화가 명확하게 역사교육의 필요를 밝히면서, 최초의 교과서 검정을 거친 1996년에 채택된 역사교과서에는 충분하지는 않지만 ‘위안부’ 문제가 기술됐다.

그리고 무라야마 도미이치村山富市 정권은 1995년에 여성을 위한 아시아평화국민기금(약칭 아시아여성기금)을 발족시켰다. 민간 모금을 바탕으로 기금을 설립하여, '위로금'과 함께 총리의 '사과 편지'를 피해자에게 전달한다는 것이었지만, 이것은 어디까지나 국가의 법적 책임을 인정하지 않은 채 돈과 형식적인 '사죄'를 피해자에게 보내 문제를 '해결'하려는 것이었다.

이 때문에 아시아여성기금은 국내외의 거센 반발을 불러일으켰다. 유감스럽게도 일본의 사회운동은 국민기금의 평가를 둘러싸고 분열했으며, 일본군 '위안부' 제도의 법적 책임을 묻는 운동의 열기는 크게 사라졌다.

1990년대 전반까지는 전후보상운동의 '전진기前進期'라고 할 수 있다. 그렇지만 전후 처음으로 아시아의 피해자와 마주하고 고노 담화와 '위안부'에 대한 교과서 기술 등 적지만 성과를 내면서, 이를 공격 목표로 삼은 역사부정의 움직임이 대두하게 됐다.

역사부정의 대두와 확대

1996년에는 '새로운 역사교과서를 만드는 모임'(약칭 새역모)이 발족하여 아시아 침략의 역사를 미화하고 가해 사실을 왜곡하는 교과서 만들기 운동이 일어났다. 이 모임은 정재계에 강한 영향력을 가진 인물들과 정당을 끌어들여 세를 불려갔다.

1997년에는 '일본의 앞날과 역사교육을 생각하는 젊은 의원들의 모임'(약칭 젊은 의원 모임)이 발족했다. 이들은 일주일에 한 번씩 강사

를 초빙하여 연구 모임을 열고, 고노 담화 철회와 교과서에 기술된 '위안부' 관련 내용의 삭제를 요구했는데, 이는 역사부정을 현역 국회의원들이 나서서 추진한 것이었다. 이 모임이 출판한 『역사교과서에 대한 의문歴史教科書への疑問』(일본의 앞날과 역사교육을 생각하는 젊은 의원들의 모임, 1997)에는 사무국장이었던 아베 신조의 발언이 실렸다.

> … 나는 '위안부'였다고 말하며 요구하고 있는 사람들 중에는 도야마富山현에서 나왔다는 사람도 있습니다. 도야마에는 위안소 같은 것이 없었습니다. 분명히 거짓말을 하는 사람들이 많이 있는 것입니다. 이렇게 되면, 이거 좀 이상하구나 하고 생각하지 않을 수 없습니다.
>
> 한국에는 기생집이 있으며, 많은 사람들이 일상에서 그런 짓을 하고 있습니다. 그렇기 때문에 그것은 어처구니없는 행위가 아니라, 상당히 생활 속에 녹아 있는 것이 아닌가 하고 저는 생각합니다.[6]

이 발언은 현재 인터넷에서 넘쳐나는 혐오표현 그 자체라고 할 정도로 심각한 것이었다. '위안부' 제도의 부정만이 아니라, 매춘부가 한국의 "생활 속에 녹아 있는 것이 아닌가"라는 표현으로 민족문화와 연결 짓는 인종주의다.

이 모임은 현재 아베 총리의 정치 활동의 원점이라고도 할 수 있다. 중요한 구성원을 열거하면, 아베 신조 총리 외에 1차 아베 정권 때의 나카가와 쇼이치中川昭一 정무조사회장, 시오자키 야쓰히사鹽崎慕久 관방장관, 마쓰오카 도시카쓰松岡利勝 농림수산장관, 스가 요시히데管義偉 총무장관, 다카이치 사사에高市早苗 오키나와 및 북방대책 중

저출산 담당 장관, 와타나베 요시미渡辺喜美 행정개혁장관 등 다섯 명의 각료, 거기에 시모무라 하쿠분下村博文 관방차관, 네모토 다쿠미根本匠 총리보좌관이 이름을 올렸다. 발족 인원은 총 87명이었다.[7]

같은 시기에 고바야시 요시노리의 『전쟁론戰爭論』(겐토샤幻冬社, 1998)이 베스트셀러가 됐다. 만화로 일본의 아시아 침략 역사를 정면으로 미화·긍정한 이 책은 2001년까지 90만 5천 부가 팔렸다. 이 책에서 공격 대상이 된 것은 '위안부' 피해자였다. 미디어에 의한 역사부정의 상품화와 그 성공은 상품과 시장의 힘을 통해서 인종주의를 선동하는 선구가 됐다.

극우 의원들이 추진한 역사부정운동은 착실하게 성과를 냈다. 2001년의 차기 교과서 채택 때에는 새역모의 교과서 채택률이 1퍼센트에 지나지 않았지만, 적극적으로 '위안부'와 가해 사실을 기술한 교과서 채택률도 격감했다.

그러나 성과도 있었다. 2000년에 도쿄에서 열린 여성국제전범법정에서는 국제법에 비추어 '위안부' 제도가 '인도에 반하는 죄'로, 쇼와 천황은 유죄에 해당한다는 판결이 내려졌다. 아시아 각국의 '위안부' 피해자들의 증언과 관련 자료를 바탕으로, 구체적인 피해에 대한 구체적인 가해행위를 상세하고 명확하게 한 후, 국제인권법 전문가를 초청하여 열린 수준 높은 민간법정으로 국제적으로는 큰 반향을 불러일으켰다.

이것을 보도하려고 한 NHK는 보도 직전에 아베 등 극우 의원의 압력으로 프로그램을 고쳐 편집했다. 아베는 "편향된 프로그램", 법정은 "북한 공작원에 의한 것"이라는 헛소문까지 이용했다. 현역 극우 의원이 공공방송(국영이 아니다) 간부를 만나는 것만으로 큰 문제가 됐을 텐데, 이 노골적인 정치압력에 의한 언론탄압은 제멋대로였다.

2005년 교과서 검정에서는 결국 2006년도부터 사용될 모든 중학교 역사교과서에서 '위안부' 기술이 삭제됐다.

앞서 언급했지만, 야마노 샤린의 『만화 혐한류』가 출판된 것은 2005년이다. 일본인과 조선인을 미美·추醜로 구분하여 그린 이 책은 의심할 여지가 없는 인종주의 만화이며, 일본의 조선 지배를 완전히 긍정·정당화하는 것이다. 조선 식민지 지배와 전후 보상, 재일조선인의 인권에 관한 주제로 일본인과 재일조선인 학생 사이에 벌어지는 '토론'이 기본 내용이다. 반드시 '이성적인' 일본인이 '감정적이고 비논리적인' 재일조선인의 논리를 철저히 격파하고, 결국 재일조선인이 '굴복한다'는 것이다. 식민지 지배의 역사부정을 통해서 재일조선인을 철저하게 공격하는 내용이다. 이 책은 폭발적인 인기를 끌며 4권까지 시리즈로 만들어졌고, 총 100만 부 이상이 팔렸다.

재특회의 등장

2006년 말 재특회가 결성됐다. 이 모임이 공격하는 '재일특권'은 『만화 혐한류』의 2권(2006)에서 공격 대상으로 삼고 있는 것이다. 재특회는 인터넷에서 그럴싸하게 논하면서 방치됐던 역사부정과 인종주의를 '정치 목적'으로 공공연하게 내세웠다.

이 같은 역사부정의 움직임은 지금까지도 방치되어 가속화되고 있다. 특히 2차 아베 정권이 시작된 2012년 말 이후에는 정권이 주도하여 역사부정을 추진했다.

2013년에는 역사부정론자로 유명한 작가 햐쿠타 나오키百田尙樹 등 네 명이 NHK 경영위원이 됐다. 이 네 명은 모두 아베 총리와 비슷한 생각을 가진 것으로 알려져 있다. 다음 해 NHK 회장으로 취임한 모미이 가쓰토籾井勝人는 취임사에서 "('위안부'를 둘러싼 문제에 대해) 한국에만 있었다고 생각하는 것인가? 전쟁 지역에는 어디에나 있었다", "한국은 일본만이 강제연행을 한 것처럼 말해서 성가시다. 돈을 보내라, 보상하라라고 하지만, 한일기본조약에서 모두 해결된 것을 왜 다시 문제 삼는가?"라고 역사부정 발언을 하며 인종주의를 선동했다.

2014년 8월에는 일본군이 제주도에서 여성들을 강제연행하여 일본군 '위안부'로 삼았다는 이른바 요시다 세이지吉田淸治의 증언을 『아사히신문』이 '허위'라고 인정하자, 총리관저에서 맹렬하게 『아사히신문』을 비난했다. 이것은 정부가 '위안부' 제도를 뿌리부터 부정하는 역사부정을 통해서, 시민사회에 인종주의를 선동하는 것이었다. 동시에 텔레비전, 신문 등 언론의 반역사부정 보도를 억압하고, 교과서 기술도 삭제하는 데 성공했다.

앞서 지적한 인종주의 선동에 의한 집표 구조는, 당연히 역사부정을 통한 포퓰리즘적인 정치도 가능하게 한다. 전형적인 사례가 하시모토 도루일 것이다. 2013년에 "위안부 제도는 필요"하다고 말하며 성노예제를 긍정했을 뿐만 아니라, 그 후 오키나와에 주둔하는 미군 사령관 앞에서 "풍속을 활용하길 바란다"라고 발언했다. 이 때문에 거센 비판이 쏟아졌지만, 그는 발언을 끝내 철회하지 않았다. 거꾸로 언론이 오해한 것이라며 미디어 공격의 소재로 활용했다.

일본의 '위로부터의 차별선동 메커니즘'에서는 역사부정이 인종주의에 없는 고유의 역할을 다하고 있다. 유럽의 홀로코스트 부정론과 달리, 일본의 역사부정론은 정치공간과 시민사회를 합법적으로 횡단하고 중개하는 기능을 다하기 때문이다.

지금에서야 겨우 반인종주의가 힘이 싹트는 수준에 반인종주의 규범을 형성하려고 하고 있다. 그렇지만 반역사부정 규범의 형성이 일본에서는 훨씬 어렵다. 앞에서 서술한 대로, 유럽연합 국가들과 국제관계가 전혀 다른 아시아에서는 다국 간 안전보장의 틀도 없는 상태이며, 일본과 아시아에서 역사적 사실에 대한 공통의 기억 형성을 강요하는 국제적인 조건도 없다. 또 정부는 가해 역사를 공적 기억으로 만들지도 않고, 교육에서도 배제했으며, 언론도 반역사부정을 거의 보도하지 않는다. 요컨대 일본 사회에서 규범 형성의 조건이 되는 기본적인 사실이 그다지 사회적으로 알려져 있지 않으며, 그것을 보급시키는 수단도 한정되어 있다.

위로부터의 차별선동이 맹위를 떨치는 가운데 이런 상황을 타개하기 위해서는 무엇보다도 반인종주의 규범 형성을 우선시하고, 그러한 대처 속에서 반역사부정 규범을 동시에 획득하는 활동을 지속할 필요가 있다. 그것은 반인종주의의 단일 이슈 투쟁 면에서도 필요한 일이다. 왜냐하면 인종주의자들은 앞으로 반인종주의 규범을 무시할 수 없게 되겠지만, 대항하는 것이 더 어려운 역사부정을 정치공간과 시민사회를 자유롭게 횡단할 수 있는 '빠져나갈 구멍'의 언설로서 크게 '이용'할 것이기 때문이다.

세계화와 신자유주의가 초래한
동아시아 냉전 구조와 기업사회 일본의 재편

제5부에서는 일본의 혐오표현 증가 현상이, ① 반인종주의 규범의 결여, ② 위로부터의 차별선동, ③ 역사부정의 대두라는 세 가지 원인에 의해 발생했음을 살펴보았다. 그중 ② 위로부터의 차별선동, ③ 역사부정의 대두는 세계화와 신자유주의에 의해 일어났다.

아시아 침략의 피해자가 일본을 고소할 수 있게 된 것은 1990년대 이후이지만, 당시는 일본 정부 내에서도 전후 보상이 필요하다는 생각이 어느 정도는 있었다. 일본의 다국적기업이 세계경제 안에서 아시아 시장을 확보하기 위해 필요한 환경 정비이기도 했기 때문이다. 실패했다고도 할 수 있지만, 1990년대 초반에는 가네마루金丸 방북단을 비롯한 북일 국교정상화 교섭의 움직임조차 보였다. 2002년 북일 평양선언도 본질적으로는 아시아 시장 확보와 지정학적 안정을 요구하는 세계 자본의 이익에 따른 것이었다. 마치 전후 일본의 배상 징수를 지렛대 삼아 아시아의 정치적 안정을 만들어내려고 했던 미국의 전략처럼 말이다.

다른 한편으로 일본 기업의 세계화는 일본의 '전수방위'의 재검토와 군사대국화를 추진하는 강력한 지렛대이기도 했다. 재계는 글로벌 기업이 진출한 곳에서 '안전보장' 기능을 일본 정부에 요구하는 압력을 높였다.

냉전 붕괴 후 1996년의 미일 안보공동선언, 1997년의 신가이드라인, 1999년의 주변사태법, 2004년의 유사법제 등 일관되게 일본이 군사대국화를 추진해온 것은 결코 미국에 대한 '종속'만이 아니라 재계와 정부의 적극적인 욕구에 따른 것이기도 하다.

위로부터의 차별선동 메커니즘은 이 같은 세계화를 배경으로 한 일본의 군사대국화 추진 속에서 가상적국 북한에 대한 증오선동을 통해 형성됐다. 그 결과로 나타난 것이 치마저고리 사건이고 혐오표현의 증가다.

미국의 아시아 전략, 그리고 일본과 아시아

다른 한편으로 중국을 비롯한 아시아 국가들은 공산권 붕괴 후 단번에 세계시장으로 흡수되어 10억 명 규모의 시장·투자처가 되고 급격한 성장센터로 발전했다. 그러나 미국은 대두되는 중국의 군사적 존재감을 견제하기 위해 아시아에서 미군을 축소시키지 않고, 북한 문제를 내세워 북일 안보체제를 강화했다.

미국은 항상 아시아 대 미일 안보의 구도 속에서 중국 중심의 아시아 질서가 형성(아시아+일본 대 미국)되는 것을 교란하는 전략을 취해왔다. 1990년 초반의 북일 교섭도, 2002년의 북일 평양선언도, 미국은 핵개발 문제를 이용하여 북일 국교정상화 저지를 꾀했다. 한일·중일·러일 간의 영토분쟁도 이용됐다. 그리고 '재팬 핸들러'라고 불리는 미국의 전 국무부 장관인 리처드 아미티지는 고이즈미 정권 때 노골적으로 야스쿠니 신사참배를 장려하기까지 했다.

이러한 '이간책'은 성공을 거두었다. 그러나 지나치게 성공했다. 2006년의 아베 정권 이후 아시아 대 일본의 역사 문제와 영토 문제를 둘러싼 심각한 대립은 반대로 한·미·일 삼국 '동맹'에서 부분적으로 손실이 될 정도로, 일본 국내의 아시아에 대한 배외주의와 인종주의를 선동하는 결과를 낳았다.

이들 일본의 군사대국화·대북 적시정책과 경제제재, 그리고 이와 연동하는 형태로 진행되는 재일조선인에 대한 인권침해와 정치적 탄압이 일본 사회에 차별선동 효과로서 크게 발휘됐다.

혐오표현 후의 인종주의 폭력

일본에서 증가하는 혐오표현의 특징과 그것을 둘러싼 사회 상황을 정리해보자.

첫째, 일본의 혐오표현은 전후 첫 민주주의와 사회를 파괴하는 인종주의다. 이것은 기존에 있던 인종주의를 조직된 폭력으로까지 발전시키는 일 없이 강력한 사회 통합력을 발휘해온 기업사회가 세계화로 인해 흔들리면서 태어난 것이기도 하다.

둘째, 우리는 반인종주의 규범이 전혀 없는 상태에서, 이 성가신 인종주의 폭력에 직면하고 있다. 반세기 전의 구미처럼 조직된 산업별 노동조합도 사회운동도 없을 뿐만 아니라, 신자유주의 전성기에 반인종주의 1.0을 획득해야 한다는 특유의 곤란함이 더해졌다.

셋째, 위로부터의 차별선동 메커니즘이 강력하게 작용하고 있는 상황에서 싸우지 않으면 안 된다.

넷째, 반역사부정 규범이 전혀 없는 상태에서 강력한 역사부정 선동의 힘에 대항해야 하다.

이대로 가면 인종주의 폭력은 어떻게 될까? 인종주의가 폭력으로 이어지는(4단계) 보이지 않는 사회적 회로가 최근 30년 동안에 광범위하게 형성됐고, 더구나 결정적일 만큼 강화됐다([표 5] 참조). 그 결과 조고생 습격사건(Ⅰ) 후에 치마저고리 사건(Ⅱ)이, 혐오표현(Ⅲ)이라는 차별선동의 새로운 사회적 회로를 가진 인종주의 폭력이 늘어났다.

현시점에서는 혐오표현(Ⅲ)이 인종주의 폭력이라고 할 수 있을지라도, 조직된 폭력을 동반하는 단계에는 이르지 않았다. 그렇지만 정치공간에 침투한 극우가 정치폭력을 행사하게 되고, 그것과 Ⅲ의 인종주의 운동이 결합할 경우 인종주의 폭력은 지금과 같은 습격과 우발적인 폭력으로 끝나지 않을 것이다.

제5부에서 분석한 세 가지 원인(반인종주의 규범의 결여, 위로부터의 차별선동, 역사부정)을 시민들이 시정하고 억제하지 않으면, 인종주의 선동이 유혈사태로 이어지는 것을 막을 수 없다. 그것은 소수자를 파괴할 뿐만이 아니라 다수자의 인격을 부패시키며, 민주주의와 사회를 최종적으로 압살할 것이다.

제6부

혐오표현과 인종주의를 없애기 위해 필요한 것

혐오표현을 방지할 수 있을지의 여부는 일본 사회와 민주주의가 인종주의에 의해 파괴되는 것을 막을 수 있을지와 직결되는 문제다. 우리는 그것을 위해 무엇을 할 수 있고, 무엇을 해야 할까? 어려운 문제다. 다음은 내가 반인종주의정보센터ARIC의 실천을 통해서 얻은 경험을 바탕으로 쓴, 현시점에서의 '시론試論'이다.

제5부에서 살펴본 혐오표현 증가의 세 가지 요인의 제거 또는 시정이 그 답이 될 것이다. 요컨대 ① 반인종주의 규범의 구축, ② '위로부터의 차별선동'에 대한 대항, ③ 역사부정에 대한 대항이다.

이들 과제에는 누구나 바로 실천할 수 있는 것부터 어려운 것까지, 단기적 과제에서 장기적 과제까지, 여러 가지 과제가 포함되어 있다. 그것들을 어떻게 서로 위치시키고, 어디부터 어떻게 시작할지가 문제다.

최우선 과제는 반인종주의 규범의 구축이라고 생각한다. 인종주의가 민주주의와 사회를 파괴하는 것을 막기 위한 첫 번째 규범이 된다는 의미에서도 일본 정부와 자치단체가 가장 부정하기 어려운 과제이며, 대책을 취하지 않는 한 몇 번이고 쟁점화될 과제라는 의미에서 기본적인 과제라고 할 수 있다.

1. 반인종주의 규범의 구축: 반인종주의 1.0을 일본에서도 만들 것

지금 일본 사회는 '혐오표현을 어떻게 할 것인가' 하는 물음이 던져진 상태다. 그러나 꼭 물어야 할 것은, 혐오표현을 낳은 인종주의다. 인종주의를 규제하는 규범의 형성으로 이어지지 않는 한, 혐오표현에 대한 어떤 대책을 세우더라도 해결이 안 된다.

우선, 일본 정부에 인종차별철폐국제조약의 이념에 기초한 반인종주의법을 만들게 하는 것이 중요한 과제다. 또 자치단체에 반인종주의 조례를 만들게 하는 것도 중요하다.

잣대의 보급을: 정의와 전형적인 차별 사례

반인종주의 1.0을 획득하기 위해서는 반인종주의라는 잣대를 보급시키는 것이 열쇠가 된다. 인종주의의 정의와 전형적인 사례(피해사례), 적용 방법(잣대의 적용법)을 보급하는 것이다.

지금 일본에서 반인종주의 1.0 성립을 견인하는 역할로 가장 기대할 수 있는 잣대 중 하나는, 카운터스를 비롯한 반혐오표현 활동일 것이다. 반혐오표현 활동이야말로 혐오표현을 '사회가 허용해서는 안 되는 악'으로서 '가시화'시켰다. 어쨌든 둘러싸서 비폭력 행동으로 거리에서의 혐오표현을 막으려고 하는 것, 그 자체가 반인종주의 1.0의 싹을 틔우는 데 큰 힘이 됐다. 가두시위를 그대로 놔두면, 이는 인종주의가 정당화로 이어지고, 차별선동 효과를 강하게 한다. 카운터스의 행동은 가두시위가 늘고 있는 이상 필요하며, 잣대의 기능으로서도 중요하다.

한편 카운터스 이외의 반인종주의 활동도 규범 형성을 위해 좀 더 기능을 강화해야 한다. 중요한 것은 반인종주의 1.0 규범 형성을 위한 사회적 회로를 만들게끔 연구해서 카운터스를 포함한 다양한 반인종주의 실천을 하는 것이다. 이를 위해 특히 중요한 것은, ① 피해 실태조사, ② 피해 상담, ③ 반인종주의 교육이다.

① 피해 실태조사

피해 실태조사의 중요성은 첫째, 차별의 기억과 증거를 보존해서 반인종주의 정책을 국가·자치단체가 만들지 않을 수 없는 입법 사실이 되도록 하는 것이다. 차별은 기록하는 사람이 없고, 항의하지 않으면 '보이지 않을' 뿐 아니라 '없었던 것'이 되어버린다.

법무성은 혐오표현에 대한 실태조사를 전문가에게 위탁해서, 2016년 3월 말에 결과를 발표했다. 지금까지 심각한 차별의 존재를 계속 부정해온 일본 정부가 처음으로 인종주의를 조사하고 그 존재를 인정한 것은 일보 진전한 것이었다. 그렇지만 이 조사는 주로 인터넷으로 확인한 것으로, 피해자들에게 직접 들은 경우는 아주 적다. 더구나 피해 실태를 가장 잘 알고 있는 민족단체에게 협력을 구하지 않았으며, 공공연하게 활동을 계속하고 있는 극우단체에 대한 조사도 충분히 이루어지지 않았다.

무엇보다도 인종주의는 혐오표현에 한하지 않고, 취직·거주·결혼·교육·사회복지 등 다방면에 걸쳐서 증가하고 있다. 그런 포괄적 실태 조사야말로 중요하지만, 일본 정부의 조사는 혐오표현(그것도 '본국외 출신자'를 향한)에 한정될 것으로 예상된다. 그 문제점을 사회적으로 가시화한 것은 NGO와 당사자 단체가 실시하는 인종주의의 포괄적인 피해·가해 실태조사·기록 이외에 없다.

둘째, 차별 피해 사례를 기록하고, 그것을 언론과 출판물과 인터넷에서 반복해서 '가시화'하는 것이다. 이는 반인종주의 운동의 기반이 될 수 있다. 피해가 존재하는 것을 계속 알리는 것이다. 피해 기록은 반인종주의를 교육하는 데 있어서도 중요한, 말하자면 살아 있는 교과서이기도 하다.

셋째, 조사·기록으로 분명해진 인종주의 피해는 개별의 구체적인 피해 실태부터 그 구체적인 인종주의 사건의 원인을 명확히 밝히는 것이 가능하며, 거기에서 차별철폐·권리회복·재발 방지 등의 구체적인 해결책을 이끌어낼 수 있다.

넷째, 명확해진 인종주의 사건을 구체적으로 해결해가는 가운데, '두더지 때리기'로 끝나지 않고, 반인종주의 규범 형성에 대한 사회적 회로로 연결하는 방법을 생각하고 실천할 수 있다.

이 중에서도 셋째와 넷째가 중요하기 때문에 ARIC의 해결 사례를 들어 설명하고자 한다.

〔그림 10〕 '유학생 입주 가부' 표시

* 『교토대생의 주거 2015』(교토대학 생활협동조합)에서.

반인종주의 규범에 대한 사회적 회로 형성을: 교토대학 생협 사례

다음은 2015년 9월에 발족한 ARIC 간사이關西의 학생 회원이 조사한 사례다. 교토대학 생협이 발행한 『교토대생의 주거 2015』라는 부동산 소개 책자에, '유학생 입주 가능 여부' 표시가 당당하게 있는 것을 알 수 있었다. '유留' 자 표시(〔그림 10〕 참조)가 붙어 있는 것은 유학생 '거주 가능' 물건, 표시가 없는 것은 '불가'를 나타낸다.

조사한 학생 팀이 교토대 생협에 전화를 걸어 항의하자, 생협 측 담당자는 구두로 '유학생 입주 가능 여부' 표시는 확실히 '입주 불가'를 나타내는 것이라고 인정하면서도 항의에 대해서는 차별이 아니며, 수정할 계획도 없다고 분명히 말했다.

ARIC 간사이는 이 건에 대한 조사를 여러 방법으로 진행했다. 그 결과 다음과 같은 사실을 알 수 있었다.

- 교토부府 내의 대학 10개 생협을 조사한 결과, 교토대 생협만이 아니라 도시샤同志社·도시샤여자대 생협과 리쓰메이칸立命館대학 모두 '유학생 입주 가능 여부' 표시를 사용하고 있었다.
- 그들 물건 소개 책자에서는 교토대 생협에서는 물건 전체 393건 중 172건, 약 44퍼센트가 표시 없는 (입주 불가) 물건이었다. 도시샤와 리쓰메이칸에서도 약 절반에 달했다([표 7] 참조).
- 교토대 생협 책자에서는 '유학생 입주 가능 여부' 표시가 적어도 2006년 이후 계속되어왔다(리쓰메이칸도 적어도 10년 계속).

'유학생 입주 가능 여부'라는 노골적인 인종주의가 유명 대학에서, 유학생이 상당히 많은 교토에서 더구나 10년 이상이나 방치됐다는 사실에 놀라지 않을 수 없었다. 문제는 위의 '유학생 입주 가능 여부' 표시가 없는 물건이 많다는 것이다. 가령 항의를 받고 표시를 없앴다고 하더라도, 실제로는 유학생의 입주를 거부하는 물건이 계속 게재될 것이라는 점이 예상됐다. 생협은 중개 역할에 지나지 않는다. 근본적인 문제는 보수적인 부동산 임대업계가 공공연하게 해온 인종주의다. 여기에 어떻게 대처할 것인지가 문제다.

또 물건 소개 책자에는 반인종주의 정보가 전혀 실려 있지 않다. 이 경우 가령 표시가 없어져도 피해를 입은 유학생과 재일조선인 같은 소수자가 권리를 회복하기 위한 상담 창구와 방법을 알 수 없으며, '참을 수밖에 없을' 것이다.

어떻게 하면 표시를 없애고, 실효적인 인종주의 철폐로 이어질 수 있을까. ARIC 간사이 학생 팀은 교토대학 주변의 집주인과 부동산 중개업자를 인터뷰하는 등 조사를 계속하면서 스터디를 거듭하며

〔표 7〕 교토부 내 대학의 유학생 입주 차별 표기 실태 조사(2015)

	물건 소개 총수	'유(留) 표시' 없음(입주 불가)	
		건수	총수 대비 비율
『교토대생의 주거 2015』(교토대학 생활협동조합)	393	172	43.8%
『도시샤대생 · 도시샤여대생 주거 찾기 2015』(도시샤 생활협동조합)	443	215	48.5%
『주거 찾기(기누가사(衣笠)판 2015』 (리쓰메이칸 생활협동조합)	206	103	50%

전략을 짰다(이 책에는 그 논의가 반영됐다).

그 결과 차별철폐를 '두더지 때리기'로 끝내지 말고, 시민사회에서 반인종주의 규칙 만들기(규범 형성)로 연결하는 방식으로 하자는 원칙을 확인했다.

교토대 생협 측에는 ① 표시를 없앨 뿐만 아니라, ② 생협이 반인종주의 원칙을 세워 차별하는 업자(집주인, 중개업자)와는 거래하지 말 것, ③ 물건 소개 책자에 유학생을 위한 반인종주의 정보(권리회복을 위한 상담 창구 소개 등)를 게재할 것, ④ 재발 방지를 위해 직원연수를 할 것 등을 요구하기로 결정했다. 다음은 요청서에서 발췌한 것이다.

- 앞으로 인종주의를 행하는 집주인 및 중개업자와는 거래를 하지 말아주십시오.
- 유학생을 비롯한 인종적·민족적 소수에 대한 인종주의를 생협은 허용하지 않겠다는 입장을 공식적으로 표명해주십시오.

- 유학생 등 소수자가 인종주의 피해를 입었을 때, 그 권리침해를 회복하기 위한 정보를 적극적으로 소개해주십시오.
- 현재로서는 『교토대생의 주거』를 비롯한 부동산 소개 책자나 게시물에 소수자가 차별을 당할 경우의 대처법을 알려주는 정보가 전혀 없습니다. 따라서 유학생 등 소수자는 차별을 당해도 어떻게 해야 하는지 몰라서 '그냥 참는' 경우가 많은 것으로 보입니다.
- 이에 대한 적극적인 대안으로서 『교토대생의 주거』를 비롯한 부동산 소개 책자 또는 게시물에, '만약 차별을 당한다면'(가제) 지면을 만들어, 부당한 입주 차별을 겪은 소수자 조합원이 자신의 권리를 회복하는 방법을 명기할 것을 제안합니다. 구체적으로는 인권상담 창구NGO(변호사회, 대학, 법무성)와 국제조약·국내법·대학의 권리규정과 절차를 병기해주십시오.

12월 1일 자로 이런 요청서를 메일로 보내고 공개하는 동시에, change.org라는 캠페인 사이트를 통해 이에 대한 동참을 호소했다. 그 결과 200명 이상이 동참했고, 12월 14일 자로 교토대 생협 측은 '유학생 조합원 여러분에게 더 나은 주거 사업을 강화하기 위하여'라는 성명을 발표했다. ① 표시 삭제 결정, ② '(차별하는 업자는) 개선하지 않을 경우, 최종적으로 거래하지 않는 방향으로 정리'할 것, ③ 유학생에 대한 '고민 대응 창구' 강화, ④ 인권교육 실시를 포함한 답신이 공개됐다. 교토대 생협 외에 리쓰메이칸·도시샤 생협으로부터도 같은 대응을 이끌어냈다.

이렇게 해서 피해 실태조사부터 차별철폐로 이어지는 적극적인 대처를 할 수 있었다.

그 후 ARIC 간사이는 교토대 생협에 협력해준 대학 교원과 함께 생협 측에 제의하여, 요청서 이행에 적극적으로 대응하겠다는 취지의 회답을 받을 수 있었다. 다행히 이사가 리버럴하고 유연하게 대응하는 분이었기에, 원만하게 차별 문제를 시정한 경우였다.

이 사건을 계기로 교토대 생협은 명문화된 반인종주의 규칙 만들기를 적극적으로 검토할 것을 신속하게 결정했다. 이 책에서도 확인한 ① 인종적·민족적 집단에 대한, ② 불평등을 금지하는 반인종주의 규칙을 도입한다고 한다. 이것이 실현되면, 민간이 국가·자치단체에 선행하는 경우로 높게 평가받게 될 것이다.

그러나 이렇게까지 '리버럴하고 유연'한 대응을 한 교토대 생협이 왜 부동산 소개 책자에 '유학생 입주 가능 여부' 표시를 계속 게재했던 것일까? 그리고 왜 ARIC 간사이의 항의를 담당한 직원은 어물쩍 대응한 것일까?

그것은 차별·인종주의의 정의가 생협에 없었기 때문이다. 실은 12월 14일 자로 생협이 낸 성명은 성실하지만, '차별' 혹은 '인종주의'라는 문구는 전혀 없었다. "지금까지 '유' 표시가 없는 물건이, 유학생이라는 것을 이유로 입주를 거절하는 것으로 받아들일 가능성이 있는 것에 대해 사과드립니다"라는 공식적인 사과도, 표시의 기재가 차별이라고 인정했다고는 보기 어렵다(이 때문에 ARIC 간사이는 확인과 상황 판단이 끝날 때까지 캠페인을 중지하지 않았다).

이런 의문은 이사와 이야기를 나누는 자리에서 풀렸다. 그는 구두로 차별이라고 인정하면서, '차별'이나 '인종주의'라는 말은 의미가 분명하지 않기 때문에, 이번에는 사용하지 않기로 결정했다고 말했다. 반인종주의 규범이 없는 기업사회 일본에서 차별을 논의하는 것의 어려움을 단적으로 보여주는 사례였다.

그 자리에서 차별의 정의를 설명하고, 반차별 원칙을 통해서 성명을 이행할지의 여부는 의미가 전혀 다르다고 설명하자, 그는 바로 이해했다. 이런 과정을 거쳐 생협은 반차별의 자주적인 규칙 제정 검토를 결정하기에 이르렀다.

말할 필요도 없이 '유학생 입주 가능 여부' 표시가 계속 사용되고 있는 것을 보면 마음이 무겁다. ARIC 간사이에서 협력을 요청한 어느 재일조선인 교원은 "역시 이런 걸 보면, 상처 받아요"라고 말했다. 그는 또 10년도 더 전에, 교토대에서 근무할 때 집을 구하면서 인종주의를 겪은 피해자였다. 당시 교토대 조교수였는데도 거절당했다고 한다. 이유를 알려달라고 아무리 부탁해도, 중개업자는 "미안합니다. 짐작하시는 대로입니다"라고만 말했다.

교토대 생협은 이번 사건과 NGO 측과의 대화를 계기로 반인종주의 규칙을 만들고 인종주의를 행사하는 업자와의 거래를 금지하며 유학생 등 소수자 조합원에게 정보 제공·상담 창구 등을 강화하는 등 국가와 자치단체보다 먼저 반인종주의 규범 형성을 추진했다. 차별을 단순히 '없애는 것'만이 아니라, 반인종주의 규범의 형성으로 연결하는 이 같은 사례가 늘어나기를 바란다.

ARIC에서는 인터넷으로 차별 사례를 접수받고 있다. 아무리 사소한 것이라도 좋으니, 꼭 정보를 주시기 바란다(ARIC 사이트 http://antiracism-info.com/).

② 피해 상담 활동

반인종주의 규범도 정책도 없었던 전후 일본 사회에서는 재일조선인을 비롯한 소수자는 인종주의 피해를 입어도 상담할 곳이 없었다. 인권을 회복할 방법도 없었다. 요컨대 일본은 인종주의의 피해를 호소할 수도 없는 사회다.

피해를 회복하기 위해서는 무엇보다도 안심하고 피해를 호소할 수 있는 환경을 만들어야 한다. 피해 상담창구 설치가 필요하다.

본래라면 정부와 자치단체가 나서야겠지만, 이들은 재일조선인에게 인종주의 정책을 행사해온 당사자이기도 하다. 이런 마당에 재일조선인 당사자가 안심하고 차별을 호소할 수 있을까?

일례로 법무성의 인권 상담창구를 들겠다. 여기에서는 '인권침범' 상담을 받고 있지만, '차별피해'라는 카테고리는 존재하지 않는다. 피해자가 호소했을 때, 법무성은 가해자 측의 변명을 들은 후 조사하고, 그 결과 인권침해가 있었다고 인정되지 않으면 움직이지 않는다. 반년 이상이나 걸리는 경우도 있다. 그리고 차별로 인정되어도 법무성에서 할 수 있는 것은 최고 '훈계'에 그친다. 법적 구속력은 없고, 가해자가 따르지 않으면 그뿐이다.

이러한 상황이므로 국가·자치단체에 피해 상담창구에 대한 확충을 요구하면서도 실제로는 NGO와 당사자 단체가 하는 수밖에 없다.

ARIC에서는 인터넷으로 재일조선인에 대한 인종주의를 상담하고 있다. 상담 내용 중에는 심각한 것이 많다. 직장이라는 피할 수 없는 환경에서 인종적 괴롭힘racial harassment(인종적 편견에서 발생하는 괴롭힘—옮긴이)과, 혐오표현을 보고 잠을 잘 수 없다거나 여권을 만드는 방법을 모른다는 등 가지각색이다.

이 상담 활동도 NGO가 하는 것만으로 끝난다면, 반인종주의 규범의 형성으로 이어지지 않는다. 물론 피해 상담 내용은 비밀이 보장된다. 그렇지만 경험을 축적하고 차별의 현장에서 보이는 구체적인 인종주의 실태를 사회에 '보이게' 하는 것은 반인종주의 규범을 형성하는 데 결정적으로 중요한 것이다.

ARIC가 중시하는 것은 법무성 인권 상담창구다. 상담자가 희망할 경우에는 ARIC의 상담원이 법무성으로 동행하여 상담창구를 이용한다. 국가의 상담창구를 이용하면,

① 국가가 그 피해를 '듣게' 된다. 무시당하면 법무성이 피해를 무시한 사례가 된다.

② 국가가 움직이면 그것으로 의미가 있다.

③ 반대로 차별 상담을 소홀히 했을 경우, 그 '증거'가 남기 때문에,

④ 국가가 차별을 방치하는 것을 사회 문제로 삼는 회로를 만들 수 있다.

이것이 축적되면, 현행법으로는 인종주의에 전혀 대처할 수 없다는 명백한 증거가 쌓이는 것이다. NGO와 변호사, 유엔이 이것을 이용하는 것이 가능해진다.

그러나 피해의 보살핌이라는 관점에서는 매우 심각한 상황이다. 재일조선인 피해자들의 동기부여를 위해, 민족단체(일본인도 참가하는 ARIC는 그렇지 않지만)가 하는 역할이 크다는 것을 지적해두고 싶다.

여러 가지 비판이 있기는 하지만, 같은 재일조선인끼리 안심하고

만날 수 있는 공간이 본인의 힘을 키우는 데 도움이 되는 경우도 있다. 민족단체 네트워크만이 할 수 있는 일이 있기 때문에, 그들 민족단체와 NGO와 전문가가 협력할 필요가 있다.

③ 반인종주의 교육

반인종주의 교육도 중요한 문제다. 사회교육은 반인종주의 규범을 형성하는 데 꼭 필요함과 동시에, 젊은 소수자가 학교 교육의 장에서 인종주의 피해로부터 몸을 지키기 위해서도, 또 다수자 측의 젊은이들이 차별을 목격했을 때 저지시키기 위해서도 필요하다.

학교에 다니는 재일조선인을 비롯한 재일외국인은 현재 인종주의에 대해 어떤 방어도 할 수 없다. 인종주의가 원인인 이지메와 폭력행사도 다수 보고되고 있다. 또 심각한 문제는 교사에 의한 차별이 횡행하고 있다는 것이다. ARIC에도 도쿄 도내의 공립학교에 다니는 미국 국적의 아동이 선생님에게 반 학생이 모두 보는 앞에서 모욕당한 사건이 보고됐다. 본래라면 교칙에 차별과 폭력 금지 조항을 넣어야 한다.

학생들은 인권과 역사 '지식'을 배우기 전에 무엇이 차별이고 아닌지를 구별하는 법을 알아야 한다. 인터넷이 발달한 요즘은 누구나 인종주의를 겪는다. 따라서 살아가면서 인종주의를 당하거나 목격할 경우 어떻게 해야 하는지 대처법을 알아야 한다.

내가 예전에 실시한 혐오표현 피해조사에 따르면, 인터넷에서 혐오표현 피해를 당한 젊은이는 70퍼센트 이상이었고, 60퍼센트 이상이 일주일에 한 번은 피해를 당했다. 지금의 젊은이들에게 인종주의와 혐오표현은 '직면할지도 모르는' 것이 아니라, '반드시 직면하는' '일상사'가 된 것이다. 그럼에도 학교 교육에서는 인종주의 대처법을 가르치는 프로그램이 없다.

이것도 정부와 자치단체가 솔선해서 해야 하는 것이지만, 시간이 걸릴 것이다. 그렇기 때문에 NGO와 당사자 단체가 솔선해서 추진해 나가야 할 것이다.

ARIC에서는 대학이나 고등학교 등으로 학생 강사를 파견한다(출장 강사 파견 의뢰는 ARIC 연락처로). 동시에 반인종주의 교육을 위한 프로그램과 교재 만들기를 학생, 원생, 연구자가 함께 추진한다.

또 대처법을 넘어, 이 책에서 다루는 것과 같은, 조선 식민지 지배와 아시아 침략의 역사, 재일조선인에 대한 인종주의 등 재일조선인의 역사와 인권, 인종주의와 관련한 지식을 습득할 기회가 필요하다. 이것들도 현재의 상황에서는 정부가 알아서 해주기를 기대할 수 없다. 시민의 손으로 기회를 만들고, 교육 기회를 늘리는 것이 중요하다.

반복하는 것이 되겠지만, 중요한 점은 교토대 생협의 사례에서 보았듯이 개별 인종주의를 때리는=두더지 때리기가 아니라, 보편적인 반차별 규범을 어떻게 시민사회에 보급할 것인가 하는 것이다. 이 점을 구체적으로 모색해 나가야 한다.

2. 역사부정 규범의 형성

혐오표현의 증가를 막으려면 반역사부정의 규범을 형성하는 것도 필수불가결하다.

어려운 문제: 일본에서 반역사부정 규범을 어떻게 쟁취할 것인가

그렇지만 이것은 어려운 문제다. 반인종주의의 경우 재일조선인과 역사에 대해서 잘 모르더라도 '차별은 이상하다'고 여길 수 있다. 그렇지만 역사부정에서는 '역사는 잘 모르지만, 그것은 이상하다'라고 말하기 어렵다. 왜냐하면 역사부정에 대항하는 규범을 만들기 위해서 정의와 전형적인 사례를 모으려고 해도 중요한 아시아 침략의 역사를 배울 기회가 압도적으로 적으며, 또 일본 정부와 자치단체가 공식 인정한 아시아 침략의 역사가 거의 없기에 공공기관에 반역사부정의 기준을 요구할 수 없기 때문이다.

이런 상황에서 반역사부정 규범을 형성하려면 어떻게 하면 좋을까? 어렵지만 시론을 서술하고자 한다.

개인적으로는 위의 이유에서, 반인종주의 규범 형성을 위한 단일 이슈 투쟁이 중요한 전략적 발판이 된다고 생각한다. '역사는 잘 모르지만, 차별은 이상하다'라는 한 가지 점에서도, 지금의 역사부정과 싸울 수 있기 때문이다. 비교적 장벽이 낮은 반인종주의의 입장에서 역사부정과 싸운다는 한 단계를 거치는 것은 일본에서 장벽이 높은 반역사부정 규범 형성의 실천적 의의를 널리 호소하기 위한 필요조건이 될 것이다.

사죄와 법적 책임 전에 진실규명과 사실 인정을

제4부에서 지적했지만, 전후 보상 문제 '해결'에는 ① 진상규명, ② 법적 책임의 인정(위법성의 인정), ③ 법적 책임의 이행(형사에서는 책임자 처벌·공적 규범 형성, 민사에서는 피해자 개개인에 대한 사죄·배상을 포함한 인권회복), ④ 재발 방지책(역사 연구·교육과 혐오표현 규제 등)이 포함된다. 그중에서도 ②가 결정적인데, 거기에는 ① 진상규명을 정부가 실시하거나, 분명해진 역사적 사실을 일본 정부가 공식적으로 인정할 필요가 있다.

일본군 '위안부' 문제를 비롯하여 일본 정부가 전후 보상에 진지하게 대처하지 않는 것은 정권 담당자에게 그럴 의사가 없기 때문만은 아니다. 그것은 국가가 사죄·배상을 하기 위해 꼭 필요한 ②의 법적 책임과 그 조건이 되는 ① 진상규명 실시를 정부가 인정할 수 없기 때문이다. 표현을 달리하면 일본 정부가 사죄와 배상을 거부하고 있다기보다는 법적 책임과 그 전제가 되는 진상규명 착수를 완곡하게 거부하고 있다.

역사부정 규범을 만드는 데는 법적 책임 인정을 위한 진상규명을 정부가 실시하고, 우선은 사실을 인정해야 한다. 그것을 위해 무엇을 할 수 있을까?

소박한 대처겠지만, 연구자·전문가가 협력하여 ①의 '진상'을 정부에 지속적으로 요구하며 정부가 숨을 곳을 찾지 못하게 하고, 동시에 ④의 역사교육을 시민사회에서 선행시키는 것이 중요할 것이다.

기본적인 역사적 사실이 무엇인지를 어쨌든 양적으로 넓히는 일도 중요하다. 올바른 역사적 사실을 세상에 알리고, 정치공간에서의 역사부정을 비판하는 작업은 역시 역사 연구자와 저널리스트를 중심으로 해나가야 할 것이다. 무엇보다 국가가 사실을 인정하게 하는 것이 중요하다.

그리고 역사교육이지만, 교육 현장은 전보다 더 비민주적으로 되어가고 있다. 교육 현장에 기대할 수 없다면, 시민 차원에서 나서야 할 것이다.

3. '위로부터의 차별선동'에 어떻게 대항해야 하나

'위로부터의 차별선동'에 대항하는 것에 대해 생각해보자. 1990년대부터 20년 이상이나 계속되고 있는 정치공간으로부터의 인종주의 선동을 어떻게 저지해야 할까? 극우 의원의 운동을 어떻게 규제할 것인가? 인종주의와 역사부정에 의해 표가 모아지는 듯한 구조를 어떻게 타파할 것인가?

실은 반인종주의 규범과 반역사부정 규범을 축적해가는 것으로, 이 정치공간으로부터의 차별선동을 억제하는 것은 어렵다.

왜냐하면 첫째로, 인종주의와 역사부정을 정치공간에서 드러나게 해도 시민사회에 대한 인종주의 선동이 일어나기 때문이다. 이것은 구미의 사례를 보면 분명하다. 예를 들어 프랑스 정부가 파리 동시공격(2015년 11월) 후에 '테러와의 전쟁'을 외치면서 인종주의 폭력이 급증했다. 국가와 지자단체에 의한 호전적 정책 등에 의해(직접적인 인종주의와 역사부정이 아니어도), 시민사회의 인종주의는 좋든 싫든 선동된다. 미국에서 9·11 이후 테러와의 전쟁에 의해 이슬람공포증이 끝없이 증대한 것으로도, 그것은 입증된다.

둘째, 애초에 일본의 민주주의가 매우 빈약하여, 반인종주의 이전에 민주적인 정책을 실현시키는 대중적 기반을 가진 야당 정당도 존재하지 않고, 그것을 만들 만큼 시민사회의 역량도 지금은 없기 때문이다.

이러한 상황에서 반인종주의는 종합적인 민주주의를 겨냥하는 다양한 인권보호 활동과 사회운동의 연대를 통해서, 건전한 민주주의를 육성한다는 과제를 수행하지 않고서는 성공할 수 없다.

이를 대전제로 할 때, 그렇다면 반인종주의의 입장에서는 무엇을 할 수 있을까? 그것은 반인종주의 규범을 만든다는 운동 과제 속에서, 특히 정치공간에서 행해지는 인종주의를 더욱 엄격하게 감시·비판하고, 이것을 간과하지 않는 것이다.

ARIC에서는 정치가·정당에 의한 인종주의(혐오표현에서부터 역사부정까지를 포함한다)를 감시하고 기록하는 데이터베이스와 사이트를 준비 중이다(2016년 6월 22일에 공개했다. 7월 16일 현재 1,008건의 사례가 검색 가능. http://antiracism-info.com/database_home).[1] 제2부와 제4부에서 보았듯이, 일본의 국회·지방의원과 정당은 혐오표현을 일상적으로 반복하고 있다. 이시하라 신타로와 유신회에서 제명된 니시무라 신고西村眞悟, 자민당의 나카야마 나리아키中山成彬 등은 그들의 혐오표현을 정리한 것만으로도 책 한 권은 되지 않을까 싶다. 그들 정치인에 의한 혐오표현과 인종주의 사례를 학생 자원봉사자들이 분담하여 찾아내고 동시에 현재진행형으로 감시하고 조사하고 있다. 발견하면 기록하여 올리는 사이트다.

정치공간에서의 혐오표현은 시민사회에서의 그것보다 몇 배나 위험하다. 정치인의 차별을 감시하고 망라하여 사람들에게 주의를 환기하고, 인종주의 실태를 '가시화'하며, 동시에 인종주의의 움직일 수 없는 증거를 축적하여 NGO·전문가·의원·매스컴이 반인종주의 실천에 이용할 수 있도록 해야 한다. 역시 독자들의 협력을 바란다(현재 데이터 입력, 정리, 확인과 영어 번역을 하는 학생 자원봉사자를 모집하고 있다. 관심이 있는 분은 ARIC 연락처로).

인종주의의 제도화·정치화에도 주의를 기울여야 한다. 제3부에서 혐오표현의 특징으로 들었지만, 혐오표현이 어디까지나 인종주의 운동으로서, 그것도 정치공간과 시민사회 인종주의를 연결하는 운동으로서 활성화하는 일에 최대한 집중해야 한다. 정치인 데이터베이스에서는 정치인과 인종주의자들과의 연결 등도 수집하여 정보를 보여주고 싶다.

일찍이 조고생 습격사건 때 반공주의 정치폭력이 인종주의를 조직한 것처럼, '위로부터의 차별선동' 효과가 이대로 계속될 경우 그 영향을 받으며 지속적으로 조직된 인종주의 운동이 정치적으로 폭력을 행사하게 될 것이다.

'위로부터의 차별선동'의 뿌리를 잘라내기 위해서라도, 먼저 일반적인 민주주의를 쟁취할 필요가 있다. 이는 물론 장기적인 과제가 되겠지만, 일본형 기업사회를 기업 횡단적인 조합과 그 밖의 사회운동으로 개편하여, 복지국가를 만들게 하는 것이기도 하다. 동시에 반인종주의 규범을 형성하는 과정에서 특히 위로부터의 인종주의와 역사부정을 감시·비판하고, 철회·처분하도록 해야 한다. 그리고 인종주의 운동을 감시하고, 정치공간과 시민사회와의 인종주의 운동의 결합을 철저히 경계해야 할 것이다.

맺으며: 반인종주의를 넘어서

일본의 혐오표현은 기존의 재일조선인에 대한 인종주의와의 연속성을 가지면서도, 그것과 구별되는 이질적이고 차원이 다른 위험성을 가진 인종주의 현상이다. 그렇기 때문에 이것을 방치하면, 소수자를 철저하게 파괴하는 데 그치지 않고, 가해자 개인뿐만 아니라 다수자 집단 측의 인격·도덕성도 부패시키고, 결국에는 민주주의와 사회를 파괴한다.

일본의 혐오표현 증가를 방지하기 위해서는 반인종주의 1.0을 획득해야 한다. 그것은 앞에서 지적한 재일조선인의 절대적이라고도 할 수 있는 침묵 상황을 시정하기 위해 필요한 세 가지 인권규범—① 일반적 인권규범, ② 반인종주의, ③ 반역사부정—가운데 하나에 지나지 않는다. 그럼에도 반인종주의 규범을 쟁취하면, 다수자와 소수자의 공통언어로서도, 또 재일조선인을 보호하는 방패로서도 충분하지는 않지만 첫 번째 발판이 될 수 있다.

제5부에서도 썼지만, '반인종주의'란 기본적으로는 인권규범의 형성(가해자 처벌, 피해자의 인권회복, 재발 방지를 위한 교육 등)이라고 할 수 있다. 요컨대 반인종주의는 인종주의가 일어났을 때 어떻게 할지에 대한 사후책이거나 최선의 경우 예방책에 지나지 않는다. 이 책에서 논하는 것은 '인종주의가 최악의 폭력으로 발전하는 것을 어떻게 억제할 것인가' 하는 물음에 대한 답이다.

그렇지만 진짜 과제는 인종주의가 일어난 사회적 조건을 바꾸는 것이다. 근본적으로는 인종주의가 필연적으로 폭력으로 이어지는 근대사회를 어떻게 할 것인가 하는 문제와 마주해야 된다. 반인종주의는 '반인종주의'만으로는 충분하지 않은 것이다.

도대체 왜 인종주의는 태어난 것인가? 사람은 왜 차별을 하는 것인가?

이것은 일본뿐만 아니라 전 세계 사람들이 고민하고 있는 물음이고, 전 세계의 인문학과 연구자들이 필사적으로 매달리고 있는 현실적인 문제이기도 하다(제4부에서 반인종주의 2.0의 과제로 삼은 것은 이것이었다).

이 물음에는 여러 가지 해답이 있을 수 있겠지만, 역시 중요한 점은 자본주의와 국민국가라는 근대가 낳은 문제 중 하나로 다룰 필요가 있을 것이다. 반인종주의 1.0을 획득한다는 과제에 임하면서, 병행하여 근대의 과제, 세계를 집어삼키고 있는 신자유주의에 대한 저항과, 계속되는 식민지주의 극복이라는 근본적인 과제에 대처하는 것이 중요하지 않을까.

지은이의 말

개인적인 이야기이지만, 나에게는 아직 어린 조카가 있다. 「파워레인저 애니멀포스動物戦隊ジュウオウジャー」와 포도를 아주 좋아하는 그 아이는 경찰관이 되는 것이 꿈이다. 멋지기 때문이란다. 할머니(나의 어머니)와 산책하며 파출소 앞을 지나갈 때, 그 아이는 등을 돌려서 경례를 해보였다. 경관은 웃으며 경례를 해주었다. 조카는 흥분했다. 신이 난 조카는 파출소를 지날 때마다 경례를 한다.

어머니는 마치 그것이 보람인 듯 열심히 설명했다. 그 말을 들으며 나는 복잡한 기분이 들었다. 경찰은 재일조선인(요컨대 아이와 아이의 주변 사람들)을 탄압하는 쪽에 있다. 조카를 "죽이라"고 연호하는 추악한 혐오표현이 일어날 때마다 경찰은 눈앞에서 보면서도 방관하고 오히려 경호하는 입장에 있다. 반면 조카는 동경하는 경찰에게 탄압당하고 인종주의자로부터 "죽여라"라는 말을 듣는 쪽에 있다. 무엇보다도 일본에서는 일본 국적이 없으면 경찰관이 될 수 없다.

나중에 조카가 커서 이 사실을 알았을 때, 어떤 생각을 할까? 이 같은 잔혹한 현실을 조카의 부모와 주변 어른들은 아이에게 어떻게 설명해야 할까? 애초에 조카—와 조카 같은 어린이 세대의 재일조선인들—는 인종주의로 최악의 경우 목숨을 빼앗길 수도 있을 만큼 위험한 일본 사회에서, 어떻게 하면 비뚤어지지 않고 인간답게 살아갈 수 있을까? 재일조선인은 이 같은 물음에 매일 고민하며 사는 수밖에 없다.

일찍이 재일조선인이 민족차별에 저항하는 것은 '보다 잘 살기' 위한 적극적인 선택지였다. 물론 지금도 마찬가지일 것이다. 그렇지만 혐오표현 증가 현상은 이제 '보다 잘살아야겠다'는 호소를—적어도 나에게는—허용하지 않는다. 같은 재일조선인에게는 어쨌든 '자신을 죽이지 말고 살아달라'고 하는 수밖에 없게 됐다. 혐오표현의 증가는 재일조선인에게 무엇보다도 생존권—'건강하고 문화적인 삶' 훨씬 이전의 생명과 재산을 지킨다는 의미의—을 뿌리부터 위협하는, 인종주의 폭력 시대의 도래를 의미한다.

이 책을 마칠 즈음인 7월 26일 오전 11시 30분이 지날 무렵 가나가와현 사가미하라相模原시의 지적 장애인 시설인 쓰쿠이야마유리엔津久井やまゆり園에 칼을 든 남자가 침입하여 장애인과 시설 직원 26명에게 중경상을 입히고, 19명을 살해한 사건이 일어났다. 범인은 예전에 이 시설에 근무했던 우에마쓰 사토시植松聖(26세)였다. 사건이 일어나기 5개월 전인 2월 중원의장 앞으로 쓴 편지에는, "내 목표는 중복장애인들이 가정에서의 생활 및 사회적 활동이 매우 곤란한 경우, 보호자의 동의를 얻어 안락사할 수 있는 세상입니다"라는 내용이 있었다. 그리고 범행 현장에서는 직원에게 "이야기할 수 있는가?"라고

확인한 후 중증장애인만을 선별하여 살해했다.

아직 밝히지 못한 점은 많다. 그렇지만 사건이 매우 의도적이고 계획적으로 일어난, 장애인에 대한 차별 범죄(증오범죄)이며, 인종주의 폭력인 점은 부정할 수 없다(81쪽의 '생물학적 발상에 기초한 인종주의' 참조).

위의 편지는 이렇게 끝맺고 있다. "일본과 세계평화를 위하여, 아무쪼록 잘 부탁드립니다. … 아베 신조 님과 면담할 수 있기를 진정으로 바라고 있습니다." 요컨대 범인은 아베 정권이라면 장애인을 말살해야 한다는 자신의 차별사상을 이해할 것이라고 생각한 것이다. 이 사건은 제5부에서 서술한 '위로부터의 차별선동'이 인종주의 폭력으로 연결되는 사회적 회로가 만들어졌음을 여실히 보여준다고 생각한다. 정치인에 의한 혐오표현 발상과 아베 정권의 존재는 비비오르카가 말하는 "가해자의 눈에는 폭력이 정당하게 비치는 듯한 조건"(90쪽 참조)이 아닌가?

언론들은 이 사건을 '대량살인'으로 보도할 뿐, 차별에 대해서는 침묵했다. 정치인들도 대부분 입을 다물고 있다. 이 사건은 형사재판을 받는다고 하더라도, 장애인 차별과 인종주의·제노사이드로서는 다루어지지 않을 가능성이 있다. 이대로라면 이 사건은 먼 훗날까지 차별선동 효과를 계속 발휘하는 것은 아닌지 정말 두렵다.

차별은 사람을 죽인다. 이것은 과장도 경고도 아니다. 차별이 목숨을 빼앗는 사회적 회로가 형성된, 혐오표현 빈발 시대인 일본의 현실이다.

가게쇼보影書房 편집부가 집필을 제안했을 때 나처럼 배움이 얕고 재주가 없는 사람보다 더 적임자가 있지 않을까, 그리고 그해에 마침 대학원(석사과정 1년째)에 들어갔기 때문에, 조금 더 연구를 해서 집필하면 어떨까 하고 주저했다.

그렇지만 혐오표현이 증가하는 현상은 생각하면 생각할수록 엄청나게 심각한 것 같았다. 그 원인도 혐오표현 이전의 인종주의가 '보이지 않는' 사회와, 일본 정부의 인종주의 정책에 있다고 생각할 수밖에 없었다. 그러나 중요한 지식인과 저널리스트, 그리고 선배 활동가들로부터는 극히 일부를 제외하고 납득이 가는 분석과 이론이 아무리 기다려도 나오지 않았다.

혐오표현의 증가 현상은 기존에 존재하던 반차별운동과 이론의 막다른 곳을 속속히 드러내는 것 같았다. 혐오표현의 증가 현상을 잘못 이해하고 있는 것은 차별에 대한 이해가 잘못되어 있기 때문이 아닌가? 그렇게 계속 자문했다. 대학 시절부터 민족차별(당시는 인종주의라는 말을 사용하지 않았다)을 없애기 위해서, 작은 일이지만 운동에 발을 담아온 내게 혐오표현 특유의 조소는 지금까지 내가 해온 모든 활동을 그 의미와 함께 완전히 부정하는 것이었기 때문이다. 다시 공부할 만큼, 나는 운동과 이론을 근본부터 재검토할 필요를 느꼈다. 민족운동의 활동가가 아니라 대학생, 대학원생, 연구자에 의한 NGO로서 ARIC를 설립하고, 대학원에도 입학하게 된 것은 그 때문이다.

혐오표현이 등장하여, 나는 시론이지만 이 책을 쓰고 세상에 질문을 던지면서 전혀 새로운 반차별 실천을 해야 하는 상황에 내몰렸다.

차별이 사람을 죽이지 않고는 못 배기는, 물러설 곳 없는 현실을 앞에 두고, 우리는 도덕이나 이념으로의 회귀와 타자에 대한 상상력 환기만을 외칠 수는 없다. 구체적으로 인종주의가 폭력으로 이어지는 사회적 회로를 특정하고, 그것을 없애기 위한 방안을 생각한다는 기초 작업이 꼭 필요하다. 미약하지만, 그러한 의도가 잘 전달됐는지는 독자들의 판단에 맡긴다.

이 책은 대부분 새로 집필한 것이지만, 일부는 『도쇼신문圖書新聞』(3210호 외)에 연재됐던 글과 문화센터 아리랑의 기관지인 『아리랑통신』(52호)에 기고한 것을 대폭 가필·수정한 것을 포함했다.

이 책의 일본어판 제목 '일본형 혐오표현이란 무엇인가'를 붙일 때에 참고한 책이 두 권 있다.

하나는 히구치 나오토樋口直人의 『일본형 배외주의日本型排外主義』다. 히구치는 "일본형 배외주의란 이웃나라와의 관계에 의해 규정된 외국인 배척 움직임을 가리키며, 식민지 청산과 냉전에 입각한 것이다"라고 썼다. 그리고 "외국에서 배외주의를 낳는 요인인 외국인 증가와 일자리 경쟁은, 일본형 배외주의를 설명할 때는 그다지 중요하지 않다"라고 했다.[1]

나는 히구치가 『일본형 배외주의』에서 하고 있는 주장에 전적으로 동의하지는 않지만, 일본의 배외주의가 서구의 경우와 비교해도 특수한 형태로 나타나고 있다는 점을 강조하는 입장에는 공감한다.

또 하나는 기노시타 다케오와 고토 미치오의 일본형 기업사회의 분석이다. 혼미한 가운데 탐독한 책 속에서, 일본이 동일(가치)노동 동일임금이라는 최소한의 평등 기준조차 존재하지 않는 실업사회(기노시타 다케오)이며, 성별과 연령 외에 각종 차별을 내포한 일본 고용체제가 사회적 규범이 되고 있다고 설명하는 기노시타의 저작에서, 나는 그것이야말로 일본에서 반차별운동이 의지할 수 있는 사회적 평등 규범의 형성을 방해하고 사회운동이 그토록 고전苦戰할 수밖에 없었던 특수한 사회적 조건이라는 사실을 알았다. 특수한 일본형 기업사회에서 빈발하는 인종주의 선동과 혐오표현은 특수한 모습을 가지지 않았을까 하고 생각하며, 그것이 반은 놀이처럼 비웃으면서 제노사이드 선동을 반복하며 극도로 반인간적인 형태로 나타나는 이유도, 전부는 아니지만 처음으로 언어로 표현할 수 있었다.

동아시아의 냉전 구조와 계속되는 식민지주의, 평등원칙이 없는 일본형 기업사회가 낳은, 최악의 인종주의 폭력 현상으로 드러나는 일본의 '혐오표현' 증가 상황을, 구미에서 차별금지법을 정비해도 역시 대처하기 어려운 차별언어/선동을 가리키는 '혐오표현'이라는 말로 표현하고 논의하는 것에 강한 위화감을 느낀다. 이 책에 볼품없지만 '일본형 혐오표현이란 무엇인가'라는 제목을 붙인 까닭이다.

마지막으로, 이 책을 쓰는 데 여러 사람의 협력과 지원, 그리고 지도를 받았다. 그들 모두에게 감사를 드린다. 모든 분의 이름을 열거할 수 없지만, 특히 히토쓰바시대학 언어사회연구과의 주主 세미나 지도교수인 우카이 사토시鵜飼哲 선생님과 부副 세미나 지도교수인 이연숙 선생님을 언급하고 싶다. 이분들은 ARIC 활동으로 가끔 대학원에 나갈 수 없을 때도, 기회 있을 때마다 여러 가지로 지도를 해주신다. 가게쇼보 편집부는 나에게 이 책을 집필할 기회를 주고, 기탄없는 의견과 끈질기고 꼼꼼한 편집 작업을 하여, 결코 쉽지 않은 이 책을 가능한 한 읽기 쉽게 하려고 많은 노력을 기울여주었다. 그리고 대학 입학 이후 민족차별 반대운동과 그 밖의 활동·연구를 함께해 온 친구들과의 10년 넘게 이어진 논의가 없었다면 이 책을 쓰지 못했을 것이다. 특히 힘든 상황에서, ARIC을 설립한 멤버들과 함께 어떻게 하면 혐오표현이 빈발하는 상황을 타개할 수 있을까 하는 문제와 씨름하며, 학생과 대학원생들로 구성된 반차별 NGO가 나갈 길을 만들어가는 작업은 이 책의 곳곳에 반영됐다.

이 책이 힘든 상황 속에서도 인종주의와 싸우는 사람들에게 실천의 무기로서 도움이 되기를 바란다.

2016년 8월 31일

지은이 량영성

미 주

한국어판 머리말

1. 관심 있는 독자는 中村一成, 『ルポ 思想としての朝鮮籍』, 岩波書店, 2017 참조.
2. 허호준, 「일본인도 밟는 한국 땅, 조선적 동포는 막나요?」(http://www.hani.co.kr/arti/PRINT/803201.html.), 『한겨레신문』 2017년 7월 17일 자.
3. 조순형, 「외교부, '조선적 재일동포' 방한 모호한 불허규정 없애」(http://www.yonhapnews.co.kr/nk/2018/01/23/4807070000AKR20180123078400014.HTML), 『연합뉴스』 2018년 1월 23일 자.
4. 일본 사회운동의 쇠약함에 대해서는 제5부 제1장 「반인종주의 규범의 결여」를, 일본형 기업사회 분석은 이 책 말미의 참고자료에 소개한 『일본 노동운동의 새로운 도전: 21세기 일본의 노동운동론』(기노시타 다케오, 임영일 옮김, 노동의 지평, 2011)를 참조.
5. http://www.farenet.org/wp-content/uploads/2017/06/Global-guide-to-discriminatory-practices-in-football-low-res.pdf 참조.

서장: 전후 일본이 처음 경험한 인종주의의 위험성 앞에서

1. 「'デモ' 1152件 12年以降, 29都道府縣で法務省初調査」, 『毎日新聞』 2016년 3월 31일 자.
2. 木下武男, 「同一勞動同一賃金を實現するジョブ型世界」, 『POSSE』 31호, 56쪽, 2016년 6월.
3. '익명 이력서, 이민·여성에게 플러스 효과', 노동정책연구·연수구성 웹사이트, 2012년 7월. http://www.jil.go.jp/foreign/jihou/2012_7/german_02.html.
4. 師岡康子, 『ヘイト·スピーチとは何か』, 岩波書店, 2013.

제1부 지금 무슨 일이 일어나고 있는가: 일본의 혐오표현의 현상과 특징

1. 板垣龍太, 「朝鮮學校への嫌がらせ裁判に對する意見書」, 『評論 社會科學』

105호, 同志社大學, 2013.

2. 安田浩一, 『ネットと愛國: 在特の'闇'を追いかけて』, 講談社, 2012; 桶口直人, 『日本型排外主義: 在特會·外國人參政權·東アジア地政學』, 名古屋大學出版會, 2014 참조.

제2부 인종주의란 무엇인가, 차별선동이란 무엇인가: 차별을 '가시화'하기 위하여

제1장 인종주의란 무엇인가: 인종주의의 '가시화'

1. 師岡康子, 『ヘイト·スピーチとは何か』, 岩波書店, 2013, 48쪽.
2. 인종차별철폐국제조약 제1조 제1항, 외무성 웹사이트에서 발췌. 이 조약문 인용은 이하 같음.
3. 유엔 인종차별철폐위원회 일반 권고 제30호, 휴라이트 오사카 웹사이트 http.//www.hurights.or.jp/archives/opinion/2004/03/posr-4.htmi에서. 이하, 다른 권고에 대해서도 마찬가지다.
4. 光信一宏, 「フランスにおける元植民地出身兵に對する軍人年金に係る國籍差別と平等原則」, 『愛媛法學會雜誌』, 愛媛大學法學會編集委員會 編, vol. 38, 2012년 1월.
5. A メンミ(Albert Memmi), 『人種差別』, 菊地昌實 譯, 法政大學出版, 4쪽.
6. 자세한 내용은 遠藤正敬, 『戶籍と國籍の近現代史』, 明石書店, 2013 참조.
7. 岡本雅享 編著, 『日本の民族差別: 人種差別撤廢條約からみた課題』, 明石書店, 2005, 351쪽.
8. ミシェル フーコー, 『社會は防衛しなければならない』, 石田英敬·小野正嗣 譯, 筑摩書房, 2007, 253쪽.
9. 이상 ミシェル フーコー, 『知への意志』, 渡辺守章 譯, 新潮社, 1986.

제2장 차별선동이란 무엇인가: 인종주의의 발전을 보이게 하다

1. ヴィヴィオルカ, 『レイシズムの變貌』, 森千香子 譯, 明石書店, 2007, 84쪽.
2. 같은 책, 84~85쪽.
3. 같은 책, 102쪽, 〔그림 6〕 참조.
4. 民族差別と闘う關東交流集會實行委員會 編, 『指紋押捺拒否者への'脅迫狀'を讀む』, 明石書店, 1985.

5. 前田朗,「ヘイト·スピーチを理解するために」, 前田朗 編,『なぜ, いまヘイト·スピーチなのか: 差別, 暴力, 脅迫, 迫害』, 三一書房, 2013, 21쪽.

제3장 소수자로서의 재일조선인: 인종주의와 차별선동의 비가시화가 가져오는 것

1. 제2부 제1장에서 서술한 69쪽 '국적과 인종주의' 부분 및 제3부 137쪽 이하의 '1952년 체제의 성립' 부분 참조.
2. 徐京植,『在日朝鮮人ってどんなひと?』, 平凡社, 2012; 徐京植,『分斷を生きる』, 影書房, 1997 참조.

제3부 실제로 일어난 재일조선인에 대한 인종주의 폭력 사례

제1장 간토대지진 때의 조선인 학살(1923년 9월~)

1. 『潮』 1971년 9월 특별호, 潮出版社, 99~100쪽; 姜德相,『關東大震災·虐殺の記憶』, 青丘文化社, 2003, 159쪽 인용.
2. 和智正孝의 증언, 日朝協會豊島支部 編,『難民の棘』, 日朝協會豊島支部, 1973, 38~39쪽.
3. 姜德相, 앞의 책, 211~212쪽.
4. 같은 책, 143쪽.
5. 玉井ハマ의 증언,『民族の棘』, 14쪽.
6. 姜德相, 앞의 책, 177쪽.
7. 같은 책, 238쪽.
8. "실제 숫자는 약간 적다고 생각된다"(通口雄一,『日本の朝鮮·韓國人』, 同成社, 2002, 124쪽)는 견해도 있다.
9. 『婦人公論』, 1923년 11·12월 합병호, 541쪽: 姜德相, 앞의 책, 4쪽에서도 인용.
10. 中塚明,『これだけは知っておきたい 日本と韓國·朝鮮の歴史』, 高文研, 2002, 95쪽.
11. 桶口雄一,『日本の朝鮮·韓國人』, 同成社, 2002, 103쪽.
12. 朴慶植 編,『在日朝鮮人關係資料集成』 제1권, 不二出版, 2000, 28쪽. 원문은 가타가나.
13. 桶口雄一, 앞의 책, 123쪽.
14. 山田昭次,『關東大震災時の朝鮮人虐殺とその後: 虐殺の國家責任と民衆責

任』, 創史社, 2011, 167~171쪽.

15. 姜德相 編, 『現代史資料』 제6권, みすず書房, 2004, 18쪽.
16. 같은 책, 94쪽.
17. 같은 책, 44쪽.
18. 같은 책, 35쪽.
19. 警視廳 編, 『大正大震災火災誌』, 1925; 姜德相 編, 앞의 책, 23~24쪽부터 재인용.
20. 姜德相 編, 앞의 책, 24쪽.
21. 같은 책, 143~147쪽.
22. 같은 책, 91쪽.
23. 越中谷利, 『越中谷利一著作集』, 東海纖維經濟新聞社, 1971, 772~773쪽; 姜德相 編, 앞의 책, 111~112쪽 재인용.
24. 『久保野茂次日記』; 姜德相 編, 앞의 책, 104쪽 재인용.
25. 山田昭次, 앞의 책, 73쪽.
26. 이상 姜德相 編, 앞의 책, 110쪽 재인용.
27. 같은 책, 109쪽.
28. 같은 책, 88쪽.
29. 神奈川區誌編さん刊行實行委員會 編, 『神奈川區史』, 神奈川區誌編さん刊行實行委員會, 1987년 10월; 姜德相 編, 앞의 책, 161쪽 재인용.
30. 關東大震災六十周年朝鮮人犧牲者調査追悼實行委員會 編, 『かくされていた歴史』(증보보존판), 關東大震災六十周年朝鮮人犧牲者調査追悼實行委, 1987, 61쪽.
31. 姜德相 編, 앞의 책, 제7장 참조.
32. 같은 책, 152~155쪽.
33. 「本庄市長高橋福松の談」, 『かくされていた歴史』(증보보존판), 108쪽; 姜德相 編, 앞의 책, 155쪽 재인용.
34. 姜德相 編, 앞의 책, 제8장 참조.
35. 藤原彰, 「太平洋戰爭と日本帝國主義の崩壞」, 『講座日本史』 제7권, 日本史研究會 編, 東京大學出版會, 1971, 321~322쪽.
36. 姜在彦, 「十五年戰爭期の海外抗日運動」, 『季刊三千里』 제42호, 三千里社, 1974, 249~250쪽.

제2장 GHQ 점령기의 조선인 탄압사건(1945년 8월~1952년)

1. 鄭栄桓, 『朝鮮獨立への隘路: 在日朝鮮人の解放五年史』, 法政大學出版局, 2013, 21쪽.
2. 鄭栄桓, 「'解放'後在日朝鮮人史研究序說(1945~1950)」, 一橋大學博士論文, 2010, 47쪽 이하.
3. 같은 논문, 49쪽.
4. 같은 논문, 52쪽.
5. 鄭栄桓, 앞의 책, 35쪽.
6. 조선인생활권옹호위원회의 조사에 따른 것이다. 鄭栄桓, 앞의 책, 34쪽.
7. 자세한 내용은 이 책 참고문헌에 있는 『梶村秀樹著作集第六巻 在日朝鮮人論』에 수록된 「解放後の在日朝鮮人」과 鄭栄桓, 『朝鮮獨立への隘路: 在日朝鮮人の解放五年史』를 참조하길 바란다.
8. 이하 月刊 『イオ』 編輯部, 『高校無償化裁判: 249人の朝鮮高校生たたかいの記録』, 樹花舎, 2015 등을 참고로 했다.
9. 鄭栄桓, 앞의 책, 2~3쪽.
10. 이에 대해서는 137쪽 이하 '1952년 체제의 성립'에서 상세히 서술한다.
11. 鄭栄桓, 앞의 책 , 257쪽.
12. 같은 책, 256쪽.
13. 자세한 내용은 같은 책, 제8장 참조.
14. 大沼保昭, 『單一民族社會の神話を超えて』, 東信當, 1993, 92, 94쪽.
15. 鄭栄桓, 앞의 책, 5쪽.
16. 이하 梶村秀樹, 「在日朝鮮人にとっての國籍·戶籍·家族」 上·下, 『梶村秀樹著作集第六巻 在日朝鮮人論』, 明石書店, 1993을 참고로 했다.
17. 大沼保昭, 『在日韓國·朝鮮人の國籍と人權』, 解放出版社, 2007, 229쪽.
18. 같은 책, 234쪽.
19. 田中宏, 『在日外國人: 法の壁, 心の溝』(제3판), 岩波新書, 2013, 71~72쪽.
20. テッサ·モーリス·スズキ, 「冷戰と戰後入管體制の形成」, 『季刊前夜』 第I期 第三號, 前夜, 2005.
21. 徐京植, 『在日朝鮮人ってどんなひと?』, 平凡社, 2012 참조.
22. 岡本雅享 編著, 『日本の民族差別: 人種差別撤廢條約からみた課題』, 明石書店, 2005, 38쪽.
23. 朴鐘鳴 編, 『在日朝鮮人の歴史と文化』, 明石書店, 2006, 158쪽.

24. 在日朝鮮人の人權を守る會 編, 『在日朝鮮人の基本的人權』, 二月社, 1977, 27쪽 이하.
25. 金東鶴, 「'高校無償化'制度からの排除: 朝鮮學校に對する差別政策」, 前田朗 編, 『なぜ, いまヘイト·スピ―チなのか: 差別, 暴力, 脅迫, 迫害』, 三一書房, 2013. 59쪽.

제3장 조고생 습격사건(1960년대~1970년대)

1. (한국어판 미주) 당시 '싸움' 중에는, 조고생의 일본인을 대상으로 한 인종주의 폭력도 다수 포함됐다고 한다. 그렇지만 일본의 인종주의가 폭력으로 바뀌는 메커니즘을 분석하고자 하는 이 책에서는 다루지 않았다. 조고생에 의한 인종주의 폭력은 자세하게 조사 연구되지 않은 증언이지만, 金漢一, 『朝鮮高校の青春ボクたちが暴力的だったわけ』, 光文社, 2005가 있다.
2. 在日朝鮮人の人權を守る會 編, 『在日朝鮮人の基本的人權』, 二月社, 1977, 359쪽. 역시 이 책에서는 사건 발생이 '1963년'으로 되어 있지만, 1962년이 맞다.
3. 이하 『朝鮮時報』 1963년 6월 8일 기사. 이 기사는 1963년 5월, 도쿄 조선중·고급학교 학생 피상사건 대책위원회가 정리하여 발표한 '최근 발생한 재일조선인 학생에 대한 상해사건 및 일본 관헌에 의한 간첩 강요사건 등에 관한 자료'의 요지를 보도한 것이다. 역시 조선학교의 초급·중급·고급학교는 각각 초·중·고에 해당한다.
4. 『朝鮮時報』 1963년 6월 8일, 朝鮮時報社.
5. 같은 기사.
6. 在日朝鮮人の人權を守る會 編, 앞의 책, 361~362쪽.
7. 在日朝鮮中·高級生に對する人權侵犯調査團 발행, 1963년 8월.
8. 그 성과는 1977년에 『在日朝鮮人の基本的人權』으로 정리됐다
9. 이하 小澤有作, 「民族差別の教育を告發するもの: 朝高生暴行事件における政治と教育」(『朝鮮研究』, 1970년 7월호 처음 출간, 후에 佐藤克己 編, 『在日朝鮮人の諸問題』, 同成社, 1974에 수록) 참조.
10. 小澤有作, 앞의 논문.
11. 『讀賣新聞』 1970년 6월 12일(15세 여고생의 투고).
12. 『週刊讀賣』 1970년 6월 19일 자 기사에서.
13. A군의 증언. 같은 기사, 18쪽.

14. 在日朝鮮人の基本的人權を守る會準備會, 『在日朝鮮人は理由なしに殺傷されている』, 在日朝鮮人の人權を守る會, 1963, 24쪽.
15. 小澤有作, 앞의 논문, 7쪽.
16. 같은 논문.
17. 徐京植, 『皇民化政策から指紋押捺まで』, 岩波書店 1989, 55쪽 참조.
18. 자세한 내용은 『在日朝鮮人の基本的人權』 등을 참조.
19. 小澤有作, 『在日朝鮮人教育論』, 亞紀書房, 1988, 460쪽.
20. 같은 책, 463쪽.
21. 이 책 154쪽 '조선학교 보조금 삭제와 1952년 체제' 부분 참조.
22. 小澤有作, 앞의 책, 470쪽 재인용.
23. 文初財 제464호.
24. 文普振 제210호.
25. 小澤有作, 앞의 책, 485쪽.
26. 1963년 8월 在日朝鮮中·高校生に對する人權侵犯事件調査團, 『在日朝鮮中·高校生に對する人權侵犯事件調査報告書』, 78쪽.
27. 在日朝鮮人の人權を守る會 編, 앞의 책, 364쪽.

제4장 치마저고리 사건(1980년대~2000년대 전반)

1. 朝鮮時報取材班, 『狙われるチマ·チョゴリ』, 柘植書房新社, 1990, 87쪽.
2. 朝鮮人學生に對する人權侵害調査委員會 編, 『切られたチマ·チョゴリ: 再發防止 事件の根絶をめざして』, 在日朝鮮人·人權セミナーとマスコミ市民, 1994, 12쪽.
3. 이하 朝鮮時報取材班, 앞의 책, 125쪽.
4. 姜誠, 『パチンコと兵器とチマチョゴリ: 演出された朝鮮半島クライシス』, 學陽書房, 1995, 27~28쪽.
5. 같은 책, 28쪽.
6. 朝鮮時報取材班, 앞의 책, 99쪽.
7. 같은 책, 100쪽.
8. 같은 책, 162~163쪽.
9. 人種差別撤廢NGOネットワーク(ERDネット), 『人種差別撤廢委員會 'ヘイトスピーチ'に關するテーマ別討論に向けたNGOからの情報』, 2012년 8월 작성.
10. 在日コリアンの子どもたちに對する嫌がらせを許さない若手辯護士の會, 『在日コリアンの子どもたちに對する嫌がらせ實態調査報告集』, 在日コリアンの子どもたちに對する嫌がらせを許さない若手辯護士の會, 2003.

11. 같은 보고서, 20쪽.
12. 같은 보고서, 20쪽.
13. 같은 보고서, 73쪽.

제5장 혐오표현: 재특회형 인종주의 폭력(2007년~현재)

1. 桶口直人, 『日本型排外主義: 在特會·外國人參政權·東アジア地政學』, 名古屋大學出版會, 2014, 10쪽.
2. 安田浩一, 『ネットと愛國: 在特の'闇'を追いかけて』, 講談社, 2012.
3. 師岡康子, 『ヘイト·スピーチとは何か』, 岩波書店, 2013, 53쪽부터 재인용.
4. 이하 中村一成, 「ヘイト·スピーチとその損害」, 『ヘイト·スピーチの法的研究』, 法律文化社, 2014.

제4부 구미 여러 선진국의 반인종주의 정책·규범을 통해 일본의 어긋남을 가시화한다

제1장 인종차별철폐국제조약형 반인종주의: 유엔과 유럽(독일은 제외)

1. 이하 岡本雅享 編著, 『日本の民族差別: 人種差別撤廢條約からみた課題』, 明石書店, 2005를 참고했다.
2. 자유권 규약 제27조.
3. 岡本雅享 編著, 앞의 책, 18쪽.

제2장 독일형 반인종주의

1. 민중선동죄 제130조, 部落解放研究所 編, 『世界はいま』, ピスソン桐原, 1993, 151~152쪽.
2. 石田勇治, 『過去の克服』, 白水社, 2014, 7쪽. 이하 " " 안의 인용은 이 책에 따른다.
3. 같은 책, 141쪽.
4. 같은 책, 142쪽.
5. 같은 책, 145쪽.
6. 같은 책, 146쪽.

7. 이하 櫻庭総, 「刑法における表現の自由」, 『ヘイト·スピーチの法的研究』, 法律文化社, 2014.
8. 1967년 11월 15일 독일연방 통상재판소 판결(櫻庭総, 앞의 책, 117쪽).
9. 같은 책, 116쪽.
10. 같은 책, 117쪽.
11. 같은 책, 117쪽.
12. 中村一成, 『ルポ京都朝鮮學校襲撃事件』, 岩波書店, 2014, 162쪽.
13. 이상 石田勇治, 『20世紀ドイツ史』, 白水社, 2004, 192쪽.
14. 井關正久, 『ドイツを變えた68年運動』, 白水社, 2005, 23쪽.
15. 같은 책.

제3장 미국형 반인종주의

1. エリック ブライシュ, 『ヘイトスピーチ』, 明石書店, 2014, 196쪽.
2. 辻内鏡人·中條献, 『キング牧師』, 岩波ジュニア新書, 1993, 15쪽.
3. 같은 책, 16쪽.
4. AFP, 2015년 2월 12일 인터넷판. 이하도 이 기사를 참고로 했다.
5. 같은 기사.
6. 같은 기사.
7. 平井久志, 『世界はいま』, ピアソン桐原, 1993, 58~59쪽.
8. 이상 エリック ブライシュ, 앞의 책, 134~135쪽.
9. 같은 책, 136쪽.
10. 같은 책, 136쪽.
11. 辻内鏡人·中條献, 앞의 책, 166쪽.
12. 같은 책, 131쪽.
13. 酒井隆史, 『暴力の哲學』, 河出書房新社, 2004, 54~55쪽 참조.
14. 같은 책.
15. 上坂昇, 『アメリカ黑人のジレンマ』, 明石書店, 1993, 77~78쪽.
16. エリック ブライシュ, 앞의 책, 203쪽.
17. 같은 책, 192쪽.

제4장 구미 여러 선진국의 인종주의와 일본의 현상

1. 岡本雅享 編著, 『日本の民族差別: 人種差別撤廢條約からみた課題』, 明石書店, 2005.
2. 이하 菊池惠介, 「植民地支配の歷史の再審」, 『歷史と責任』, 青弓社, 2008을 참고했다.
3. ナオミ クライン, 『ショック·ドクトリン』, 岩波書店, 2011, 290, 303쪽.
4. ウォーラーステイン, 『史的システムとしての資本主義』, 岩波書店, 1997, 108쪽.

제5부 왜 혐오표현은 계속 빈발하고 있는가: 세 가지 원인

제1장 반인종주의 규범의 결여

1. 木下武男, 『格差社會にいどむユニオン: 21世紀 運動原論』, 化傳社, 2007.
2. 89쪽 4째줄 이하 참조.
3. 岡本雅享 編著, 『日本の民族差別: 人種差別撤廢條約からみた課題』, 明石書店, 2005, 358쪽.
4. 安田浩一, 『ルポ差別と貧困の外國人勞動者』, 光文社新書, 2010 참조.
5. 법무성 통계, 2015년 12월 말.
6. 자세한 내용은 木下武男, 앞의 책; 木下武男, 「東電の暴走と企業主義的統合」, 『POSSE』 제11호, NPO法人POSSE, 2015 참조.
7. 木下武男, 앞의 책, 45쪽.
8. 朴君を囲む會 編, 『民族差別: 日立就職差別糾彈』, 亜紀書房, 1974, 279쪽.
9. 田中宏, 『在日外國人: 法の壁, 心の溝』(제3판), 岩波新書, 2013.
10. 같은 책, 141쪽.
11. 같은 책 참조.
12. 森洋明, 「フランスに於ける移民の現狀と問題點」, 『天理大學おやさと研究所年報學』 제8권, 附属おやさと研究所, 2002.

제2장 '위로부터의 차별선동'

1. 全國私教連調査, 『朝日新聞』 인터넷판, 2011년 11월 5일.
2. 前田朗 編, 『なぜ, いまヘイト·スピーチなのか: 差別, 暴力, 脅迫, 迫害』, 三一書房, 2013, 21쪽.
3. 金東鶴, 「'高校無償化'制度からの排除: 朝鮮學校に對する差別政策」, 前田朗 編, 앞의 책, 55쪽.

4. 前田朗 編,, 앞의 책, 59쪽.
5. 같은 책, 56쪽.
6. 이하 岡本雅享, 「日本におけるヘイトスピーチ擴大の源流とコリアノフォビア」, 駒井洋 監修·小林眞生 編, 『レイシズムと外國人嫌惡』, 明石書店, 2013, 53~56쪽을 참고로 했다.
7. 石原愼太郎, 「永田町紳士淑女を人物鑑定すれば」, 『正論』, 日本工業新聞, 2000년 3월호.
8. 다른 발언에 대해서는 344쪽에서 언급하는 ARIC 인종주의 데이터베이스를 참조.
9. 岡本雅享, 앞의 논문.
10. 古賀光生, 「歐州における右翼ポピュリスト政黨の台頭」, 山崎望 編, 『奇妙なナショナリズムの時代』, 岩波書店, 2015, 155쪽.
11. 같은 논문, 154쪽.

제3장 역사부정

1. エリック ブライシュ, 『ヘイトスピーチ』, 明石書店, 2014 참조.
2. 板垣龍太, 「Q16サンフランシスコ講和條約で賠償問題は解決?」, 日本軍'慰安婦'問題Webサイト制作委員會 編, 『Q&A 朝鮮人'慰安婦'と植民地支配責任』, 御茶の水書房, 2015 등을 참고로 했다.
3. 大藏省財政史室 編, 『昭和財政史』 제1권, 東洋經濟新報社, 1984, 210~211쪽.
4. 같은 책.
5. 高橋哲哉, 『戰後責任論』, 講談社, 1999.
6. 日本の前途と歷史教育を考える若手議員の會 編, 『歷史教科書への疑問』, 日本の前途と歷史教育を考える若手議員の會, 1997, 313쪽.
7. 같은 책.

제6부 혐오표현과 인종주의를 없애기 위해 필요한 것

1. (한국어판 미주) 2018년 2월 10일 현재 4,060건의 사례가 등록됨. 중요한 100개의 사례를 뽑아서 영어 번역판 사이트를 준비 중이다.

지은이의 말

1. 桶口直人, 『日本型排外主義: 在特會·外國人參政權·東アジア地政學』, 名古屋大學出版會, 2014, 204쪽.

참고문헌

ミシェル ヴィヴィオルカ,『レイシズムの變貌: グローバル化がまねいた社會の人種化, 文化の斷片化』, 森千香子 譯, 明石書店, 2007.

安田浩一,『ネットと愛國: 在特會の'闇'を追いかけて』, 講談社, 2012; 야스다 고이치,『거리로 나온 넷우익: 그들은 어떻게 행동하는 보수가 되었는가』, 김현욱 옮김, 후마니타스, 2013.

樋口直人,『日本型排外主義: 在特會·外國人參政權·東アジア地政學』, 名古屋大學出版會, 2014.

在日朝鮮人の人權を守る會 編,『在日朝鮮人の基本的人權』, 二月社, 1977.

姜誠,『パチンコと兵器とチマチョゴリ: 演出された朝鮮半島クライシス』, 學陽書房, 1995.

朝鮮時報取材班,『狙われるチマ·チョゴリ: 逆國際化に病む日本』, 拓植書房, 1990.

中村一成,『ルポ 京都朝鮮學校襲撃事件』, 岩波書店, 2014.

內海愛子·高橋哲哉·徐京植 編著,『石原知事'三國人'發言の何が問題なのか』, 影書房, 2000.

樋口雄一,『日本の朝鮮·韓國人』, 同成社, 2002.

山田昭次,『關東大震災時の朝鮮人虐殺とその後: 虐殺の國家責任と民衆責任』, 創史社, 2011; 야마다 쇼지,『관동대지진 조선인 학살에 대한 일본 국가와 민중의 책임』, 이진희 옮김, 논형, 2008.

姜德相,『關東大震災·虐殺の記憶』, 靑丘文化社, 2003(『關東大震災』, 中公新書, 1975 증보신판); 강덕상,『학살의 기억, 관동대지진』, 김동수 옮김, 역사비평사, 2005.

岡本雅享 編著,『日本の民族差別: 人種差別撤廢條約からみた課題』, 明石書店, 2005.

內海愛子·梶村秀樹·鈴木啓介 編,『朝鮮人差別とことば』, 明石書店, 1986.

大沼保昭,『在日韓國·朝鮮人の國籍と人權』, 東信堂, 2004.

鄭榮桓,『朝鮮獨立への隘路: 在日朝鮮人の解放五年史』, 法政大學出版局, 2013.

鄭榮桓,「'解放'後在日朝鮮人史硏究序說(1945-1950)」, 一橋大 博士論文, 2010.

小澤有作,『在日朝鮮人教育論(歴史篇)』, 亞紀書房, 1973.
金尙均 編,『ヘイト·スピーチの法的研究』, 法律文化社, 2014.
エリック ブライシュ,『ヘイト·スピーチー: 表現の自由はどこまで認められるか』, 明戸隆浩 외 譯, 明石書店, 2014.
田中宏,『在日外國人: 法の壁, 心の溝』(제3판), 岩波新書, 2013.
師岡康子,『ヘイト·スピーチとは何か』, 岩波新書, 2013.
加藤直樹,『九月, 東京の路上で: 1923年東大震災ジェノサイドの殘響』, ころから, 2014.
中塚明,『これだけは知っておきたい, 日本と韓國·朝鮮の歷史』, 高文硏, 2002.
マイノリティ研究會,『各國の人權擁護制度』, 解放出版者, 1995.
ナタン レルナー,『人種差別撤廢條約』, 齊藤惠彦 외 譯, 解放出版社, 1983.
梶村秀樹,『梶村秀樹著作集6券 在日朝鮮人論』, 明石書店, 1993.
部落解放研究所 編,『世界はいま: 諸外國の差別撤廢法と日本』, 部落解放研究所, 1985.
石田勇治,『過去の克服: ヒトラー後のドイツ』, 白水社, 2002.
前田朗,『ヘイト·クライム: 憎惡犯罪が日本を壞す』(증보신판), 三一書房, 2013.
前田朗 編,『なぜ, いまヘイト·スピーチなのか: 差別, 暴力, 脅迫, 迫害』, 三一書房, 2013.
徐京植,『皇民化政策から指紋押捺まで』, 岩波ブックレット, 1989.
木下武男,『格差社會にいどむユニオン: 21世紀勞動運動原論』, 化傳社, 2007; 기노시타 다케오,『일본 노동운동의 새로운 도전』, 임영일 옮김, 노동의지평, 2011.
木下武男·後藤道夫,『なぜ冨と貧困は廣がるのか』, 旬報社, 2008.

옮긴이의 말

1990년대 후반, 나는 잠시 일본 니가타현에서 생활한 적이 있다. 그때 연일 언론에서 보도되었던 일 가운데 놀라웠던 것은 '치마저고리 찢기 사건'이었다. 하얀색 저고리와 검정색 치마는 당시 조선학교 학생의 교복이었다. 이 교복을 입고 등교하는 여학생들에게 일본 남성들이 무차별적으로 달려들어 저고리를 찢는 사건이 연일 보도되었던 것이다. 뉴스를 보는 것만으로도 얼마나 섬뜩하고 무서웠는지 모른다. 또한 민족이 다르다는 이유로 이국땅에서 동포가 겪는 상황을 보며 슬프기도 하고 분노를 느끼기도 했던 감정이 지금도 선명하게 기억난다.

나는 도대체 왜 그런 일이 벌어지는지에 대해 같은 회사에 근무하는 일본인 동료에게 물었다. 그러자 그 동료가 대답하기를, 대포동 미사일 발사로 북한에 대한 공포와 적대감이 일부 사람들에 의해 저런 식으로 표출되는 것 같다며 자기가 부끄럽고 미안하다고 했다. 그 말을 들으니 더 화가 치밀어 올랐다. 자신들이 느끼는 적대감과 공포의 해소 대상을 정치적으로 아무 상관이 없는, 그것도 물리적으로 연약한 어린 학생으로 삼다니, 그 치졸함과 못난 행위에 나는 치가 떨렸다.

북한은 1998년 8월 31일 함경북도 무수단리에서 대포동 1호를 발사했다. 미사일의 유효 사거리 안에 들어 있던 일본열도는 이로 인해 극심한 불안감에 휩싸였고, 일부 일본인들은 다양한 방식으로 그 불안감을 표출했다. 그중 하나가 '치마저고리 찢기 사건'이다.

물론 조선학교 학생들의 치마저고리를 찢는 일은 그전에도 있었다. 북일 관계가 민감해질 때면 어김없이 더 잦아졌을 뿐이다.

그즈음에 일본인들을 분노케 한 사건이 하나 더 있었다. 바로 중학생 요코타 메구미横田めぐみ 납치사건이다. 1977년 11월 15일, 당시 열세 살이던 요코타 메구미 씨가 하교 도중 집 근처에서 실종되었다. 여러 조사 결과, 일본 정부는 이를 단순한 실종이 아니라 북한 공작원에 의한 납치 사건이라고 결론지었다. 1997년 북한 공작원이라고 하는 사람으로부터 요코타 메구미 씨가 공작선에서 살려달라고 울부짖었다는 증언이 나오기도 했다.

시내 어느 백화점 앞에서 마이크를 들고 딸을 돌려달라고 눈물로 호소하던 메구미 씨 아버지의 모습과, 선전 차량을 타고 시내 곳곳을 달리면서 스피커를 통해 북한을 맹비난하던 우익 남성들의 모습이 교차하며 나는 마음이 복잡하기도 했다.

이 일로 인해 일부 일본인들의 북한에 대한 적대감은 극에 달했고, 그 표출은 자신보다 힘없고 어린 학생들에게 집중해서 쏠렸다. 정치와 이념과 상관없는 학생들은 일상의 폭력에 그대로 노출되었다. 이는 민족 차별에 의한 폭력이며 여학생들을 타깃으로 삼은 젠더 차별에 의한 폭력이었다.

그 후 나는 1999년 서울로 돌아왔다. 니가타에서 보았던 일은 항상 숙제처럼 내 기억 한 구석에 자리 잡고 있었다. 일본에 있었을 때는 잘 몰랐지만, 내가 니가타에서 본 사건이 일본의 혐오표현 역사의 한 부분이었다는 것도 부끄럽지만 나중에야 알게 되었다.

저자는 혐오표현을 차별/증오를 선동하는 표현/행위라고 정의했다. 이는 단순히 말뿐이 아니라 폭력이라는 행위로 이어지고 있다.

기회가 있어 일본 인권운동가들을 만날 때마다 그들은 나에게 일본의 혐오표현의 심각성을 얘기해줬다. 특히 재일조선인에 대한 혐오표현의 강도가 얼마나 센지에 대해 적나라하게 설명해주기도 했다. 그들의 이야기를 들으며 일본에서 벌어지고 있는 혐한론의 뉴스가 남다르게 다가왔고, 그 실체에 대한 분석에 갈증을 느끼기도 했다.

그러다가 우연히 2017년 봄에 이 책을 만났다.

재일 교포 3세인 저자 량영성 씨는 현재 재일조선인에 대한 인종주의를 연구하며, 반인종주의 NGO '반인종주의정보센터ARIC'의 대표를 맡고 있다.

이 책은 일본에서 현재 자행되고 있는 혐오표현의 현상만이 아니라, 1923년에 있었던 간토대지진부터 지금의 '혐한론'까지 역사적인 맥락을 따라 가며 일본 사회가 혐오표현에 얼마나 조직적이고 정치적이었는지를 분석한다.

또한 미국과 유럽의 혐오표현과 인종주의 정책 사례를 소개하며, 일본 사회의 혐오표현의 원인이 '반인종주의 규범이 결여', '위로부터의 차별선동', 그리고 '역사부정' 때문이라는 결론을 도출해내고 그 대안을 제시한다.

한국어판 서문에 저자가 밝혔듯, 저자는 한국에 한번도 오지 못했다. 저자의 가족이 외국인등록에서 모두 한국적으로 바꿨음에도 불구하고 저자는 아직도 조선적을 가지고 있기 때문이다.

저자는 자신이 조선적을 고수하는 이유로 두 가지를 들었다. 하나는 국적을 가지지 않으면 인권을 허용하지 않는 국민국가의 논리에 저항하고 싶어서이고, 또 다른 하나는 조선적은 식민지 지배와 해방/분단이라는 일본과 한반도의 현대사 속에서, 일본과 한반도 각국이 재일조선인을 기민棄民(국민을 버림)한 '증거'이기 때문이라고 밝혔다.

또한 저자는, 「파워레인저 애니멀포스」와 포도를 좋아하는 어린 조카가 경찰관을 꿈꾸는 모습을 보며, 복잡한 심정이 되기도 한다. 일본 국적이 없으면 경찰이 될 수 없는 일본에서 재일조선인인 저자의 조카는 자신이 동경해왔던 경찰관에게 탄압당하는 입장에 서야 하기 때문이다.

이런 상황에서 저자는 자신보다 먼저 한국 땅을 밟는 이 책을 통해 호소한다.

일본 국내의 차별금지법 정비와 반인종주의 규범 획득만으로는 혐오표현에 대한 대책이 충분치 않으며, 근본적으로 아시아 차원에서 '지속적인 식민주의' 해체가 필요하다고. 따라서 아시아 각국이 연대하여 일본과 각국의 극우를 억제하는 사회운동과 정책을 정비해야 한다고 한국 독자에게 연대의 호소를 보내고 있다.

우리는 어떻게 응답해야 하는가. 우리도 현재 '혐오', '증오', '헤이트'라는 말이 난무하는 사회에 살고 있다. 일본의 혐오표현이 그렇듯 단순한 감정을 넘어 정신적 폭력만이 아닌 물리적인 폭력까지도 야기하고 있다. 급기야는 이로 인해 목숨까지 잃는 피해자들도 있다.

피해를 당하는 이유도 다양하다. 성별, 인종, 민족, 계급뿐만이 아니다. 성적 취향, 장애 유무 등은 물론 이제는 나이의 차이, 생각의 차이도 혐오의 대상이 되고 있다. 점점 다름을 이해하지 않고 다양성을 존중하지 않겠다는 표현 방식이 과격해지고 있기도 하다. 사회 안전을 위한 법과 제도는 정비되고 있다고 하지만, 여전히 일상의 안전을 담보받지 못하는 집단이 늘고 있다.

앞에서도 말했듯 재일조선인에 대한 혐오표현이 최근 일본 사회의 심각한 이슈임에도 불구하고, 이에 대한 우리 사회의 대응 및 고민은 미온적이다. '위안부' 문제, 혐한, 역사수정주의, 재일조선인에 대한 차별 등 한일 관계의 문제는 더욱 복잡하게 얽히며 해결의 기미가 보이지 않고 있다. 혐오표현은 단순히 말뿐이 아닌 폭력으로 치닫고 있다. 재일조선인에 대한 일본 사회의 혐오표현을 제대로 이해한다면, 한일 관계 속에 놓여 있는 당면 과제들을 이해하는 데 조금이라도 도움이 되지 않을까. 아울러 지금 우리 사회의 화두인 혐오 논란에 대한 고민도 이 책을 통해 함께하고 싶어서 부족한 실력임에도 겁 없이 번역에 나섰다.

우선 이 책의 한국어판 번역을 허락해주신 저자 량영성 선생님께 감사드린다. 용어 선택, 추가 설명 등을 요청하며 귀찮을 만치 메일을 드려도 한결같이 진지하고 정중하게 답장을 보내주시는 선생님의 성실함과 마음 씀씀이에 감동했다. 하루빨리 선생님께서 서울에 오실 수 있게 되어 함께 두 나라의 혐오 문제에 대해 허심탄회하게 대화를 나눌 수 있기를 바랄 뿐이다. 그리고 또 빼놓을 수 없는 감사한 분! 도서출판 산지니의 윤양미 대표님이다. 원고를 검토하시면서 재일조선인의 역사성에 대해 많은 사람들이 알았으면 좋겠다고 하시며, 역자가 놓친 부분 하나하나까지도 다 잡아내어 일깨워주시는 대표님의 철저함에 작업하는 동안 감탄과 감사함의 연속이었다. 역자의 게으름으로 지연되는 출판 일정 때문에 많이 속상하셨을 대표님께 이 지면을 빌려 죄송한 마음도 함께 전한다.

2018년 7월 30일

옮긴이 김선미

혐오표현은 왜 재일조선인을 겨냥하는가

사회를 파괴하는 인종주의의 등장과 현상

지은이 량영성
옮긴이 김선미
펴낸이 윤양미
펴낸곳 도서출판 산처럼

등 록 2002년 1월 10일 제1-2979
주 소 서울시 종로구 사직로8길 34 경희궁의 아침 3단지 오피스텔 412호
전 화 02) 725-7414
팩 스 02) 725-7404
이메일 sanbooks@hanmail.net
홈페이지 www.sanbooks.com

제1판 제1쇄 2018년 9월 1일

값 18,000원
ISBN 978-89-90062-86-4 93330

* 잘못된 책은 바꾸어드립니다.